2021

한국이 열광할 세계 트렌드

2021

한국이 열광할 세계 트렌드

KOTRA가 엄선한 글로벌 뉴비즈니스

KOTRA 지음

알키

엄중한 시대지만
'위기 속 기회'를 이야기하지 않을 수 없다

코로나19 팬데믹으로 우리 사회는 전에 없던 충격을 받았다. 미래는 늘 예측 불허의 영역이었지만, 2020년은 남달랐다. 코로나19는 전염병과의 싸움에서 승기를 잡았다고 착각했던 우리에게 눈부신 과학의 성취로도 해결하지 못한 부분이 여전히 남아 있다는 것을 일깨워주었다. 또한 변화에 적응하는 것만이 생존을 위해 필요한 전부라는 것을 인류에게 다시금 확인시켰다.

많은 전문가들이 코로나19의 그림자가 당분간 지속될 것이라 예견한다. 또한 어떤 사람들은 코로나19가 진정되더라도 이전의 세상으로 돌아가지 않을 가능성이 높다고도 한다. 이 과정에서 비대면이라는 거대한 흐름은 트렌드를 넘어 이 시대의 뉴노멀로 자리를 잡았다. 이는 우리 삶의 방식을 크게 2가지 맥락에서 변화시켰다.

첫째, 안전과 공간에 대한 인식 변화다. 우리는 팬데믹을 겪으며 선진국, 개도국 가릴 것 없이 퍼져나가는 전염병의 확산을 두 눈으로 확인했다. 그 결과 위생에 대한 개념, 안전에 대한 인식이 크게 바뀌었다. '나의 안전은 내가 지키지 않으면 안된다'는 의식이 강해졌으며, '밖은 위험하고 집은 안전하다'는 공간에 대한 인식도 다시금 떠올리게 됐다. 실제로 학교나 회사와 같은 기존의 공간에 가지 못하고 집에서 인터넷에 의존한 채 생활하는 것도 경험했다. 처음에는 이런 변화가 고통스러웠지만 점차 공간의 구속에서 자유로워지는 경험으로 바뀌었다. 이제는 공간의 제약 없이 학습과 경험이 무한히 확장하는 생활이 일상이 되고 있다.

둘째, 혁신 기술을 받아들이는 속도의 변화다. 새로운 기술을 받아들이는 데는 짧게는 수개월, 길게는 수십 년의 시간이 걸렸다. 그러나 위기 상황을 극복해야 한다는 당위성 아래 우리의 태도는 빠르게 변했다. 인공지능(AI), 블록체인 등 혁신 기술에 대한 수용도가 높아지고, 신기술을 압축적으로 학습하는 사이 삶의 변화 속도 또한 더욱 빨라지고 있다. 한편 빨라진 변화에 대한 두려움은 옛것에 대한 그리움과 인류를 보호하기 위한 환경에 대한 관심으로 이어지기도 한다.

《2021 한국이 열광할 세계 트렌드》는 이러한 큰 변화의 흐름 속에서 태어났다. 먼저 1부에서는 코로나19가 야기한 혁신사회를 조명했다.

위생과 안전, 그리고 투명성에 대한 관심이 그 어느 때보다 뜨거운 것을 확인할 수 있다. 2부에서는 비대면이라는 거대담론 속에서 집이라는 공간의 역할 변화, 그리고 키트나 VR처럼 칩거를 도와주는 비즈니스 사례를 소개했다. 3부에서는 혁신 기술을 가장 빠르게 흡수하면서 역동적으로 변화하고 있는 유통 산업을 다뤘다. 쓸모없이 버려지던 자원이 새롭게 태어나는 것 또한 눈여겨봐야 할 트렌드다. 마지막으로 4부에서는 기후 변화에 따른 자연재해 등으로부터 인류가 스스로를 보호하기 위한 움직임으로 그린혁명을 소개했다. 자연으로 돌아가는 소재를 개발하고, 자연 친화적인 첨단 농업을 위해 세계 곳곳에서 이뤄지는 다양한 시도를 엿볼 수 있다.

KOTRA의 84개국 127개 도시에 있는 해외 무역관 직원들은 팬데믹 속에서도 빛을 발하는 비즈니스 사례 37개를 발굴했다. 주목할 점 중 하나는 우리가 참고할만한 사례들을 선진국뿐 아니라 개도국에서도 찾아볼 수 있다는 점이다. 통신과 네트워크 기술이 발달하고, 스타트업에 뛰어드는 젊고 뛰어난 인재들이 많아지면서 선진국의 독점적 지위라는 것이 사라졌다. 오히려 고도화되지 않은 경제와 정치 환경이 새로운 비즈니스 모델을 발전시키는 비옥한 토양으로 작용하기도 한다. 이렇게 더욱 다양해진 환경에서 태동한 비즈니스 사례 중 특히 우리가 당면한 문제를 해결할 수 있는 비즈니스 모델을 찾아내는 것이 중요하다. 부디 독자들이 이 책에 소개되는 다양한 사례로부터 작은 아이디어라도 얻을 수 있다면 하는 바람이다.

내년도의 세계 경제 회복 여부는 코로나19 확산을 막을 수 있느냐 없느냐에 달려 있다고 해도 과언이 아니다. 하지만 비관적인 전망이 우세하더라도 우리의 삶과 소비는 어떤 형태로든 지속될 것이다. 삶이 지속되는 한 새로운 비즈니스의 탄생도 끊이지 않을 것이다.

변화하는 시대의 삶은 고단하지만 변화하는 세상에서 더 많은 기회가 만들어진다는 것을 잊어서는 안 된다. 기업은 달라진 상황을 인정하고 유연하게 전략을 수정하는 결단이 필요한 때다. 스타트업은 다가올 미래를 예측하고 앞선 기술과 비즈니스 모델로 새로운 시장을 창출하고자 노력해야 할 것이다. 물론 그 출발점에는 '위기 속에 기회가 있다'는 긍정적인 마인드가 굳건히 자리 잡아야 한다.

끝으로 《2021 한국이 열광할 세계 트렌드》 출간을 위해 자료를 뒤지고 현장을 누벼준 KOTRA 직원들과 책이 나오기까지 도움을 아끼지 않은 출판사 관계자들에게 감사의 인사를 전한다.

KOTRA 사장 권평오

투명사회(Transparent Society) ——————
■ 과정의 공개가 만족으로 ■

2

칩거
시대

웰빙 집콕라이프(Omni-Home) ——————
■ 건강하고 유익하게 칩거하는 비즈니스 ■

키트 전성시대(Kit Economy) ——————
■ 가정에서 키트로 해결하는 시대 ■

4

그린
혁명

순환사회 (Back to Nature)
■ 자연으로 돌아가는 소재 ■

아그리테크 비즈 (Agri-Tech Biz)
■ 자연과 더 친해지는 농업 ■

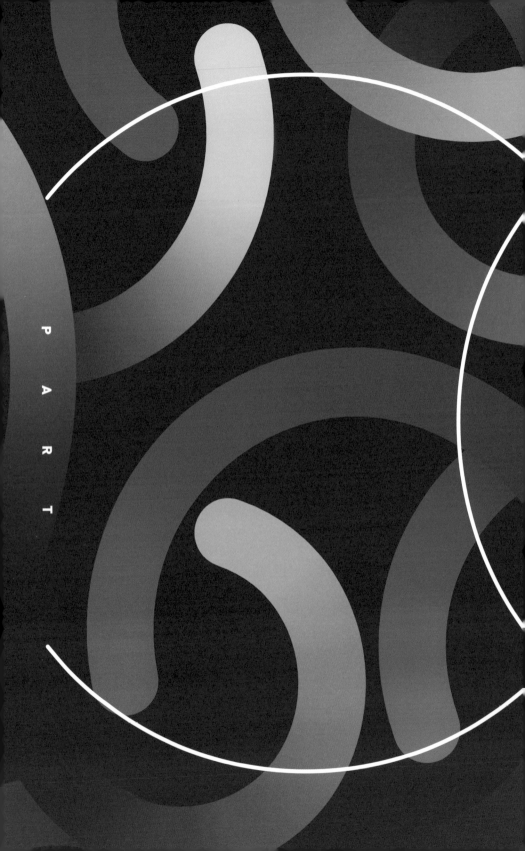

PART

1

혁신사회

위생사회
Hygiene Society

| 전염병 퇴치를 위한 위생 비즈니스 |

역사상 수없이 반복돼온 인류와 바이러스의 전쟁. 2020년은 인류가 잠시 잊고 있었을지 모를 전염병과의 치열한 전투를 치른 해였다. 마스크 없는 외출은 어느새 주변을 '위협'하는 일이 될 정도로 일상이 달라지고 있다. 흑사병이 휩쓸고 간 유럽에서 축사와 인간의 거주 공간을 분리하는 위생의 개념이 나타난 것처럼, 코로나19 이후 우리는 또 다른 차원의 위생사회를 맞이할 것이다. 이제는 가정마다 필수 가전이 된 공기청정기처럼, 앞으로는 실외 공기청정기 또한 필수인 시대가 올 것이다. 마스크같이 몸에 부착하는 체온계, 방역 로봇 등 위생이 무엇보다 중요한 사회에서 주목받을 비즈니스 사례를 소개한다.

우표 크기 3g 체온계로 24시간 밀착 체크

2020년 팬데믹으로 한껏 경기가 위축된 가운데 국내에서도 2배 급증한 시장이 있다. 바로 체온계 시장이다. 코로나19가 확산하기 전 한국의 체온계 시장은 550억 원 규모로 연간 130만 개가 유통됐으나 코로나19 확산이 본격화된 2020년에는 2배 이상 성장이 예상되는 상황이다.

팬데믹으로 인한 체온계 품귀 현상은 글로벌 뉴스에서 단골 아이템으로 등장한다. 발열은 코로나19뿐 아니라 다양한 감염질환의 주요 증상이다. 발열 체크를 위해 체온계를 비치하는 것은 필수가 됐다. 병원은 물론 공공시설과 사무실, 가정에서도 체온계는 필수템이 됐다.

때마침 대만의 한 바이오테크 스타트업에서는 이전에 없던 작고 가벼우면서, 몸에 부착 가능하고, 정확하며 안전하기까지 한 체온계를 출시해 화제가 되고 있다. 대만의 아이위케어iWEECARE에서 내놓은 우표 크기의 체온계 '템프 팔Temp Pal'이 그 주인공이다.

겨드랑이에 붙이는 초소형 블루투스 체온계

코로나19 팬데믹으로 각국의 일상이 위협받는 가운데 대한민국과 더불어 대만은 코로나 모범 방역국으로 분류된다. 대만 사람들이 여느 때와 다름없는 일상을 이어갈 수 있는 데는 여러 요인이 있다. 대만 언론은 방역 성공 요인 중 하나로 템프 팔을 소개한다. 당초 임신을 계획 중인 부부나 아기를 키우는 가정의 체온계 수요에서 출발했지만, 코로나19가 확산된 후에는 의료인들의 수고를 덜어주는 역할로 더 각광받고 있다.

템프 팔은 사물인터넷IoT 기반 스마트 체온계로 세계에서 가장 작은 사이즈를 자랑한다. 우표만한 크기(26×28×3.5mm)의 외형에 인체 부착이 가능하고, 전용 애플리케이션과 블루투스를 활용해 연속 체온 측정, 거리 조절, 경보 알람 등의 기능을 활용할 수 있다. 매우 작지만 ±0.05도 오차 범위 내에서 체온 변화를 감지하는 정밀도도 갖췄다. 기능적 강점을 바탕으로 템프 팔은 지난 2019년 EU에서 의료기 승인을 획득

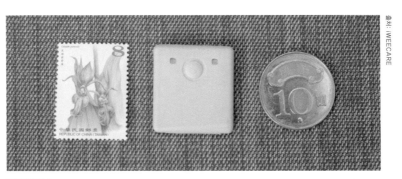

템프 팔 제품

했다.

사용 방법은 일반적인 웨어러블 디바이스와 별반 다르지 않다. 우선 스마트폰이나 태블릿 PC에 전용 애플리케이션을 설치하고 페어링을 진행한 다음 금속 소재의 온도 센서가 노출된 면을 겨드랑이 밑에 부착하면 된다. 겨드랑이에서 땀이 나도 사용에는 지장이 없다. 국제 규격 IP4의 방수 등급으로 생활 방수가 가능하기 때문이다.

최장 연속 사용 시간은 36시간으로 충전 시간은 약 2시간 30분이다. 케이스에 넣어 충전하는 형태인데, 1회 충전으로 24시간을 넘겨 종일 체온을 측정할 수 있다. 측정된 체온은 일정한 간격으로 기록되는데 측정 간격은 10초, 30초, 60초 가운데 선택할 수 있다. 설정한 시간 간격에 맞춰 측정된 체온은 블루투스 애플리케이션을 통해 실시간으로 확인, 공유할 수 있다. 시간별 체온 기록은 엑셀 파일로 다운받아 병원 진찰 등의 용도로 활용할 수 있다.

이상 온도 감지 시 '알람' 기능은 템프 팔의 주요 기능 중 하나다. 애플리케이션을 이용해 고열, 저체온 알람을 설정하면 이상 온도 시 스마트폰을 통해 경고 메시지를 확인할 수 있다. 설정 온도 이상 또는 이하로 체온이 측정될 때 메시지를 받게 되므로 평상시라면 안심하고 일상생활을 할 수 있다.

출처: iWEECARE

제품 및 전용 애플리케이션

체온계는 외관상 본체가 살짝 휘어질 수 있는데, 이는 연성인쇄회로기판Flexible Printed Circuit Board을 사용했기 때문이다. 본체가 살짝 휘어져 있으면 부착한 상태에서 활동할 때 불편감을 줄일 수 있고 피부 밀착도도 높여준다.

아이위케어 기술 개발 담당자는 연성인쇄회로기판에 안테나를 설치하는 것이 기술적으로 쉬운 일은 아니었다고 한다. 일반적으로 무선 장치의 안테나는 굴곡성이 없는 인쇄회로기판PCB에 설치한다. 아이위케어는 기술적 어려움을 해결

출처: iWEECARE

굴곡 있는 제품 본체

하기 위해 대만 정부 산하 기술연구지원기관의 도움을 받아 1년 동안 기술 개발에 매달렸다.

결국 아이위케어는 기술적 혁신을 통해 사용자 편의 증대라는 결과를 만들어냈다. 그러나 아이위케어는 외관상 특징과 기술 혁신의 내용을 소비자에게 강조해 설명하지는 않는다. 일부러 힘을 가해 구부러뜨리는 일이 일어나는 것을 방지하기 위해서다.

임신 준비·육아 경험에서 힌트 얻어
헬스케어 용품으로 가치 확대

앞서 언급했듯 아이위케어는 아기를 기다리는 부부나 아기를 키우는 가정의 체온계 수요에서 출발했다.

아이위케어는 엔지니어 출신 아빠들이 2014년 설립했는데, 이들의 임신 준비 경험과 육아 경험이 템프 팔 개발의 중요한 계기가 됐다.

공동 창업자 중 한 명의 아내는 다낭성 난소 증후군을 앓아 임신이 쉽지 않았다. 난임 치료를 받으며 아기를 기다렸는데, 매일 새벽 5시 반에 일어나 기초 체온을 재야 했다. 눈을 뜨자마자 몸을 움직이지 않은 상태에서 체온을 재는 일은 쉽지 않았다. 기초 체온 데이터는 최소 3개월 이상 일정한 시간에 측정해야 하기 때문에 많은 부부들이 장기간 고충을 견뎌야 한다. 이 과정이 힘들고 지쳐 난임 치료를 중단하는 경우도 있다.

장장 2년 반 동안 기초 체온을 측정한 후에야 자연 임신에 성공했지만, 그 기간 동안 공동 창업자의 아내는 만성 피로와 수면 부족으로 힘든 시간을 보내야 했다. 남편으로서 도와줄 것이 많지 않은 상황에 무력감을 느끼다 템프 팔을 기획하게 됐다고 한다.

한편 아이가 태어났다고 해서 '체온 측정'의 숙제가 없어진 것은 아니었다. 인체는 감염이나 염증에 의해 체온이 상승하는데, 신생아이거나 나이가 어릴수록 체온이 오르락내리락하는 경우가 많다. 이때문에 영유아나 기저질환이 있는 환자의 집에서 체온계는 상비 물품 중 하나다.

아이위케어의 창업자들은 열나는 아이를 돌보며 수시로 체온을 확인했던 경험이 있었다. 뜬눈으로 밤을 지새우다시피 하며 무거운 몸을

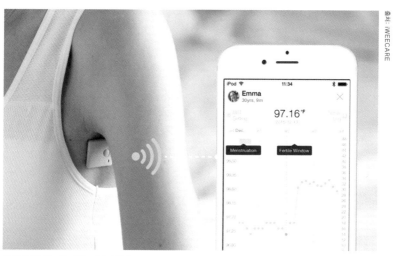

출처: IWEECARE

예비엄마들의 기초 체온 기록에 활용

이끌고 출근길에 올랐던 고통을 나누면서 기존 체온계에 필요한 성능을 첨가해 템프 팔의 기능을 완성했다. 예비부모와 초보부모 시절에 겪은 마음 졸임의 시간은 제품 개발 당시 훌륭한 아이디어를 제공하는 토대가 됐다.

2019년 중반 초기 제품이 출시된 후 템프 팔을 사용한 부모들의 반응은 뜨거웠다. 아이의 수면을 방해하지 않고 체온을 잴 수 있는 데다 부모들이 안심하고 눈을 붙일 수 있는 시간도 확보하게 됐다. 열나는 아이를 돌보는 일이 예전보다 편해졌다는 것은 공통적인 반응이다. 장시간 지속적으로 체온을 감지하면서 고열이 날 때 알람을 제공하기 때문에, 아기가 열이 나서 울고 보채는 신호를 바로 알아챌 수 있다는 사용자 평도 많았다.

이처럼 임신·육아 관련 헬스케어 수요에서 출발한 템프 팔은 코로나19가 확산되면서, 활용 범위가 환자 모니터링용 의료 기기로도 확대된 상태다.

타이베이시의 코로나19 입원치료 병상 운영 병원은 템프 팔의 도입으로 간호 효율성을 높이고 의료 자원을 효과적으로 활용할 수 있게 됐다고 평가했다.

병원 측에 따르면, 간호사들

출처: iWEECARE

아기 겨드랑이에 부착해 사용

출처: iWEECARE

병원 내 활용

은 통상 하루에 4번 이상 병실을 돌면서 환자의 체온을 측정하는데 템프 팔 도입 이후로는 병실 순환 횟수를 줄일 수 있었다. 분 단위로 측정된 환자의 체온 정보를 원격으로 관리하게 되면서 체온 측정만을 위한 병실 순회를 하지 않아도 됐기 때문이다.

또한 병원 측은 원격 모니터링으로 환자와의 접촉이 줄어들면서 방호복 사용량과 방호복 탈착 시간을 줄이는 효과도 뒤따랐다고 설명했다.

한편 간호사들은 템프 팔이 실질 업무량은 물론 다양한 스트레스도 줄었다고 덧붙였다. 직접 체온을 측정할 때는 몇 시간씩 간격을 두고 체온을 재기 때문에 간헐적인 발열은 놓치는 경우가 많았다. 격리병상 출입 시에는 필기구를 사용할 수 없어 각종 활력징후vital sign를 기억에 의존해 기록해야 하는 부담도 있었다. 하지만 템프 팔을 사용하면서 이런 부담도 사라졌다.

대만에서는 정부가 지정한 코로나19 치료 종합병원의 음압 격리실에 템프 팔 시스템을 배포하고 클라우드 모니터링 시스템을 이용한 결과, 의료진의 시간을 절약하고 기록 오류를 줄이면서 방호복 소비와 감염 위험을 줄이는 결과를 보여줬다.

'스마트 헬스케어' 성장 가능성과 포스트 코로나 시대
'언택트 비즈니스'의 부상

대만의 초소형 블루투스 체온계 템프 팔은 모바일 디바이스와 연동해 건강 정보를 기록하는 스마트 헬스케어 제품으로 가격은 2,499대만달러(약 10만 원)다. 기존 체온계와 비교해서 조금 더 저렴한 편이다. 클라우드 기반의 지속적인 체온 모니터링 시스템은 의료인(간병인)과 환자 간의 신체적 접촉을 줄여 감염 위험을 낮추고, 의료 시스템에도 부담을 줄일 수 있다.

유로모니터 Euromonitor가 2019년 8월에 발표한 자료에 따르면 대만의 스마트 웨어러블 기기의 시장 규모는 2018년 1,806억 대만달러(약 7조 2,000억 원)로 3년 동안 연평균 60%씩 성장했다. 개인의 건강 관리 수요와 더불어 스마트 웨어러블 기기를 이용한 원격의료 서비스 개발도 활발하게 추진되는 만큼 향후 시장 전망이 매우 밝다.

우리나라에서도 스마트 헬스케어는 역시 미래가 기대되는 산업이다. 65세 이상 인구가 전체의 14%를 넘어선 고령사회에서 2025년에는 5명 중 1명이 65세 이상인 초고령사회로의 진입이 예상된다. 이 같은 고령 환자뿐 아니라 저출산 문제 해소를 위해 정부가 난임 치료를 적극 지원하며 영유아 건강을 위한 부모들의 지출도 증가하고 있다.

신기술 발전과 사회적 여건에 따라 우리나라 스마트 헬스케어 시장도 크게 성장할 것으로 예상된다. 중소기업기술정보진흥원에 따르면 이 분야 시장 규모는 2019년 6조 4,000억 원에서 2022년 10조 원을 웃도는 수준까지 성장할 것으로 추정된다.

더불어 코로나19로 접촉을 줄이면서 생활을 영위할 수 있도록 지원하는 언택트untact 비즈니스도 부상 중이다. 이와함께 5G 시대가 열리면서 사물인터넷 발전도 가속화될 것으로 기대되며 다양한 언택트 비즈니스의 등장이 가능한 여건이 조성되고 있다.

스마트 헬스케어의 부상과 팬데믹 시대에 소비자들이 원하는 것은 무엇일까? 현실적으로 완벽한 콘택트contact 비즈니스와 언택트 기술의 구현은 쉽지 않다. 그러나 새로운 건강 관리 기술과 생활양식의 변화가 요구되는 것도 엄연한 현실이다. 달라지는 환경 속에서 더욱 다양한 언택트 건강관리의 비즈니스 아이디어가 필요한 시점이다.

유기자(타이베이 무역관)

손대지 않아도 척척,
터치리스 제품들

일본은 손님을 대할 때, 아주 세심한 부분까지 배려하는 서비스 정신이 매우 투철하다. 진심으로 손님을 접대한다는 '오모테나시'라는 단어는 일본이 2020년 도쿄올림픽을 유치할 때 사용해 화제가 되기도 했다. 일본 전통 여관인 료칸이나 카이세키 요릿집 등 일본의 전통적인 서비스업은 손님에게 밀착해 세심히 배려하는 것이 특징이다. 그러나 코로나19 사태로 서비스 방식에도 근본적인 변화가 필요하다는 이야기가 나온다. 밀착 접대 문화에서 이제 사람과 사람 간 거리가 필요한 언택트, 터치리스touchless(비접촉식)로 변화하고 있다.

비접촉 기술이 빠르게 보급된 분야 중 하나가 바로 결제 수단이다.

일본은 최근까지도 현금 결제 비율이 아주 높았다. 역사가 있는 오래된 가게일수록 현금 결제만 가능한 곳도 많았다. 일본 정부는 캐시리스cashless(비현금) 결제를 확대하기 위해 세금 환급 등 다양한 혜택을 제공했다. 그러다 코로나19가 발생하자 비접촉 결제가 가능하다는 점에서 더욱 장려됐다. IC 칩이 내장된 신용카드나 스마트폰을 이용한 QR코드 결제는 종업원과 손님의 접촉을 최대한 줄일 수 있기 때문이다.

이런 비접촉 방식과 일본의 독보적인 센서 기술이 결합하자 일상에서의 터치리스가 더욱 확대되고 있다. 흔히 접할 수 있는 출입문과 엘리베이터부터 간호, 공장과 같은 전문 분야에 이르기까지 다양한 영역에서 초정밀 센서를 이용한 비접촉 방식이 늘어났다.

불특정 다수가 이용하는 기계의 비접촉 조작에 대한 수요는 이전부터 있었지만 코로나19를 계기로 니즈가 급격하게 증가했다. 일본뿐 아니라 전 세계적으로 초정밀 센서를 활용한 제품 도입 붐이 일어났다. 포스트 코로나 시대에도 이런 열기는 쉽게 사그라지지 않을 것으로 보인다. 앞선 기술로 일본에서 개발한 터치리스 제품들을 살펴보자.

불특정 다수가 이용하는 엘리베이터도 이제 안심

일반적으로 엘리베이터는 밀폐된 공간에서 불특정 다수가 이용하기 때문에 '감염에 취약한 공간'이라는 인식이 있었다. 그런데 일본의 엘리베이터 제조 업체에서 이런 불안을 잠재우는 기술을 내놨다.

2020년 4월, 일본의 대표적 엘리베이터 기업 후지테크FUJITEC는 터치할 필요 없이 버튼 근처에 손을 갖다 대는 것만으로 가고 싶은 층을 선택할 수 있는 엘리베이터를 출시해 판매에 들어갔다. 이 엘리베이터 버튼에는 손을 인식할 수 있는 적외선 센서가 활용된다. 원래 의료 기관이나 제약 회사, 무균실 등 위생 관리가 엄격한 곳을 위해 개발했던 기술이지만 코로나19를 계기로 일반 오피스빌딩용 제품에도 해당 기술을 활용했다.

후지테크는 이외에도 엘리베이터 안에서의 감염 방지를 위해 탑승자 중량 측정을 통한 혼잡도 표시 기능, 곰팡이균을 제거하는 이온 발생 장치, 항균 소재 버튼 등과 같은 다양한 옵션을 제공한다.

후지테크의 비접촉식 엘리베이터 버튼

일본의 주요 엘리베이터 제조사들은 스마트폰의 블루투스와 엘리베이터 시스템을 연결해 휴대전화로 엘리베이터를 부를 수 있는 시스템을 개발하는 등 다양한 방식의 언택트 기술을 도입하고자 노력 중이다.

비접촉 제품으로 간병의 질을 높이다

대표적인 대면 접촉 서비스인 의료 간병에서도 터치리스 제품이 등장해 화제가 되고 있다.

'바이탈 비츠Vital Beats'는 침대 매트나 바닥에 깔 수 있는 비접촉 시트 센서다. 일본의 벤처 기업 퓨처잉크Future Ink와 ND소프트웨어가 2019년 개발한 제품으로 침대 매트 바닥에 까는 것만으로 환자의 심박 수, 호흡수, 수면 심도 등을 측정할 수 있다. 바이탈 비츠는 어떤 침대나 매트에서도 사용 가능해 병원, 요양시설뿐 아니라 가정에서도 쉽게 활용할 수 있다.

바이탈 비츠의 센서를 통해 수집된 정보는 클라우드 시스템인 케어 패트롤Care Patrol로 전송되는데, 여기서 심장의 자율신경 활동지표를 알고리즘을 통해 분석한다. 호흡, 심박, 수면 심도가 측정되며 간병·간호 인력은 PC나 태블릿 등의 모바일 기기에서 환자 상태를 간단히 확인할 수 있다.

출처: www.ndsoft.jp

바이탈 비츠 제품 사용 사례

또한 바이탈 비츠는 환자가 잠든 사이 일어날 수 있는 건강 이상을 즉각적으로 확인할 수 있게 해준다. 야간 근무에 시달리는 간호 인력의 부담을 덜어주고 불필요한 접촉도 최대한 줄일 수 있다.

이와 비슷한 제품으로 일본 파나소닉 Panasonic과 교토대학교가 2016년에 공동 개발한 비접촉 바이탈 센서 또한 최근 코로나19로 다시 주목을 받았다. 이 비접촉 센서는 파나소닉이 개발한 '고감도의 스펙트럼 확산 밀리파 레이더 기술'과 교토대학교의 '심박 측정 알고리즘'을 결합한 제품으로, 생체 정보 센싱 기술을 도입했다. 사람과 사람의 신체 접촉 없이 높은 정밀도로 심박 수와 심박 간격 등을 측정할 수 있다. 개발 당시에는 1개의 장비를 설치해 여러 명의 신체 상태를 동시에 측정할 수 있다는 점에서 일본 내 심각하게 거론되는 의료 요양 분야의 일손 부족 문제를 해결하는 제품으로 주목받았다. 이제는 비접촉 방식이란 점에서 재조명되고 있다.

에어컨·조명 등도 비접촉 조작 패널로 작동시킨다

언택트 문화가 확산되면서 에어컨이나 조명 같은 가전을 비접촉 방식으로 조작하는 패널에 대한 니즈도 생겨나고 있다. 일본의 전자부품 회사인 알프스알파인 Alps Alpine은 고감도 정전 센서를 이용한 비접촉 조작 패널을 개발했다. 이 패널은 2020년 1월에 미국에서 개최된 '국제 전자제품 박람회 CES 2020'에서 공개됐으며 2021년에 상용화할 예정이다.

비접촉식 조작 패널은 알프스알파인에서 독자적으로 개발한 고감도 정전 센서를 이용해 손가락의 움직임을 좌표로 나타낸다. 사람의 손가락이 센서 전극부에 가까이 가면 센서는 정전 용량의 변화를 감지한다. 손가락의 접근에 대해 X전극과 Y전극으로 스캐닝하고 손가락의 움직임을 좌표로 나타낸다.

정전 센서의 감지 범위는 최대 10cm다. 센서에서 10cm 거리부터 손의 존재를 감지할 수 있고, 5cm까지 다가가면 손의 위치를 감지한다. 3cm로 가까워지면 손가락의 위치까지 인식할 수 있다. 이렇게 센서를 통해 인식된 '손과 손가락의 위치' 혹은 '제스처'는 데이터화되고, 내장된 알고리즘은 이 데이터를 통해 패널과 접촉하지 않고도 다양한 조작이 가능하게 해준다.

일본에는 알프스알파인 외에도 비접촉식 조작 패널을 개발하는 기업이 여럿 있다. 위생이 가장 중요한 의료 간호 현장과 더불어 공공시설이나 대중교통, 식당 등에서도 사람의 손이 닿지 않

출처: 알프스알파인

알프스알파인의 비접촉식 조작 패널

는 형태로 기기를 조작하려는 수요가 있다. 비단 팬데믹 상황에서뿐 아니라 위생에 대한 의식 수준이 높아지고 있어 비접촉식 패널에 대한

수요는 계속 늘어날 전망이다.

언택트 경제 주도할 터치리스 제품 개발에 박차를

전 세계적으로 코로나 팬데믹 때문에 일상에서 비대면, 비접촉 방식이 '뉴노멀'로 자리 잡고 있다. 일본은 특유의 기술력과 정밀성을 바탕으로 대기업은 물론 중소기업, 벤처, 스타트업 등에서도 언택트 산업에 진입하고자 노력 중이다. 비접촉을 가능하게 해주는 가장 큰 무기는 '센서'라 해도 과언이 아니다.

한국의 센서 산업에는 약 300개 기업(설계, 생산, 유통 포함)이 활동하고 있는 것으로 알려져 있다. 중소·중견기업의 비중은 96.4%에 달한다. 아직 일본, 미국, 독일 등 선도국들과의 기술 격차가 존재하고, 마케팅 역량과 생산 인프라에서도 부족한 점이 있는 것으로 평가된다.

그렇지만 시대는 점점 위생사회로, 문화는 '언택트'로 가고 있다. 일상의 터치리스를 실현하기 위해 센서 기술에 대한 니즈가 어느 때보다 높다. 한국도 이런 기회를 십분 활용해야 한다. 안면 인식 출입문이나 터치리스 양변기와 수도꼭지 등이 시장에 나오자 큰 호응을 얻은 것을 봐도 알 수 있다.

앞으로도 4차 산업혁명을 계기로, 다양한 산업 기술과 정보통신 기술ICT의 융합은 불가피한 흐름이다. 이런 흐름 속에서 센서 부문도 인공지능^{AI}, IoT와 결합해 생활 전반에 변화를 가져다줄 것이다. 스마트폰, 가전제품, 자동차를 비롯한 생활 밀접형 제품에 다양한 센서가 활용돼 최종적으로 스마트 시티, 스마트 팩토리, 스마트 팜 등 미래형 산업 구조의 필수 기술로 자리 잡을 것이다.

급격히 확산되는 언택트 시장에는 분명한 기회가 있다. 글로벌 기업들도 시작은 중소·중견기업이었다. 위기의 시대지만 고부가가치 센서 영역을 개척하는 적극적인 도전만이 기회를 만들 수 있을 것이다. 미래 기술을 선도하는 'K-센서' 브랜드가 등장하길 기대해 본다.

다카하시 요시에(도쿄 무역관)

해초 입자로 만든 인공나무가 공기 정화를

멕시코시티

1987년 2월 멕시코시티 상공에서 수천 마리의 새가 갑자기 떨어져 죽는 이상한 사건이 발생했다. 새의 사체를 가져와 검사한 결과는 충격적이었다. 엄청난 양의 납, 카드뮴, 수은 등 중금속이 검출된 것이다. 극심한 대기오염으로 인한 중금속 중독으로 수천 마리의 새가 죽음을 맞았다.

멕시코시티의 대기오염 문제가 이토록 심각했던 이유는 해발 2,240m 고도의 분지 지형, 820만 명의 많은 인구와 155만 대의 차량, 공장에서 내뿜는 오염물질 때문이었다.

새의 떼죽음과 함께 대기오염의 심각성을 깨달은 멕시코는 1990년

대 초반 대기 질 측정 시스템을 구축하고 유해물질 배출을 최소화하는 등 다양한 프로그램을 강력하게 시행했다. 다행히 자동차 운행 줄이기, 석유 사용 억제 등으로 멕시코시티의 공기는 날로 좋아지고 있다.

최근에는 멕시코의 스타트업 바이오미테크BiomiTech가 만든 인공나무 '바이오어번BioUrban'이 뛰어난 공기 정화 능력으로 화제가 되고 있다.

바이오미테크는 해초에서 추출한 세포의 자연 광합성 기능으로 공기를 정화하는 기술을 개발했는데, 전 세계 주요 도시의 시민들이 정화된 깨끗한 공기로 호흡할 수 있는 수준을 넘어 바이러스와 박테리아까지 차단할 수 있는 기술 개발을 꿈꾸고 있다.

해초를 이용해 대기오염 물질을 정화한다

바이오미테크의 공동 CEO인 카를로스 몬로이Carlos Monroy는 해초 입자로 만들어진 인공나무 바이오어번을 개발한 장본인이다. 몬로이는 베라크루스 할라파대학교에서 생명공학을 전공하던 시절, 미세 해초 세포를 배양하는 실험에 매료됐다. 그러다 문득 '해초를 이용해 공기 정화 필터를 만들어 차량에서 나오는 오염물질을 정화할 수 있지 않을까' 하는 호기심이 생겨, 이를 해결하기 위한 연구에 매진했다.

그리고 2015년 한 기업인의 행사에서 훗날 공동 CEO가 된, 같은 학교 동창 하이메 페레르Jaime Ferrer와 알폰소 벨레스Alfonso Velez를 만났다.

모빌리티 사업에 16년간 몸
담았던 두 사람은 "보행자,
자전거 탑승자, 대중교통 이
용자와 같이 길 위에서 오염
된 공기를 자주 마시는 취약
계층을 위한 기술을 개발하
자"는 뜻에 동의해 같은 해

개발자 카를로스 몬로이는 27세에 해당 기술을 개발했다

바이오미테크라는 스타트업을 창업한다.

바이오미테크는 창립 이래 해초와 같은 천연물질을 활용해 오염물
질, 유해가스 등을 정화할 수 있는 기술 개발에 매진했다. 그리고 2년
후인 2017년에는 365일 24시간 오염된 공기를 깨끗하게 정화할 수 있
는 바이오어번을 만들었다.

나무를 심을 수 없는 곳에서도 나무의 효과를 누릴 수 있게

바이오어번은 여러 가지 모델로 제작됐는데 1.0은 사무실, 강의실,
각종 대기실에서 사용 가능한 실내용으로 사람의 밀집도가 높아 이산
화탄소 배출량이 많은 곳에서 활용할 수 있다. 2.0은 4.2m 높이로 대
형 건물 내부에 적합하며 혼잡한 도로, 공항, 버스 정류장 등에서도 사
용이 가능하다.

인공나무로 불리는 바이오어번 3.0 모델은 높이 4.2m, 너비 3m로 금속 밴드로 둘러싸인 나무와 비슷한 모습이다. 수백 그루의 나무와 대등한 공기 정화 능력을 자랑한다. 거대한 나무 모양에 담긴 기술은 도시와 같이 흙이 없거나 여러 가지 이유로 나무 심기가 불가능한 곳에 바이오어번을 설치함으로써 나무가 주는 유익한 효과를 누릴 수 있게 해준다.

"미세먼지를 부탁해" 자연의 광합성 작용에서 영감 얻어

바이오어번은 앞서 언급한 것처럼 자연에서 영감을 얻었다. 엽록소의 광합성 활동을 재현해 이산화탄소와 오염물질을 정화하고 순수한 산소를 배출하는 형태다. 이산화탄소, 미세먼지와 같은 해로운 물질은

출처: www.entrepreneur.com

실린더 속 광합성 중인 살아 있는 해초

바이오어번을 통과하면 깨끗한 산소로 바뀌어 나온다.

바이오어번은 166개 사가 참가한 2018년 런던 'LATAM Edge Awards' 에서 대상을, 영국 최대의 환경산업전시인 'Expo Contamination Series 2018'에서 혁신상을 수상했고, 국내외 특허와 인증을 취득한 이래 기술 면에서도 각계의 인정을 받고 있다.

2020년 현재 멕시코 푸에블라, 몬테레이, 이달고, 과달라하라 같은 주요 대도시에 설치됐으며 미국, 영국, 유럽, 중국, 인도, 콜롬비아, 브라질 등 전 세계로 뻗어나가고 있다.

바이오어번의 6가지 모델별 사양

출처: BiomiTech

구분	바이오어번 1.0	바이오어번 2.0	바이오어번 3.0	바이오어번 정류장용	바이오어번 스마트윈드 (Smart Wind)	산업용 바이오어번
무게	120kg	1,000kg	1,000kg	120kg	1,030kg	
높이	2.1m	4.2m	4.2m	2.2m	2.4m	
일별 수혜 인원	25명	2,555명	1만 2,000명	50명	50명	고객 요구 사항에 따라 별도 제작
전압			120v			
전력 소비	200W	512W	600W	420W	412W	
초미세 먼지·미세먼지 정화율			85%까지 정화			

바이오어번은 도시의 거리는 물론 쇼핑몰, 산업단지 등 유해물질과 대기오염이 발생할 수 있는 장소에 설치 가능하며, 현재 6가지 모델이 출시됐다. 그중 가장 좋은 사양을 자랑하는 최신 모델인 바이오어번 3.0은 영하 20도까지 내려가도 견딜 수 있을 뿐 아니라 1년에 약 60톤의 이산화탄소를 정화할 수 있다. 700ℓ의 살아 있는 해초들이 광합성 작용을 하면 약 1,300그루의 나무를 심은 효과를 낼 수 있다고 한다.

낮에도 밤에도 24시간 오염된 공기 정화 가능

바이오어번의 원리를 자세히 살펴보면, 생체모방 biomimetics 형태를 확인할 수 있다. 외부의 오염물질을 기계가 흡수하면, 안에 있는 해초 성분이 이산화탄소, 유황, 질소산화물, 초미세먼지(입자 크기 지름이 2.5㎛ 이하)와 미세먼지(10㎛ 이하) 등 유해물질을 빨아들여 해초 자체의 광합성 작용을 통해 깨끗한 공기로 바꾼 후 밖으로 내보낸다. 해초는 실린더 안에 산 채로 담겨 오염물질에 의해 계속 생장한다. 낮에는 자연광을 이용해, 밤에는 기술을 활용해 하루 종일 광합성을 진행하므로 24시간 오염된 공기를 정화할 수 있다.

바이오어번의 핵심 기술은 실린더에 담긴 해초다. 바이오미테크의 기술에 의해 특수 제작된 것으로, 염분이 있는 물에서 배양한 후 유해가스를 주입하는 등 다양한 환경 실험을 거쳐 선별한다. 유해가스와

출처: BiomiTech

살아 있는 해초의 세포를 추출하는 모습

출처: BiomiTech

도심 차로에 설치된 바이오어번 3.0은 연간 60톤의 이산화탄소 정화가 가능하다

오염물질을 최적으로 다량 흡수할 수 있는 가장 강력한 기능을 가진 특정 종을 선별한 후, 기능이 확인된 미세 세포만을 배양해 바이오어번에 사용한다.

카를로스 몬로이는 "아무리 자연 친화적인 정화 기술이라도 실제 산림을 온전히 대체할 수는 없다"며 바이오어번이 산림 파괴로 불거진 문제를 해결하는 데 '보조적 역할'을 할 뿐이라고 언급했다. 산림 파괴가 지구온난화 현상의 제2의 주범임을 강조하면서 천연 그대로의 자연을 지키는 데 집중해야 한다고 주장했다.

미세먼지는 물론 바이러스 차단까지 꿈꾸다

깨끗한 공기로 호흡할 수 있는 환경은 멕시코뿐 아니라 전 세계인이 꿈꾸는 소망이다. 최신 기술은 자연이 해결하지 못하는 여러 문제를 해결해 삶의 질을 높이고 녹색도시를 조성하는 데 도움을 주고 있다.

이에 바이오미테크는 자사가 개발한 기술과 제품이 유럽, 아시아, 북미, 중남미 전역의 대도시에 널리 전파되길 기대하며 지속 개발이 가능한 성장을 위해 노력 중이다. 바이오어번 3.0의 설치비용은 약 5만 달러(약 6,000만 원)로 높은 편이지만, 5년 이내 전 세계적으로 300개의 공기 정화 시스템 구축을 목표로 하고 있다.

또한 바이오미테크는 코로나19 팬데믹을 계기로 바이오어번의 사용 범위를 확대하는 기술 개발에 몰두하며, 특정 바이러스나 박테리아를 차단할 수 있는 기술을 위해 연구에 매진하고 있다.

확대되는 공기청정기 시장, 폐기물 없는 실외 공기청정기 필요

세계보건기구WHO에 따르면 높은 수위의 대기오염으로 매년 약 420만 명의 사람들이 사망한다고 한다. 미세먼지를 구성하는 여러 화학 성분은 눈에 보이지 않은 채 폐를 손상시키며, 각종 호흡기질환을 유발하기 때문이다.

이를 해결하기 위해 전 세계적으로 공기청정기 사업이 번창하고 있다. 오늘날 우리나라의 많은 가정에서도 미세먼지 등을 정화하는 필터형 공기청정기를 보편적으로 볼 수 있다. 실내에서는 소형 공기청정기의 필터를 이용해 한정된 공간의 공기를 정화할 수 있지만, 공간이 뚫린 실외에서는 정화 필터를 이용하는 것이 또 다른 폐기물 생성으로 환경에 부담을 줄 수 있다. 그러나 살아 있는 생물체로 공기를 정화하는 바이오어번의 경우 이런 걱정 없이 지속적으로 시민들에게 깨끗한 공기를 선사할 수 있다.

바이오어번에 사용되는 해초 자체가 생물이기 때문에 환경 폐기물이 발생하지 않는다는 것이 가장 큰 장점이다. 또한 태양광 패널이 탑재돼 있어 천연 에너지를 이용해 기계가 가동된다. 그야말로 천연 공기청정기인 셈이다.

실외 공기청정기 시스템의 도입은 아직까지 글로벌한 사업은 아니다. 중국, 인도와 같이 대기오염이 극심한 국가에서만 실외 공기청정 시스템이 도입되고 있다. 그러나 미래에는 더 많은 곳에서 대기오염 해결을 위한 공기 정화 시스템을 고민하게 될 것이다. 오염물질을 줄이는 근본적인 해결책과 함께 공기청정 시스템 도입도 중요한 고려 대상이 될 것이다.

우리나라는 2014년 공기청정기 보급대수가 40만대 수준이었으나 2019년 400만 대로 급증했다. 5년 만에 시장이 10배 가까이 급성장하면서 '1가구 1공기청정기' 시대의 도래가 예상된다. 실내 공기청정기 시장이 포화 상태가 되면 실외 공기청정 시스템에 대해서도 활발한 논의가 시작될 것이다.

폐기물이 생성되지 않는 바이오어번과 같은 천연 공기청정 시스템은 환경을 파괴하지 않으면서 우리에게 건강한 공기를 만들어줄 수 있는 좋은 선택이 될 것이다.

공소연(멕시코시티 무역관)

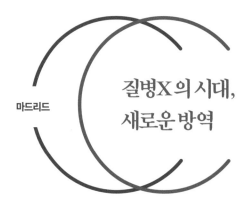

마드리드

질병X의 시대,
새로운 방역

저녁 8시, 스페인 전역에 박수 소리가 울려 퍼진다. 사람들은 휘파람을 불고, 국가를 부르고, 악기를 연주한다. 코로나19 팬데믹 상황에서 최선을 다하고 있는 의료진을 응원하기 위해서다. 흡사 전쟁터에나간 군인들을 격려하는 듯한 이 의식은 2020년 3월 국가경계령 선포이후 3개월이 넘게 이어졌다. 그러나 안타깝게도 코로나 바이러스와의 전쟁에서 최전방을 책임지는 의료진들은 고전을 면치 못하고 있다. 2020년 8월 기준 스페인 코로나 감염자는 34만 명을 넘어 유럽 대륙에서 가장 많은 확진자를 내고 있다.

스페인 의료진들은 바이러스의 위협에서 벗어날 수 없었다. 이들의

발코니에서 박수를 치는 사람들

감염률은 20%로 다른 국가 대비 2배를 훌쩍 넘어섰다. 의료 종사자들은 바이러스 퇴치자에서 전파자로 전락하지 않기 위해 눈물겨운 사투

를 거듭했으나, 방호 장비의 부족으로 손쓸 도리가 없었다. 쓰레기봉투로 만든 방호복을 입고, 손수 제작한 얼굴 가림막을 쓴 채 차오르는 땀을 닦는 모습이 외신을 통해 퍼져 나갔다.

쓰레기봉투로 만든 방호복을 착용한 스페인 의료진

방역 로봇이 병원을 탈환하다

어느 곳이나 바이러스에 가장 쉽게 노출되는 이는 의료진이다. 피할 수 없는 상황과 코로나19 확진자 급증이 맞물리자 스페인은 의료 시스템 붕괴 직전의 위기로 내몰렸다. 늘어나는 감염자와 의료진 부족, 코로나19 팬데믹으로 최악의 위기를 맞이한 스페인은 어느 때보다 강력한 구원투수를 기다리게 됐다.

이런 가운데 2020년 5월 방역 분야의 구원투수로 등장한 젠조ZenZoe는 존재감을 확실히 드러내고 있다.

장신의 몸체에 흰색 기계의 모습인 젠조는 텅 빈 병실에 미끄러지듯 들어선다. 그리고 부드러운 코너링을 선보이며 침상 구석구석 푸른 광선을 쏜다. 젠조의 광선을 받은 표면은 코로나19 바이러스 99.99% 차단이라는 확실한 방역 효과를 보인다.

젠조는 스페인 북부도시 부르고스 소재의 산업용 무인운반로봇AGV, Automatic Guided Vehicle 전문 제조 기업에서 만들었다. ASTI모바일로보틱스 ASTI Mobile Robotics는 코로나19 확산이 가속화됨에 따라 무인 이동식 방역 로봇을 개발했고, 단기간에 개발했음에도 바이러스 99.99% 차단이라는 뛰어난 성능을 자랑한다.

출처: ASTI Mobile Robotics

무인 이동식 방역로봇 젠조

로봇의 명칭인 젠조는 천연두 퇴치에 공헌한 스페인 간호사 이사벨 젠달Isabel Zendal과 스페인 첫 여성 약사인 조이 로시나흐 Zoe Rosinach의 이름에서 따왔다. ASTI 담당자는 전염병 퇴치에 힘쓴 의료진의 역할과 정신을 제품명으로 계승하고자 했다고 밝혔다.

ASTI 측은 스페인 내 외출 제한 조치 완화 이후 방역 시스템 수요가 더욱 증가하는 상황에서 젠조가 방역 활동의 선봉에 설 것을 기대하고 있다.

인력과 시간을 절약하는 환경 친화적 방역 로봇

젠조의 작동 원리는 로봇청소기와 유사하다. 가장 먼저 소독이 필요한 공간을 몇 분간 매핑mapping한다. 다음으로, 다양한 소재와 유형의 표면으로부터 수직, 수평적으로 가장 가까운 위치에 무독성 UV-C 소독램프를 이동시켜 자외선을 투사한다. 단파장 자외선(264nm)인 UV-C는 UV 복사 중 가장 에너지가 많은 부분이다. 오존층에 거의 완전히 흡수되기 때문에 지구 표면에서는 발생하지 않는다. 따라서 박테리아와 바이러스는 이에 대한 방어 메커니즘을 개발하지 못했다. UV-C는 바이러스의 핵산에 광화학적 변화를 일으켜 세포 기능 발달을 억제하고, 세포에 손상을 입혀 번식을 막는 데 탁월한 효과가 있다는 것이 입증됐다. 이 같은 효과를 바탕으로 UV-C는 지난 80년간 광범위한 분야에서 소독 방법으로 채택됐다.

코로나19에도 UV-C의 효과가 증명됐다. 세계 최대 규모 소독램프 제조 업체인 시그니파이 Signify와 보스턴대학교가 공동 연구를 진행했는데 UV 램프가 바이러스 살균에 탁월한 효능을 보이는 것은 물론, 코로나 바이러스에 UV 램프를 3초간 노출 시 96%가, 6초간 노출 시 99%까지 사멸되는 효과를 확인했다.

젠조는 여타 코로나19 방역 제품에 비해 환경 친화적이라는 특징이 있다. 오존, 표백제, 소독제 등의 화학물질을 사용하는 코로나19 방역 제품은 화학적 독성물질을 배출하고 사용 후 환기해야 하는 번거로움이 있었다. 그러나 젠조의 경우 환경 친화적 제품으로 방역 소독 직후 환기를 거칠 필요 없이 곧바로 시설물을 사용할 수 있다.

또한 젠조는 자동 초고속 배터리 충전 기능을 탑재했으며, 소독이 필요한 지점으로 직접 이동해 25㎡의 공간을 10분 이내에 소독할 수 있다. 실시간 클라우드 시스템으로 소독 주기와 결과를 관리할 수 있어 방역 효율도 높다.

出处: ASTI Mobile Robotics

젠조 작동 프로세스
관련 영상

편리한 원격 조작, 높은 가격에도 수요자 확보

젠조의 작동법은 간단하다. 사용자가 핸드폰 또는 태블릿의 모바일 애플리케이션을 통해 원격으로 로봇에 명령을 내리면 로봇은 병실 앞까지 자율적으로 이동한다. 이후 병실에 진입해 살균 작업을 시작하는데, 작업 전 사용자의 안전 체크리스트를 검토하는 것도 빼놓지 않는다. 필요할 경우 승강기 이용도 자유롭게 할 수 있다. 작업을 마치면 로봇이 알림 전송을 통해 보고서 생성을 완료한 후, 기존 장소로 복귀해 자동 충전된다. 1회 충전으로 연속 최대 3시간까지 사용할 수 있어 경쟁사 제품과 유사한 수준이지만, 충전이 필요할 때 충전소까지 자동 복귀하는 기능이 탑재됐기 때문에 소독을 반복적으로 실시할 수 있다.

젠조는 출시 직후 부르고스대학병원에서 시범 운용해 만족스러운 방역 결과를 얻었다. 부르고스대학병원의 하비에르 로사노 예방의학 서비스 총괄은 "이제 코로나19로 인해 어려웠던 상황은 극복하기 시작했으며, 앞으로는 바이러스 감염 환자가 사용하는 병실과 의료 공간의 정상화가 필요하다"고 진단했다. 또한 제품에 대해 "로봇과 UV, 매핑 기술이 결합된 우수한 방역 제품"으로 평가하며, "환자를 바로 옆에 두고도 바이러스 퇴치 작업을 빠르고 신속하게 수행할 수 있는 점"을 가장 큰 장점으로 꼽았다.

이후 젠조는 스페인 국립항공우주기술연구소INTA와 스페인 군응급대응부대UME의 테스트에서도 99%의 항균 효과를 입증했다. 사실 제품 가격은 5만~7만 5,000유로(약 7,000만~1억 원)로 저렴하지는 않다. 그러나 바이러스 감염 위험이 높은 의료, 교육 기관, 공장, 대형 쇼핑몰 등의 경우 수시로 건물 소독을 해야 하고, 화학적 소독의 안전성이 아직

확실시되지 않은 상황 등을 고려할 때 채택 가능한 비용이라는 것이 시장 반응이다.

이를 증명하듯 스페인 내 공항, 교육 기관, 스포츠센터 등 다양한 공공시설과 공장, 사무시설 등 민간 분야로부터 3개월 치 선주문이 완료됐으며, 2020년에만 약 200대를 생산할 예정이다. 독일, 포르투갈, 프랑스 등에서도 상용화를 위한 러브콜을 받고 있어 해외 시장 진출도 눈앞에 두고 있다.

환자와의 접촉 줄이고 의료진의 노동 강도 낮춰

ASTI는 2020년 6월 젠조의 후속작으로 병원 의료진들의 업무를 돕는 로봇인 S.A.S.H.A Smart Autonomous System Hospital Assistant를 출시했다. 해당 로봇은 병원이나 보건소에서 음식물 또는 의약품 등을 최대 50kg의 중소형 상자나 쟁반에 담아 운반해주는 로봇이다. 이를 통해 의료진들은 바이러스 감염 환자와의 불필요한 접촉을 피할 수 있고

출처: ASTI Mobile Robotics

병원 내 운반로봇 S.A.S.H.A 사진

단순 반복 업무로 인한 육체적 피로도 낮출 수 있다. S.A.S.H.A는 별도의 조종 없이 자율주행으로 운행 가능하며, 레이저 스캐너를 활용해 장애물도 피해 갈 수 있다. 병실에서는 환자의 침대에 부착된 QR 코드를 스캔해 음식이나 의약품을 정확히 전달함으로써 인적 오류도 줄일 수 있다. 현재까지 카타르의 시드라의료연구센터에서 성공적인 시범 운용을 마쳤으며, 의료 서비스 생산성 향상과 의료 종사자들의 안전 보호 면에서 긍정적인 평가를 받았다.

"위기에서 기회가 생긴다" 스페인의 자부심이 된 ASTI

산업용 무인운반로봇 전문 기업인 ASTI의 방역 로봇 개발 사례는 스페인 내에서 성공적 위기 대응 사례로 꼽힌다. 코로나19와 같은 국가 비상 상황 가운데 자신의 영역에서 응용 범위를 넓혀 방역 분야에 진출하고, 창의성을 발휘해 좋은 성과를 냈다는 사실이 국민들 사이에서 회자되고 있다.

특히 전통적인 로봇 강국이 아님에도 자체 기술로 하노버대학교로부터 4년 연속 '유럽 지역 내 무인운반로봇 시장을 선도하는 기업'으로 인정받은 점에 스페인 국민들은 강한 자부심을 가진다. 또한 현재의 상황이 스페인을 신흥 로봇 강국으로 성장시키는 발판이 되기를 기대하고 있다.

ASTI는 "모든 위기에서 기회가 생긴다"며 코로나19와 같은 상황이 디지털 트랜스포메이션을 가속화하는 계기가 됐다고 말한다. 그러나 한편으로는 코로나19 사태는 높은 대외 의존성을 가진 스페인 산업의 취약성을 그대로 드러내는 계기가 되기도 했다. 이에 스페인 정부와 기업들은 자국 산업의 다변화, 밸류체인의 변화 등 혁신이 필요한 상황임을 인식하고 디지털 트랜스포메이션의 중요성을 더욱 크게 느끼고 있다.

한국 역시 디지털 트랜스포메이션이 필요한 때

국제로봇협회IFR는 향후 5년 내 무인운반로봇 산업 규모가 3배 증가할 것으로 전망했다. 과거엔 주로 제조업에서 무인운반로봇을 사용했다. 하지만 뉴노멀 시대인 현재에는 바이러스 감염이라는 보이지 않는 위협으로부터 보호해주는 새로운 솔루션으로 주목받게 됐다.

국내에서도 로봇 개발에 박차를 가하고 있다. 2020년 4월 포항공과대학교 지능로봇연구센터와 한국로봇융합연구원은 자율이동형 방역 작업로봇PRA-UVC을 개발했다고 밝혔다. 자율주행과 장애물 회피, 학습 기능에 더해 로봇 팔을 이용해 침상 아래와 특정 부위 방역도 가능하다. 그뿐 아니다. 5월에는 SK텔레콤과 한국오므론제어기기가 체온 검사, 자외선 램프 살균, 방역 등의 다양한 역할을 수행하는 방역 로봇을 개발했다고 발표했다.

앞으로도 국내외에서 로봇의 활용도는 더욱 다각화될 것이다. 팬데믹 이후에는 방역 분야를 넘어 사회적 이슈로 대두되는 건설 현장, 폐수관 정비와 같이 안전사고 위험이 큰 분야에서 로봇의 활용도가 높아질 것이다. 코로나19로 개발된 로봇 기술이 산업재해 예방과 안전 문화 확산에도 활용돼 상업적 효과까지 일으킬 수 있기를 기대한다.

물론 이를 위해서는 기존 산업의 안전지대를 과감히 벗어나 실패를 두려워하지 않고 새로운 사업 영역을 개척하는 도전정신이 필요하다. 그런 점에서 스페인 ASTI의 사례는 로봇 강국 한국에 전하는 시사점이 적지 않아 보인다.

남선우(마드리드 무역관)

안전사회
── Safe Society ──

| 재난·위험 대응 비즈니스 |

전염병, 기후 변화, 베이루트 폭발 사건까지…. '안전'을 위협하는 요소는 갈수록 다양해지고 예측은 점점 더 어려워지고 있다. 안전하게 일상을 살아가는 것에 대한 가치가 점점 높아지는 시대다. 사람들은 재난 상황에 적극적으로 대비하고 안심할 수 있는 일상을 위한 투자에 지갑을 열 것이다. 우리보다 앞서서 이런 니즈를 포착한 해외의 안전 비즈니스 사례를 살펴보자. 응급·재난 상황에서 약품이나 혈액 등 긴급 물자를 운송해주는 드론 서비스, 자전거의 충격을 감지해 자동으로 부풀어 오르는 자전거 에어백 등의 비즈니스가 우리에게 힌트를 줄 것이다.

원스톱 배송,
드론 운송 서비스

아프리카 르완다에 사는 두살배기 여아 기슬레인은 며칠 동안 고열에 시달리다 병원을 찾았다. 의료팀은 급성 말라리아로, 이미 적혈구속 수많은 헤모글로빈이 파괴된 상태라고 진단했다. 남은 치료법은 신선한 혈액을 기슬레인에게 직접 투여하는 것뿐이었다. 이야기를 들은 기슬레인의 엄마는 당장 수혈을 해달라고 요청했다. 그러나 의료팀은 고개를 흔들었다. 지역 병원에서 가장 가까운 혈액은행이 자동차로 3시간 거리에 있었기 때문이다. 기슬레인의 상태는 혈액을 가져오는 데 필요한 6시간조차 버틸 수 없을 만큼 나빠져 있었다. 낙심한 기슬레인의 엄마는 마을에 남겨 둔 가족에게 슬픈 소식을 전하기 위해 전화기를 들었다.

그런데 통화를 마치고 온 기슬레인의 엄마에게 기쁜 소식이 전해졌다. 10분 안에 혈액이 도착한다는 소식이었다. 어리둥절한 기슬레인의 엄마에게 의료팀은 "기슬레인을 살려줄 혈액이 하늘을 날아서 오고 있다"고 이야기했다.

정확히 6분 후, 병원 상공에 소아용 RH+ O형 혈액을 실은 드론이 나타났다. 잠시 낙하 지점을 찾아 상공에 머물던 드론은 주차장에 마련된 착지 지점에 빨간 상자를 떨어트렸다. 안전한 착지를 위해 상자엔 낙하산을 씌웠다.

급히 상자를 가져온 간호사는 상자 속 혈액을 기슬레인에게 투입했다. 기슬레인은 극적으로 생명을 구할 수 있었다. 2016년 12월 21일,

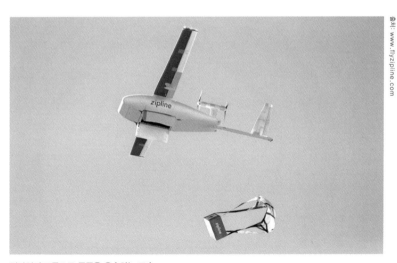

집라인이 드론으로 물품을 운송하는 모습

이렇게 세계 최초로 '혈액 운송용 드론 서비스'가 실현됐다. 미국 샌프란시스코에 기반을 둔 무인항공기 UAV, Unmanned Aerial Vehicle 운송 서비스 제공 업체 집라인 Zipline 이 세상에 등장하는 순간이기도 했다.

"당신이 사는 곳이 당신의 생명을 결정해서는 안 된다"

집라인의 창업 스토리는 2014년으로 거슬러 올라간다. 로봇 장난감을 만드는 회사인 로모티브 Romotive 의 CEO였던 켈러 리나우도 Keller Rinaudo 는 2014년 아프리카 탄자니아로 여행을 갔다가 지역 비영리단체 NGO 에서 일하는 한 연구원을 만났다. 연구원은 문자 메시지를 기반으로 하는 건강 관리 데이터베이스를 구축하는 일을 하고 있었다. 데이터베이스에는 지역사회의 의료인 네트워크를 통해서 전달된 광견병, 심한 산후 출혈 등 즉각적으로 응급 처치가 필요했던 수백 건의 사례들이 기록돼 있었다. 하지만 안타깝게도 많은 사례들이 적절한 치료를 받지 못했다는 내용이었다. 건강 관리 데이터베이스는 열악한 도로 사정과 운송 인프라로 혈액이나 약물을 적시에 제공받지 못해 죽어간 사람들에 대한 기록이기도 했다.

"당신이 사는 곳이 당신의 생명을 결정해서는 안 됩니다 Where you live shouldn't determine whether you live."

글로벌 자선 단체 글로벌시티즌 Globalcitizen 의 캐치프레이즈에서 영감을 얻은 리나우도는 공동 창업자, 엔지니어들과 함께 간단한 응급 처치 물품의 배송 방법을 고민했다. 이어 백신, 항생제, 혈액 등을 가장 빨리 운송할 수 있는 주문형 운송용 드론 '집Zip'을 설계·개발하고, 이를 위한 발사와 착륙 시스템 그리고 물류 소프트웨어도 설계·제조했다.

전 세계 다양한 스타트업 지원 펀드와 저명인사들은 집라인의 창립 이념과 혁신적 아이디어에 공감하며 투자를 아끼지 않았다. 대표적으로 세쿼이어캐피털Sequoia Capital, 구글벤처스Google Ventures, 야후Yahoo 설립자 제리 양Jerry Yang, 마이크로소프트Microsoft 공동 설립자 폴 앨런Paul Allen, 스탠퍼드대학교 등이 집라인에 투자했다.

드론, 아프리카에 생명 살리는 희망을 배달하다

2016년 집라인은 르완다 무홍가 지구에 운송 기지(유통센터)를 건설하는 계약을 르완다 정부와 체결했다. 무홍가는 수도 키갈리에서 서쪽으로 약 1시간 거리에 있다. 이어서 같은 해 7월 르완다 국립수혈센터와 함께 테스트를 진행한 후 르완다 서부의 21개 수혈시설로 혈액 운송 서비스를 시작했다.

집라인이 제공하는 서비스를 이용하기 위해 의료진에게 필요한 것은 단 두 가지다. 휴대전화와 자동차 3~4대 정도가 주차할 수 있는 크기의 낙하 지점이다.

집라인 직원은 의료진이 보낸 구호 메시지를 확인하면, 필요한 정보(요청 위치, 비행 계획, 낙하 지점)가 포함된 QR 코드를 인쇄해 구호 물품 상자에 부착한 후 드론과 통신하는 아이패드로 데이터를 보낸다. 드론에 장착된 구호 물품은 안전한 착륙을 위해 상자 겉면에 낙하산을 씌운다. 드론은 운송 기지에서 반경 80km 범위 내 지역으로 물품을 운송하는데, 최대 100km/h로 이동 가능하고, 1.75kg(혈액팩 기준으로 3단위)의 무게를 전달할 수 있다.

집라인은 서비스를 시작한 이후 르완다 전체를 지원할 수 있도록 추가 기지를 설립했고, 2019년 4월에는 가나 정부와도 협력 계약을 체결했다. 현재 드론 기지 4곳에서 30대의 드론을 운영하면서 서아프리카 국가의 2,000개 보건시설에 백신, 혈액, 응급 생명 구호 약품을 보급한

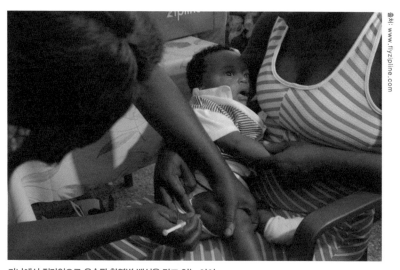

가나에서 집라인으로 운송된 황열병 백신을 맞고 있는 아이

다. 집라인은 지구상에서 가장 큰 드론 운송 네트워크를 구축해 매일 1만km씩 주행하며, 현재까지 누적 비행거리는 200만km에 달한다.

세계로 확대되는 드론 운송 서비스 시장

2020년 8월 기준 집라인이 투자받은 금액은 약 2억 3,300만 달러(약 2,700억 원)이며 기업평가액은 12억 달러(약 1조 4,300억 원)에 이른다. 명실공히 미국에서 승인 받은 가장 넓은 범위를 오가는 드론 운송 서비스 업체가 됐다.

집라인은 아프리카에서의 성공에 힘입어 인도와 필리핀에도 운송 기지를 건설하고 응급 구호 약품, 백신, 혈액 등을 공급할 계획이다. 2019년 9월 인도 마하라슈트라주 정부는 집라인이 주 전역에 응급 의약품을 제공할 것이라고 발표했다. 집라인은 2020년부터 향후 몇 년 동안 단계적으로 마하라슈트라 전역에 10개의 운송 기지를 설립하고 드론 운송 서비스를 운영할 예정이다. 또한 집라인은 2019년 12월 기자회견을 열고 필리핀 적십자와 서비스 제휴 계약을 체결한 사실을 발표하며, 2020년 필리핀에 3개 운송 기지를 개설해 직접 접근이 어려운 지역을 대상으로 서비스를 시작할 것이라고 밝혔다.

현재 미국에서 긴급 구호 물품과 의료 용품을 공급하기 위해 드론 등 무인항공기를 사용하는 업체는 집라인 한 곳만은 아니다. 공상과학 기술에 대한 장기적 연구를 전문으로 하는 구글의 비밀 연구소 'X'에서는 '윙 Wing'이라는 프로젝트를 진행하고 있는데, 일반 차량으로 운송이 불가능한 재난·재해 지역에 물, 비상식량, 의약품, 생필품 등을 신속하게 전달하는 드론을 개발했다. 구글은 일찍이 드론 운행에 필요한 소프트웨어 개발은 물론, 수많은 비행 실험을 반복하며 발생할 수 있는 다양한 문제 상황을 시뮬레이션함으로써 운행 완성도를 높이고 있다고 밝혔다.

또한 미국 네바다주에 본사를 둔 주문형 드론 운송 서비스 업체 플러티 Flirtey는 미국항공우주국 NASA, 존스홉킨스의과대학 등과 협력해 농촌에 위치한 지역 의료원에 의약품, 의료 샘플 운송 서비스를 제공한다. 최근에는 미국에서 심장마비 상황에 필요한 자동제세동기를 드론으로 전달하는 서비스를 시작한다고 발표했다.

한편 앞의 구글이나 플러티가 도서 산간이나 사람이 가기 어려운 곳을 대상으로 했다면, 도시 환경에서 드론 운송을 위한 기술 플랫폼을 제공하는 업체도 있다. 실리콘밸리에 위치한 매터넷 Matternet은 2017년 처음으로 스위스에서 '도시 내 드론 운송 서비스' 운영을 승인받았다. 2019년 3월에는 물류 운송 전문 회사인 UPS와 미국 노스캐롤라이나주의 의료센터 웨이크메드 WakeMed에 드론을 통해

출처: www.x.company

구글의 프로젝트 '윙'이 개발한 드론

안전사회

의료 샘플을 전달하는 서비스를 시작했다.

미국연방항공청 FAA은 2019년부터 2023년까지 상업용 드론 시장 규모가 3배 이상 성장할 것으로 예상했다. 실제로 미국연방항공청에 등록된 상업용 드론 숫자는 2018년에 약 16만 8,000대였지만 2020년 3월 기준으로 44만 1,709대로 늘어났다.

상업용 드론 숫자가 늘어난 만큼 관련 시장도 가파르게 성장하는 중이다. 아직까지는 보안과 안전을 우려한 정부의 강력한 규제, 운송 물품의 무게와 크기 제한 등의 기술적 과제로 드론 운송 서비스가 재난이나 건강상의 위험 문제에 대응하는 응급 구호 서비스 분야에 국한된 경향이 있다. 하지만 앞으로 기술에 대한 신뢰도가 높아지면 음식이나 일반 물품 운송 등으로 서비스 적용 범위도 넓어질 것이라는 전망이 우세하다.

코로나19 시대, 새로운 기회를 맞이한 드론 업체들
··

'위기는 곧 기회'라는 말처럼 코로나19로 인한 팬데믹 상황은 집라인과 같은 드론 운송 서비스 업체에 새로운 국면을 제시했다.

집라인은 2020년 5월 미국 노스캐롤라이나주의 의료센터 노반트헬스 Novant Health와 파트너십 계약을 맺고 노스캐롤라이나주 샬럿 지역에 개인용 보호 장비와 같은 의료 물품과 약품을 운송하기 시작했다. 이를 위해 미국연방항공청은 집라인에 긴급 면제권을 부여했다.

또한 UPS는 매터넷의 M2 드론 시스템을 사용해 CVS(미국의 약국 체인)로부터 플로리다 최대의 은퇴자 커뮤니티로 코로나19 관련 처방 약품을 운송하기도 했다.

이 밖에도 재난·위험 상황 가운데 무인 운송 수단으로서 드론이 비접촉 방식의 배송 서비스를 진행한 사례가 많이 보고된다. "전염병 확산을 막고, 효과적으로 빠르고 안전하게 응급 물품을 운송하는 데 적합하다"는 평을 듣고 있다.

드론 강국을 꿈꾸는 우리에게 필요한 것은?

세계 여러 나라와 달리 한국은 우수하고 편안한 대중교통 시스템을 갖춘 데다 운송 서비스도 매우 발달했다. 따라서 드론 운송 서비스에 대한 수요가 크다고 보지 않는 이들도 많다. 그러나 이는 현재의 생활 시스템을 기준으로 한 것이다.

국토교통부는 국내 드론 시장이 지금은 미미하지만, 2030년에는 1조 6,000억 원까지 성장할 것으로 예상했다. 이는 군용, 기업(배송), 농업, 촬영, 레저를 모두 포괄한 금액이다. 현재는 군사용 혹은 농업용으로 이용되는 드론이 앞으로는 다양한 산업에서 활약할 것으로 기대된다.

그중 한 분야가 운송 서비스다. 실제 2015년 10월 기존의 한 운송 업체에서 드론 택배 서비스의 실증 작업을 진행했고 여러 운송 업체들도 사업부를 만들어 이를 구체화하는 작업을 하고 있다.

국내 항공법은 무인비행장치를 이용한 사업을 '초경량 비행장치 사용사업'으로 구분하고 비료나 농약 살포 등 농업 지원, 사진 촬영, 육상·해상의 측량 또는 탐사, 삼림·공원 관측 등의 사업에 사용할 수 있도록 규정한다. 또한 150kg 이하 드론은 서울 도심과 휴전선 인근, 비행장, 인구 밀집 지역 등 비행 금지 장소가 아닌 곳에서 주간 시간대, 고도 150m 이하, 조종자의 가시 범위 내에서 운행할 수 있다.

실리콘밸리의 집라인이 성공한 데는 르완다 및 가나 정부의 적극적인 지원책과 드론 이용에 적합한 지리적 환경이 큰 역할을 했다. 르완다와 가나는 개발도상국으로 정부의 의사 결정이 빠르고 대다수 국민을 위한 보편적 의료 기술에 막대한 투자를 아끼지 않는다. 지리적으로 영공이 복잡하지 않아 드론 운송 서비스를 신속하고 안전하게 운영하는 데 최적의 조건이기도 하다.

그러나 미국을 포함한 많은 국가들은 보안과 안전상의 문제 때문에 드론 운전을 법률로 엄격히 제한한다. 이미 몇 년 전부터 드론을 이용한 상업적 운송 서비스가 확대될 것이라는 장밋빛 전망이 있었음에도 현실이 이와 같지 않은 것은 많은 시사점을 안겨준다.

한국의 경우, 공공 부문에서 먼저 드론을 활용함으로써 안보를 이유로 한 제약 사항을 해결해 나갈 수 있으리라 기대한다. 실제 산림청이나 한국도시가스 등은 산불 예방과 병충해 감지, 송유관 점검 등의 목적으로 드론을 활용할 예정이며, 20여 곳의 공공 기관에서도 드론 도입을 준비 중이다. 실제 공공 기관에서 드론을 사용한 후 나타나는 문제점을 개선하고 가이드라인을 만든다면 민간 부문에서도 안심하고 드론을 활용할 수 있을 것이다.

2020년 8월 한 국회의원은 보안을 이유로 막혀 있던 공간 정보를 기업들이 산업적으로 활용할 수 있도록 하는 '국가공간정보기본법 일부개정법률안'을 발의했다. 공간 정보를 사업자에게 제공하도록 보안 기준을 현실화하고 보안 문제가 발생하지 않도록 지원한다는 내용이 담겨 있다. 또한 정부는 2025년 실용화를 목표로 주택·빌딩 등 밀집 지역에서 드론 운송 서비스를 상업적으로 이용할 수 있도록 제도 개선을 추진 중이며, 2023년까지 이에 적합한 드론 운송·설비 기준을 마련한다는 계획이다. 현실의 문제를 해결하면서 미래의 기술을 실현하는 유연한 행정력이 뒷받침된다면, IT 강국 코리아가 드론 운송 서비스 영역에서도 강국으로 부상할 수 있을 것이다.

이지현(실리콘밸리 무역관)

파리지앵의 필수품,
자전거 에어백

대중교통으로 출퇴근하는 파리지앵들에게 2020년 상반기는 혼란의 연속이었다. 2019년 말 시작된 파리교통공사RATP의 파업이 2020년 1월 말까지 계속됐다. 연금법 개정 반대 운동으로 지하철, 버스 등 모든 대중교통이 마비되자 시민들은 별수 없이 다른 이동 방법을 찾아야 했다.

파리지앵들이 가장 많이 선택한 대안은 '자전거'였다. 파리 근교 주택가에 거주하며 파리 시내로 출퇴근하는 사람들은 어김 없이 자전거를 선택했다. 파리에 '자전거 전성시대'가 열린 것이다.

그 결과 대중교통 파업기간 동안 자전거 통행량은 평소보다 2.6배

출처: KOTRA 파리 무역관

자전거로 출퇴근하는 파리 시민들

증가했다. 프랑스자전거이용연맹 Federation francaise des usagers de la bicyclette 이 이를 집계했다.

파업은 종료되고 2월부터 대중교통은 원상태로 돌아갔지만 얼마 지나지 않아 코로나19 확산이 현실로 다가왔다. 3월 중순부터 7주 동안 락다운 lockdown 조치가 실시됐다. 국가 보건 비상사태로 시민들의 외출 통제가 시작됐고, 모든 대중교통 이용자들은 마스크를 착용해야 했다. 그 사이 자전거는 또 다른 교통수단으로 단단히 자리 잡았다. 5월의 마지막 3주 동안 자전거 판매량은 전년 대비 114%나 증가했다. 파리의 도로는 순식간에 자전거로 뒤덮였다.

편리하고 친환경적인 자전거에 안전성까지
더할 방법은 없을까?

그러나 불행하게도 증가한 것은 자전거 판매량만이 아니었다. 파리 시내 교통사고 건수도 함께 대폭 증가했다. 파리 경찰청의 발표에 따르면, 대중교통 파업이 한창이던 2020년 1월 교통사고 건수는 전년 동기 대비 172% 증가했고, 자전거 이용자가 포함된 교통사고는 153.7%까지 폭증했다. 락다운 조치가 해제된 2020년 5월, 교통사고로 부상을 입은 자전거 이용자는 전년 동기 대비 24.1% 증가했다.

엄격해지는 친환경 정책과 도시 내 교통 체증, 대중교통 파업, 바이러스 확산 등으로 자전거는 파리지앵들에게 자가용 및 대중교통의 가장 훌륭한 대안으로 떠올랐다. 하지만 동시에 자전거가 가진 '낮은 안전성'도 두드러지게 드러났다.

자전거는 편리하고 친환경적이다. 그러나 사각지대를 가진 자동차들과 함께 달릴 때는 몹시 불안전하다. 이를 보완하기 위해 자전거 전용도로 건설에 열을 올리지만 자전거 사용자 증가 속도를 따라오지 못한다.

"자전거의 이점을 취하면서 안전성을 높이는 방법은 없을까?"

이제 자전거가 일상이 된 파리지앵들에게는 반드시 해답이 필요했다.

So Excellent! 세계 최초 자전거 에어백

"운전자는 에어백이 보호해주잖아? 자전거는 왜 안 돼?"

급증하는 교통사고를 놓고 고민하던 한 기업이 해결책을 내놓았다. 프랑스 중부도시 디종에 위치한 중소기업 엘리트 Helite가 2019년 세계 최초로 자전거 에어백 '비세이프 B'Safe'를 출시한 것이다.

비세이프는 CE/PPE(유럽 표준 개인용 보호장구) 2등급을 획득했고, 약 2년 동안 시제품 테스트 기간을 거쳐 2019년 가을부터 690유로(약 93만 원)에 판매 중이다.

비세이프의 작동 시스템은 에어백과 흡사하며 매우 간단하다. 운전자에게 사고가 나면 에어백이 작동한다. 에어백이 자동차 내부에 부착

비세이프를 입고 자전거를 타는 사람들

된 것이라면, 비세이프는 이용자가 에어백이 부착된 조끼를 착용해야 한다는 차이점이 있을 뿐이다.

자전거용 에어백인 비세이프는 흉부와 척추의 부상을 집중적으로 예방하는데, 이는 프랑스 자전거 사고 통계에서 그 이유를 찾을 수 있다. 프랑스 도로안전공단Securite routiere en France의 조사에 따르면, 자전거 사고에서 40%의 이용자가 흉부에 부상을 입고, 25%가 척추에 부상을 입는다고 한다. 이때문에 비세이프는 기본적으로 목과 등, 흉부를 보호하도록 설계됐다.

비세이프의 작동법 역시 작동 원리만큼이나 간단하다. 옷 위에 조끼를 착용하고, 지퍼를 올린 후 on/off 버튼을 3회 빠르게 누른다. 작동을 정지할 때도 같은 방식으로 하면 된다.

비세이프는 1회 충전으로 7일 동안 사용할 수 있다. 내부에 배터리가 부착돼 있고, 자전거에 별도의 케이블로 연결하지 않아도 된다. 자전거에 부착하는 감지 장치의 경우 배터리 유효 기간이 5년 이상이다. 한 번 부착하면 대부분의 경우 별도의 충전이 필요 없다.

2개의 무선 장치로 추락 위험 감지

비세이프는 수차례의 실험을 거쳐 운전자의 몸이 자전거에서 추락하는 순간에만 작동하도록 제작됐다. 어떻게 이것이 가능할까? 어떻게 충격을 인지하고 에어백을 작동시킬까? 비세이프는 총 2개의 무선 장치로 운전자의 움직임을 감지한다. 조끼 내부와 자전거 안장 밑 프레임에 장치를 부착하면 된다.

부풀어 오른 에어백

조끼 안과 자전거에 부착된 감지 장치는 운전자가 자전거에서 떨어지거나 자전거에 충격이 가해지는 사고를 감지하면, 에어백이 자동으로 작동돼 조끼가 부풀어 오른다.

먼저 조끼 내부의 장치를 살펴보자. 자전거 운전자가 주변 물체와 부딪침 없이 자전거에서 미끄러지거나 떨어지는 경우, 조끼 안의 장치는 스스로 운전자의 추락을 감지하고 에어백을 작동시킨다. 이 장치에는 GPS와 가속도계, 자이로스코프Gyroscope 기능이 있어 운전자의 움직임을 실시간으로 분석할 수 있다.

자전거에 부착된 또 다른 감지 장치는 자전거의 충격을 분석한다. 충격이나 비정상적인 움직임이 감지되면, 2개의 감지 장치가 신호를 교환하며 상황을 분석한다. 그 결과에 따라 운전자에게 충격이 가기 전에 에어백이 작동된다. 조끼는 순식간(80ms)에 부풀어 올라 충격의 90%를 흡수한다.

한 번 부풀어 오른 에어백은 자동으로 천천히 수축된다. 이후 재사용을 위해서는 조끼 내부에 든 소형 CO_2 용기를 교체하면 된다.

행글라이더 애호가, 사고로 친구를 잃고 안전을 생각하다

비세이프가 세상의 빛을 보기까지 엘리트의 대표인 제라르 테브노Gerard Thevenot는 많은 노력을 기울였다. 테브노는 손수 엘리트를 세우고 비세이프를 만들었다. 그러나 엘리트가 그의 첫 번째 회사는 아니다.

1970년대 대학생이던 그는 아마추어 대회에 참가할 만큼 열정적인 행글라이더 애호가였다. 1975년에는 동생과 함께 행글라이더 제조 기업인 라무에트La Mouette와 초경량항공기ULM(동력행글라이더) 제조 기업 코스모스Cosmos를 설립하기도 했다. 두 기업은 꾸준히 성장해 업계에서 세계적인 명성을 얻게 됐다.

엘리트 창업자 제라르 테브노

성공한 행글라이더 사업가였던 그는 거기에 머무르지 않았다. 행글라이더 대회에서 각종 사고가 속출하고, 급기야 친구마저 라이딩 사고로 잃게 되자 라이더들을 위한 안전 장치 개발에 매진한다. 2002년 라무에트는 행글라이더를 위한 보호조끼를 출시했다. 그런데 얼마 후 예상 밖의 시장 반응을 접하게 된다. 행글라이더를 위해 개발한 상품이 주로 오토바이 운전자들에게 팔린다는 사실을 확인한 것이다. 안전을 걱정하는 오토바이 운전자들에게 그의 상품은 매우 인기가 높았다. 새로운 시장을 발견한 테브노는 보호조끼를 전문으로 만드는 엘리트를 2005년 설립한다. 엘리트는 지난 14년간 전 세계에 약 10만 벌의 행글라이더 및 오토바이 에어백 조끼를 판매했다. 그리고 2019년 최초의 자전거 에어백을 출시했다.

이제 퍼스널 모빌리티 이용자들에게 안전 장비는 필수템

파리 시민들은 대중교통을 이용하지 못하는 상황에서, 자전거를 가장 나은 대안으로 선택했다. 이는 비단 파리만의 선택은 아니다. 환경 위기 대응을 위한 그린딜 정책 등으로 세계 각국 정부는 친환경차와 자전거 이용을 적극 권장한다. 또한 교통 체증, 바이러스 감염 등의 이유로 우리나라에서도 자전거, 킥보드 등 퍼스널 모빌리티 personal mobility 의 인기가 크게 높아지고 있다.

그만큼 교통안전도 주요한 사회적 이슈로 떠오른다. 행정안전부에 따르면, 우리나라의 자전거 교통사고는 심각한 수준으로 매년 200여 명의 사망자가 나온다. 전동킥보드 관련 사고 또한 2016년 49건에서 2019년 890건으로 대폭 증가했다.

교통사고는 많은 부분 운전자의 부주의에서 비롯되기 때문에 조심 하면 줄어들 수 있다. 그러나 자전거 사고는 특성상 작은 사고도 큰 위 험으로 다가온다. 언제 어떻게 닥칠지 모르는, 제어가 불가능한 위험 에서 몸을 보호할 수 있는 장비는 필수적이다. 우리나라 자전거 이용 자들에게도 비세이프 같은 자전거용 안전 장비가 필요한 이유다.

시장은 충분하다, 국내산 안전 장비 개발에 박차를 가할 때

엘리트는 직원 37명의 소기업이지만, 비세이프 같은 특허받은 에어 백 조끼로 세계 40개국에 진출했다. 유럽 내에서는 자전거 에어백 관 련 최대 기업으로 손꼽힌다. 게다가 현재는 행글라이더, 오토바이, 자 전거 운전자 보호에 주로 사용되지만, 신체에 충격을 줄 만한 어떤 위 험으로부터도 몸을 보호할 수 있기 때문에 시장 확장은 시간문제로 보 인다. 승마, 스키 등의 스포츠뿐 아니라 위험성이 높은 공사 현장에도 에어백 기술이 적용된 안전 장비가 충분히 역할을 할 수 있다. 이 점은 한국의 자전거 관련 기업, 안전 관련 기업들에 시사하는 바가 크다.

그간 엘리트와 같은 노력을 기울인 한국의 기업이 없었던 것은 아니다. 2019년 국내의 한 중소기업은 '착용형 에어백'을 내놓으며 산업 현장에서 사용하는 추락 보호복으로 소개했고, 오토바이 안전 장비 업체에서는 다양한 형태의 '바이크 안전조끼'를 출시하며 마니아층을 형성하기도 했다. 하지만 이들 제품은 대부분 시장을 넓히는 데 진전을 보이지 못하고 있다.

한국의 자전거 시장은 굉장히 크다. 자전거 인구는 1,200만 명으로, 서울시에서 자전거를 빌려주는 공공서비스 '따릉이'도 100만 명의 회원을 넘겼다. 덕분에 자전거 안전 장비(안전모, 팔꿈치·무릎 보호대, 장갑)에 대한 인식도 높아졌다. 시장 잠재력은 충분해 보인다.

한국에서도 국내 수요에 맞는 제품이 나온다면 엘리트의 비세이프 같은 성공을 거둘 수 있을 것이다. 머지않아 '메이드 인 코리아' 제품이 전 세계 퍼스널 모빌리티 이용자들의 인기를 독차지하는 날이 오기를 기대해 본다.

곽미성(파리 무역관)

카이로

전염병 퇴치를 위한
위생 비즈니스, AD 주사기

2020년 2월 이집트 인구가 1억 명을 돌파했다. 유럽과 아시아 곳곳이 저출산으로 인구절벽에 직면한 가운데 인구가 늘어나는 것은 축하할 일임에 틀림없다.

그즈음 세계적인 억만장자 빌 게이츠가 이집트 보건부 장관 할라 자이드에게 한 통의 편지를 보냈다. 이집트에서 진행하는 '1억 명의 건강한 삶' 캠페인에 대한 연구 자료를 부탁하며, 이집트의 성공적인 경험을 다른 국가의 자선 의료 프로젝트에 적용하고 싶다는 내용이었다.

이집트 보건부는 지속가능발전전략SDS 2030의 일환으로 1억 명의 건강한 삶 캠페인을 진행 중인데, 'C형간염의 완전 퇴치' 선언과 이를 위한 활동은 빌게이츠재단 외에도 다양한 국제 기관의 관심을 받고 있다.

C형간염 퇴치를 위한 '1억 명의 건강한 삶' 캠페인

2018년 10월 시작된 1억 명의 건강한 삶 캠페인은 엘 시시 이집트 대통령의 전폭적인 지지와 세계은행의 지원이 큰 역할을 했다. 이 캠페인을 통해 의료 시스템을 개선하고 인적 자원을 성장과 번영의 핵심 기반으로 만든다는 계획이다. 일찍이 이집트 보건부는 2022년까지 이집트에서 C형간염의 완전 퇴치를 선언한 바 있다. 1억 명의 건강한 삶 캠페인의 주요 내용 역시 C형간염과 비전염성 질병(당뇨, 비만, 고혈압 등) 검사를 진행하는 것으로, 전국적으로 5,200만 명 이상의 국민들이 C형간염 검사를 받는 것을 목표로 한다.

캠페인 실시 이후 수혜자들은 지정 병원이나 캠페인 이동 차량에서

이집트 보건부 '1억 명의 건강한 삶' 플래카드

출처: www.egyptindependent.com

'1억 명의 건강한 삶' 이동 검사 차량

C형간염 검사를 무료로 받았고, 감염 진단을 받을 경우 지정 병원으로 이송돼 무료 진료도 진행했다. 2019년 9월 기준 약 6,000만 명 이상의 이집트 국민들이 이 캠페인을 통해 검사를 완료했으며, 100만 명 이상의 감염자들이 정부 지원으로 무료 치료를 받은 것으로 집계됐다.

세계 최대 C형간염 보균자 국가, 이집트의 도전

이집트 정부가 1억 명의 건강한 삶 캠페인을 벌인 이유는 국민들의 건강을 위협하는 대표적 질병이 C형간염과 비전염성 질병이기 때문이다.

2015년에 이집트는 전 세계에서 가장 높은 C형간염 유행 비율을 보였는데, 세계은행의 발표에 의하면 인구의 5%가 감염됐다고 한다. 이런 높은 감염 비율은 연간 GDP 1.5%를 감소시키는 등 국가 경제에 상당한 영향을 미친다. 실제 C형간염 환자는 빈곤에 빠질 가능성이 평균적인 사람들에 비해 5배나 높다.

C형간염의 위험은 최근까지 계속되고 있다. 세계보건기구에 따르면, 2019년 이집트 거주 인구 중 6.3%(약 600만 명)가 C형간염 보균자로 추산된다. 이로써 이집트는 여전히 세계에서 C형간염 보균 인구가 가장 많은 국가 중 하나로 꼽힌다.

이집트 정부는 C형간염 퇴치를 위해 1억 명의 건강한 삶 캠페인과 함께 다양한 노력을 벌이고 있다. 대표적으로 바이러스성 간염의 예방, 관리, 치료를 위한 조치계획(2014~2018년)을 발표하고 의약품 가격 및 조달 과정, 감염 관리, 혈액 안전, B형간염 바이러스 감염 예방, 관리 및 치료, 감시, 지역사회 인식 등 모든 분야에서 간염 퇴치를 위한 노력을 기울여왔다.

병원 감염의 주요 요인, 주사기 재사용 문제

지금까지 밝혀진 C형간염의 주된 감염 경로는 일회용 주사기의 재사용, 부족한 감염 통제 능력, 가족 간 전염 등이었다. 카이로에 위치한 테오도르빌하르즈연구소의 간염학 교수에 따르면, 보균자 1명은 최대

4명까지 바이러스를 전파하는 것으로 나타났는데, 실제로 가족 구성원 중 1명이 감염되면 다른 구성원들도 감염되는 경우가 많았다.

그런데 이집트의 경우 많은 환자들이 병원에서 C형·B형간염에 감염되는 특징을 보였다. 통계상으로 매년 15만~20만 명이 C형간염 바이러스에 감염되는데, 이 중 5~10%가 병원, 치과, 의료 과실로 감염된다고 추정된다. 주된 요인은 '일회용 주사기의 재사용'이었다.

이에 이집트 보건부는 2020년 7월까지 병원과 보건소에서 일반 주사기 사용을 전면 금지하고 AD Auto Disable(자체파괴형) 주사기로 대체할 것이라고 발표했다.

일선 병원에서 사용하는 주사기는 '일반 일회용 주사기'인데, 물리적으로 재사용이 가능하고 환자가 주사기의 재사용 여부를 확인할 수 없는 맹점이 있다. 일회용 주사기의 적법 사용과 파기는 의료인의 양심에 맡길 수밖에 없으나, 적법 절차가 지켜지지 않을 경우 피해는 너무나 크다.

AD 주사기 사용, 감염을 막는 가장 안전한 방법

가장 합리적인 대안은 AD 주사기의 사용이다. AD 주사기의 경우 한 번 사용 후, 자동으로 주사기의 밀대가 깨지거나 주삿바늘이 접히게 만들어진다.

그리고 주사기 사용 후 주삿바늘이 실린더(주사기 몸통) 안으로 완전히 들어가며, 주사기 밀대를 꺾어서 폐기하도록 설계돼 재사용을 차단하는 동시에 의료진도 보호할 수 있는 것이다.

AD 주사기 폐기 예시

이집트 보건부는 병원, 보건소, 공공시설 등에서 연평균 20억 개의 AD 주사기를 사용할 것으로 예상하고, 전략적으로 주사기 보유량을 늘려 나갈 것이라고 밝혔다. 이집트의 이런 결정은 2020년까지 세계 각국의 AD 주사기 사용을 촉구한 세계보건기구의 활발한 움직임 가운데 나온 것이다.

이집트 대상 비즈니스 기회는?

이집트의 유일한 백신 제조업체이며 주요 혈액은행 중 하나인 박세라 Vacsera는 이집트 군수물자부와 파트너십을 체결했다. 이를 바탕으로 아부다비의료용품공급회사 ADMD Abu Dhabi Medical Supplies Company가 박세라와 이집트군수물자부에 AD주사기 생산라인을 공급하는 협력 협정을 맺었다. 공장은 카이로 도심에서 서남쪽으로 차량으로 1시간 거리에 있는 '식스 오브 옥토버 6th of October'의 2,700㎡ 면적에 3층 규모로 건설될 예정이다. AD 주사기 생산라인은 이집트와 아프리카를 통틀어 처음 건설되는 것으로, 중동에서는 두 번째로 설립되는 것이다. 초기 투자액은 1,650만 달러(약 192억 원)로, 2020년까지 연간 1억 개의 주사기를 생산할 계획이었으나 현재 코로나19 등 여타 사정으로 공장 설립이 지연되고 있다.

AD 주사기 생산라인 설립이 지연되는 가운데, 이집트는 당분간 AD 주사기를 수입에 의존할 것으로 보인다. 단기적으로는 AD 주사기 제품 자체에 대한 비즈니스 기회가, 장기적으로는 AD 주사기 제조 설비에 대한 비즈니스 기회가 생길 것으로 예상된다. 이집트 내 일회용 주사기 생산 업체들이 AD 주사기 생산라인을 늘릴 것이기 때문이다.

한국에도 C형 집단 감염의 위험이?

AD 주사기 보급 확산은 비단 이집트의 문제만은 아니다. 한국 역시 개발도상국형 질병인 C형간염에서 자유롭지 못하다. 일례로 2015년 서울과 2016년 강원도 원주의 개인병원에서 주사기 재사용으로 C형간염 집단 감염 사태가 벌어졌다. 그러나 일련의 사건 이후에도 안전 주사기 사용에 대한 의료 현장의 여건과 인식 개선이 요구되고 있다. 2016년 일회용 주사기 재사용을 금지하는 의료법 개정안이 국회 통과

후 시행되고 있지만, 안전 주사기 보급은 더디기만 하다.

한국의 의료 현장에서는 "일회용 주사기는 당연히 재사용하지 않는다"는 인식을 가지고 주사기를 사용한다. 2019년 6월 건강보험심사평가원의 발표에 따르면, 국내 안전 주사기류 월평균 급여 청구 건수(안전 주사기류 사용에 건강보험 적용이 시작된 2018년 10월~2019년 3월 기준)는 안전 주사기 3만 여건, 안전 나비침 1만 5,000여 건, 안전 주사침 3,700여 건으로 약 5만 건에 불과했다. 상급종합병원(1,500~2,000병상 규모) 한 곳에서 한 달에 사용하는 일회용 주사기가 통상 40만~50만 개임을 감안할 때 안전 주사기가 차지하는 비중은 극히 낮은 편이라고 할 수 있다.

AD 주사기의 공급 활성화 방안도 고민해야

코로나19로 우리 국민들의 위생과 안전에 대한 의식이 더욱 높아지고 있다. 최근 독감 백신 관리 문제가 연이어 보도되자 소비자들이 백신제조 회사를 병원에 일일이 확인하며 접종하는 것만 보아도 알 수 있다. 높아진 위생과 철저한 안전관리 의식은 뉴노멀, 즉 우리의 새로운 생활양식으로 자리잡을지 모른다. 안전주사기나 AD주사기도 이러한 요구에 부응하는 사례다. 의료진과 환자 보호, 효율적인 감염 관리 등을 위해 안전 주사기나 AD 주사기의 사용에 대한 니즈가 더욱 높아질 수 있다.

물론 제도적인 보완이 있다면 보급은 더욱 빨라질 것이다. 현재 안전 주사기 사용은 혈액 매개 감염병 환자 및 의심환자, 응급실 내원 환자, 중환자실 입원 환자의 경우에만 세부 규정에 허용된 개수에 한해 건강보험 급여가 인정된다.

앞으로 높아진 위생과 안전의식으로 사회적 협의가 이루어진다면 제도적인 보완도 기대해 볼 수 있다. 여기에는 비단 안전주사기뿐만 아니라 의료현장을 보다 안전하고 안심할 수 있게 해주는 것 모두가 해당할 것이다. 이러한 니즈를 선점할 비즈니스 아이디어를 기대해본다.

김지혜(카이로 무역관)

투명사회
Transparent Society

| 과정의 공개가 만족으로 |

코로나19로 세계의 주목을 받은 한국의 방역 시스템은 그 무엇보다 투명성에 기인했다. 감염 경로를 빠르게 찾아내고 감염자의 동선과 접촉자를 사회구성원에게 투명하게 공개했다. 특수한 상황이기는 하지만 사생활 보호의 가치보다 투명성의 가치가 더욱 클 수 있다는 것이 사람들에게 각인됐다. 사람들은 이제 내가 쓸 제품이 어떻게 생산되는지, 내가 좋아하는 팀의 선수는 어떻게 뽑는지, 그 과정을 알고 싶어 하고 또한 참여하길 원한다. 5G 시대가 본격화되고 영상 정보가 기하급수적으로 늘어나면서 기업이 제품과 서비스를 공급하는 과정은 더욱 투명해질 것이다. 누가 먼저 신뢰를 얻을 것인가? 신뢰를 무기 삼아 소비자를 공략한 다른 나라의 비즈니스 사례를 살펴보자.

소비자에게 더 가까이, 클라우드 현장 감독 서비스

광저우

2020년 코로나19로 인한 팬데믹 상황에서 최대 관심지는 단연 중국 이었다. 우한 등 도시 전체가 봉쇄되는 와중에도 그곳에 사는 주민들은 최소한의 생활을 영위하며 의외로 잘 견뎌냈다. 중국 정보통신 업계에 서는 이를 디지털혁명에 바탕을 둔 '클라우드 열풍' 덕분이라고 말한다.

클라우드란 데이터를 인터넷과 연결된 중앙컴퓨터에 저장해서, 인 터넷에 접속하기만 하면 언제 어디서든 데이터를 이용할 수 있는 공간 을 의미한다. 중국에서도 5G 기술을 활용해 언제 어디서나 필요한 만 큼 컴퓨팅 자원을 인터넷으로 활용할 수 있는 시대가 열렸다.

일례로 〈어머니(囧妈)〉란 영화의 상영을 살펴보자. 1,000만 명 인구가 사는 우한이 봉쇄되고 이틀 뒤인 1월 25일 춘절(설날)이었다. 이날 인터넷 스트리밍 방식으로 이 영화가 무료로 개봉됐다. 중국 영화 역사상 최초로 '클라우드 상영(云上映)'이라는 단어가 사용됐다.

이처럼 클라우드 서비스의 특징은 여러 사람이 동시다발로 서비스를 활용할 수 있는 높은 '개방성'과 '대중성'이다. 중국의 여러 기업들은 개방성과 대중성을 다양한 분야에 적용해 주민들로부터 큰 호응을 얻고 있다.

건설 현장의 부실 걱정을 일소시킨
클라우드 현장 감독 기술

한자 운(雲)은 중국어로 발음하면 '윈'이 된다. 중국어 표기법(간체자)으로 윈(云)이라고 쓴다. 이 윈이 중국에서 가장 핫한 단어로 꼽힌다. 클라우드 열풍은 실행 패턴, 디지털 경제, 4차 산업혁명까지 막대한 영향을 미치고 있다. 대표적으로 '클라우드 현장 감독'은 중국의 사회적 신뢰도를 높이는 데 일조한다.

클라우드 현장 감독 기술이란 온라인을 통해 한정된 인원이 아닌 누구나 건설, 물품 제조 등의 과정을 실시간으로 관찰할 수 있는 방식이다.

이 기술이 적용된 대표적 사례는 중국 정부의 '훠선산(火神山) 임시병원' 건설 현장이다. 코로나19 사태로 병상이 부족해지자, 1월 25일 중

중국 CCTV가 운영한 '역정 24시간' 채널

훠선산 병원 건설 현장

국 정부는 훠선산 등 임시병원 건설 프로젝트를 가동했다. 그런데 1월 27일 중국 국영 중앙방송 CCTV은 인터넷으로 공사 현장을 생중계하기 시작했다. 모든 것이 클라우드 서비스 기술 덕분에 가능했다.

네티즌들은 임시병원의 건설 과정을 클라우드 현장 감독 기술을 통해 볼 수 있게 됐다. 중국 CCTV가 제공하는 새로운 동영상 플랫폼인 양스핀(央视频) 애플리케이션에 접속하면 누구나 우한의 훠선산 병원과 레이선산(雷神山) 병원 건설 현장을 생중계로 볼 수 있었다. 공사 현장에는 여러 각도의 고정 카메라가 있었는데 생중계는 24시간 내내 진행됐다.

'그런데 중국 정부는 왜 이런 일을 벌였을까?'

그간 중국 사회는 부실공사로 인명 피해가 발생하는 등 급조하는 건축물에 대한 사회적 불신이 팽배했다. 이번 임시병원 역시 코로나19로 인해 급하게 지어야 했던 터라 사회적 우려가 많았다. 중국 정부는 클라우드 현장 감독 기술을 통해 이런 우려와 불안을 해소하고자 했다. 24시간 내내, 네티즌 누구나 접속해서 진행 사항을 실시간으로 볼 수 있으니 부실과 위험이 방치되는 상황이 일어나지 않을 것이기 때문이었다.

방송에서 현장을 공개한 후로 훠선산 병원과 레이선산 병원의 분주한 공사 현장을 본 시청자는 1억 7,000만 명에 달했고, 동시간 최고 시청자 수도 8,500만 명에 이르렀다. 뻔한 이치대로 부실공사를 하고 싶어도 보는 눈이 많아 할 수가 없는 상황이 연출됐다.

중국의 네티즌들은 임시병원 건축 현장을 바라보면서 정부에 찬사를 보냈다. 빠른 진행 가운데서도 부실공사 우려 없이 진척되는 현장을 보면서 사회적으로 팽배했던 불신도 어느 정도 해소됐다. 이로써 중국 정부는 '건축 과정에 대한 투명성 제고'라는 목표를 이뤘다. 나아가 중국 정부와 민간 기업들 사이에는 클라우드 현장 감독 기술을 건축, 물품 제조 등 다양한 공정에 확대 적용한다면 중국 내 뿌리 깊게 퍼진 상호 불신을 해소할 수 있으리라는 기대감이 퍼져 나갔다.

클라우드 서비스를 활성화한
중국의 5G 디지털 기술

클라우드 현장 감독 기술은 사회 곳곳에 도입되고 있다. 디지털혁명으로 대표되는 기술 혁신이 사회 변화를 주도하는 대표적인 사례가 됐다. 클라우드 현장 감독 기술이 이토록 빨리 확산될 수 있었던 데는 인터넷 통신망 5G의 역할이 컸다.

2019년 6월 6일, 중국 공신부(工信部)가 차이나텔레콤, 중국이동통신, 차이나유니콤, 중국광전(中国广电)에 5G 영업허가증을 발부하면서 중국은 정식으로 5G 시대에 진입했다. 5G는 '초고속, 초저지연, 초연결'이라는 특성을 지니는데, 트래픽 지연 없이 실시간으로 수억 명 이상의 사용자에게 생방송 화질과 속도를 보장한다. 속도 면에서는 20Gbps로 기존 4G 대비 20배에 달한다. 지연 시간은 1ms(밀리세컨드, 1000분의 1초)로 눈 깜짝할 시간도 허락하지 않는다. 역시 4G 대비 100분의 1 수준이다. 연결 대수는 1㎢ 내 100만 대 기기로 실로 엄청난 수준이다.

이런 5G 기술에 광섬유 듀얼 기가비트 네트워크 기술이 더해져, 수억 명의 네티즌들이 동시에 가상현실 파노라마 카메라를 통해 현장을 실시간으로 확인하는 것이 가능해진다. 또한 양스핀 애플리케이션에서는 중국의 5G 스마트폰 보급률이 높지 않은 점을 감안해 '5G+CPE Customer Premise Equipment' 기술을 적용했다. 'CPE'는 이동 신호를 접수하고 와이파이WiFi 신호로 전송하는 이동 신호 접속 설비다. 5G 신호를 와이파이 신호로 전환해준다.

5G+CPE 기술을 적용하면 사용자가 5G 스마트폰을 갖고 있지 않더라도 24시간 공사 현장을 볼 수 있다. CPE는 병원, 기관, 공장, 주택단지 등에서 많이 쓰인다. 5G와 다양한 디지털 기술로 실현된 클라우드 기술은 현장 감독에 적용돼 건설 공정, 물건 제조 공정의 투명성을 높이고 최종적으로는 사회적인 신뢰도까지 높이는 순기능을 해내고 있다.

CCTV와 다르게 조작 불가능한 특성으로 브랜드 신뢰도를 높인다

한편 클라우드 서비스에 대한 이해도가 높지 않은 연령에서는 "클라우드 감독 기술이 기존의 CCTV와 무엇이 다르냐?"고 묻기도 한다. 두 기술의 차이는 대중성 측면에서 나타난다.

CCTV는 접근이 가능한 한정된 인원만 볼 수 있고, 인위적인 편집이나 조작이 가능하다. 그러나 클라우드 감독 기술은 누구나 언제든지볼 수 있는 데다 실시간으로 대중에게 공개되기 때문에 누군가 인위적으로 조작하거나 편집하는 것이 불가능하다. 이때문에 클라우드 현장감독 기술은 다수의 사람들이 정보와 의견을 교류하고 감시할 수 있는공공의 영역에 적용된다. 임시병원 건설 현장에서 클라우드 감독 기술이 큰 호응을 얻은 것 역시 정부가 투명하게 모든 과정을 공개했기 때문이다.

중국 정부와 민간 기업들은 클라우드 현장 감독 기술의 활용 범위가 앞으로도 지속적으로 넓어질 것이라 예측한다. 투명성과 대중성 확보는 일반 기업에서도 필요로 하는 역량이기 때문에 잘만 활용하면 신뢰도를 높여 홍보에도 효과를 톡톡히 볼 수 있다고 기대한다.

일례로 중국 칭다오의 헝니즈짜오 공장은 클라우드 현장 감독 기술로 마케팅과 홍보에 커다란 효과를 본 기업 중 하나로 꼽힌다.

헝니즈짜오는 원래 속옷 생산 공장이었으나, 코로나19 사태가 발생하면서 재빠르게 마스크 생산 공장으로 전환했다. 거기까지 상황은 순조로웠다. 문제는 판매에 나선 헝니즈짜오의 상황이었다. 마스크는 제품 간 큰 차별성이 없어 소비자에게 브랜드를 알리기가 쉽지 않다. 고민에 빠져 있을 때 내부 직원 건의로 '클라우드 현장 감독 기술'을 적용해 보기로 했다.

헝니즈짜오는 즉시 실시간 라이브로 생산 공정을 방송하면서, 자연스럽게 제품을 홍보하자는 전략을 세웠다. 경영진은 중국 최고의 SNS 애플리케이션인 '더우인(抖音)' 담당자들을 초청, 라이브 방송 관련 교육을 받았고 제품 공정 라이브 방송팀도 편성했다. 원칙적으로는 24시간 무해설 라이브 방송을 진행하면서 행정 직원들이 업무를 보는 근

헝니즈짜오 내 마스크 생산 장면

무 시간에는 시청자들이 제시하는 의견에 바로 피드백했다. 이렇게 인터랙티브 라이브 방송 모델을 만들었다.

시청자들의 반응은 매우 뜨거웠고, 만족스러운 결과로 이어졌다. 200여 명에 불과했던 SNS 계정의 폴로어 follower 수는 방송 개시 후 일주일도 안 돼 1만 3,000명으로 폭증했다. 수치상으로 65배 증가였다. 또한 라이브 방송 시청자 수는 3월 5일 단 하루 만에 16만 명에 달했다. 경영진은 처음 라이브 방송을 하는터라 어떻게 해야 할지 몰라 외부 인력에게 도움을 받아가며 힘들게 진행했지만, 라이브 방송을 통해 거둔 홍보 효과를 보며 자신들의 노고가 헛되지 않았음을 느꼈다고 한다.

그런데 네티즌들은 어떻게 헝니즈짜오의 라이브 방송에 관심을 갖게 됐을까? 우선 코로나19로 마스크의 필요성을 절감한 사람들이 많은 궁금증과 호기심을 가진 상태에서 헝니즈짜오가 방송을 시작했다.

마스크 제조 공정을 자세히 소개한 프로그램이 기존에 전무했기에 방송은 소비자들의 큰 관심을 끌었다. 다음으로 헝니즈짜오의 방송은 마스크 제조가 어떤 식으로 이뤄지는지 생생하게 보여줌으로써 사람들을 안심시키는 기회가 됐다. 원료의 입고, 원료 손질, 제조, 최종 마무리 단계까지 전체 공정을 빼놓지 않고 라이브로 방송했기 때문에 호응도를 높일 수 있었다.

마지막으로 헝니즈짜오가 보여준 다양한 퍼포먼스가 효과를 발휘했다. 헝니즈짜오는 여느 홈쇼핑이나 인터넷 판매점들처럼 인플루언서들을 적극적으로 활용했다. 더우인의 유명한 인플루언서인 하오카이신(郝开心) 등을 초청, 이들이 직접 제조 공정에 참여하게 했다. 유명 인플루언서들이 공장에서 손수 마스크 생산 과정을 배우고, 시청자들에게 그 과정을 자세히 소개하자 반응은 실로 뜨거웠다.

홍보와 마케팅? 클라우드 현장 감독 기술로 소비자에게 더 가까이

얼핏 보면 중국의 클라우드 현장 감독 기술은 한국에는 새로울 것이 없어 보이기도 한다. 유튜브를 이용한 생방송이 가능하고, 홍보와 마케팅은 SNS에 집중되는 양상이기 때문이다. 하지만 결론부터 이야기하면 클라우드 현장 감독 기술은 한국 기업에서도 충분히 관심을 가질 만한 비즈니스다.

우선 클라우드 서비스를 이용하는 방법은 소비자의 신뢰도를 높일 수 있을 뿐 아니라 친밀감 증대에도 효과적이다. 항시 열려 있는 채널에 접속만 하면 되므로 소비자가 개방성과 대중성을 체험할 수 있다.

다음으로 SNS를 포함한 전통적인 마케팅 방식이 주는 불편함을 해소할 수 있다. 공급자가 소비자에게 제품을 홍보하는 형태는 소비자에게 일방통행의 불편함을 느끼게 한다. 또한 편집이나 조작을 통해 만들어진 정보이기 때문에 소비자는 믿음을 가지기가 어렵다. 실시간으로 제공되는 제조, 공정, 판매 현장을 통해 소비자는 궁금증을 해결하고 생산자에게 직접 연락을 시도할 수 있다. 제품의 제조 과정을 보면서 다양한 피드백을 제공하는 등 참여 영역이 기존보다 넓어지므로, 소비자들이 보다 쉽게 자신의 의견이 반영된 제품을 구매하는 일이 가능해진다.

마지막으로 투명성 제고로 소비자들의 호감을 높일 수 있다. 최근 활발하게 이뤄지는 인플루언서와 연예인을 활용한 마케팅의 경우, 돈을 지급하는 광고임에도 이를 제대로 알리지 않아 문제의 소지가 많았다. 하지만 클라우드 현장 감독 기술은 이런 부분에서 자유롭다. 소비자들이 해당 브랜드에 친밀감을 느끼게 하는 것은 최종적으로 브랜드를 널리 알리는 효과를 발휘한다.

중국의 클라우드 현장 감독 기술은 이런 장점을 갖추고 일반 비즈니스 영역으로 빠르게 침투 중이다. 국내 기업에서도 투명한 기업 이미지나 소비자와 함께하는 기업 이미지를 고려하고 있다면, 클라우드 현장 감독 서비스처럼 소비자들에게 과정부터 투명하게 공개함으로써 기업 브랜드의 정직성과 투명한 이미지를 쌓아 보는 방법은 어떨까. 포스트 코로나 시대, 중국에서 시작된 클라우드 서비스가 국내에서도 새로운 비즈니스를 시작할 때 좋은 참고가 될 수 있을 것이다.

김학빈(광저우 무역관)

경비로봇SR1, 일상을 지키다

몇 년 전 태국에서는 인기 외국인 유튜버가 영업 시간이 끝난 쇼핑 몰을 자유롭게 돌아다니며 촬영을 한 사건이 화제가 됐다. 유튜버는 경비원까지 모두 퇴근한 시각에 숨어 있던 화장실에서 나와 쇼핑몰을 본인 안방처럼 활보했다.

이 사건은 자신의 재미 혹은 시청자들의 흥미 유발을 위해 타인의 사업장을 무단 침입한 범죄 사건이었지만, 수많은 CCTV가 설치된 대 중시설이 생각만큼 보안 면에서 안전하지 않다는 것을 알린 계기가 되 기도 했다. 특히 시간과 돈, 인력을 들여 설치한 CCTV가 무용지물이 돼 버린 상황에 사람들은 '새로운 보안 시스템'이 필요하다고 인식하기 시작했다.

이런 상황 속에서 태국의 로봇 개발 스타트업 오보드로이드Obodroid Corporation Limited가 제작한 경비 로봇 'SR1'은 구멍 뚫린 보안 시스템의 새로운 대안이 될 것으로 기대된다.

맞춤형 로봇 시대 "경비 로봇 제조를 부탁해"

오보드로이드는 2016년 조인트벤처 형태로 설립된 로봇 개발 스타트업이다. 주문형 로봇도 제작한다.

2017년은 오보드로이드에 의미 있는 해다. 상위 20위권 안에 드는 태국의 중견 부동산 개발 업체인 매그놀리아Magnolia Quality Development Co., Ltd.에서 자사의 콘도미니엄에 배치할 수 있는 경비 로봇 제작을 의뢰한 것이다.

오보드로이드는 수개월간의 연구 끝에 2017년 태국 기업 최초로 경비 로봇 SR1 개발에 성공하고 매그놀리아의 신축 콘도미니엄 1곳에서 시범 운용을 진행했다. 2019년 6월에는 동남아시아 지역 내 기술 스타트업들의 향연장인 '테크소스 글로벌 서밋Techsauce Global Summit'에 참가해 관람객들에게 SR1을 선보이고 높은 관심을 받기도 했다. 2020년부터는 태국 3대 이동통신사 중 하나인 트루True가 방콕에서 운영하는 이노베이션 허브인 트루디지털파크True Digital Park에서 SR1을 시범 운용중

트루디지털파크에서 순찰 중인 SR1

이다.

　SR1의 외형은 흡사 로켓 같기도 하다. SF 영화에 나오는 외계 생명체처럼 보이기도 한다. 높이는 1.5m, 무게는 80kg으로 키는 성인 여성보다 약간 작고 무게는 성인 남성보다 다소 무거운 편이다. 이를 본 사람들은 SR1의 움직임을 신기하게 바라보고, 가끔은 툭툭 건드리기도 한다. 시범 운용 중인 곳에서는 또한 가방 등 소지품을 걸어 보는 사람들도 나타난다고 한다.

모든 이들의 웰빙에 기여하는
로봇 기술 전파를 꿈꾸다

오보드로이드의 설립자이자 최고기술경영자CTO인 마히손 웡파티 박사Dr. Mahisorn Wongphati는 "모든 사람들의 웰빙을 향상시킬 수 있는 로봇 기술을 전파한다"는 신념으로 회사를 창립했다.

그는 태국 최고 국립대인 쭐랄롱꼰대학교에서 컴퓨터공학 학사와 석사를 마쳤고, 일본의 명문인 게이오대학교에서 로봇공학 박사 학위를 받았다. 오보드로이드를 설립하기 전에 이미 2개의 스타트업을 창업해 시드 펀딩을 받은 이력도 눈에 띈다. 두 곳 모두 로봇 및 자동화 시스템 관련 스타트업으로 시드 펀딩은 태국저축은행에서 받았다. 그뿐 아니라 태국 최대 정유 기업 PTT와 시멘트 기업 SCG로부터 '시리즈 A' 투자를 유치하기도 했다.

오보드로이드는 경비 로봇인 SR1 외에도 음성 명령, 음악 재생, 가

오보드로이드의 임직원

정 자동화, CCTV 기능을 하는 개인용 어시스트 로봇 '카이톰미니 KaiTomm Mini'도 출시했다. 카이톰은 한국어로 '삶은 계란'을 의미하는데, 로봇의 외관이 삶은 달걀과 비슷해서 붙은 이름이다.

현재 오보드로이드에는 17명의 직원들이 근무하며, 코로나19로 인력이 부족한 의료계에 도움을 주고자 쭐랄롱꼰대학교 연구소와 공동으로 방역용 배달 로봇인 '핀토 Pinto'의 프로토타입 제작에 참여하고 있다.

미래형 로봇 SR1의 놀라운 기능

이제부터는 본격적으로 경비 로봇 SR1의 기능에 대해 알아보자. 보편적인 디자인 체계에 따라 제작된 SR1은 3개의 바퀴를 이용해 자율주행을 하면서 실내외를 순찰하고 계단을 오르내릴 수도 있다. 기울기 15도의 경사면도 이동할 수 있도록 설계됐다.

AI 기능이 탑재된 SR1은 물체 인지, 얼굴 인식, 동작 인식 등이 가능하다. 5대의 카메라가 360도로 회전하며 상단과 하단의 상황을 실시간으로 스트리밍한다. 용량 제한 없이 정보를 저장할 수 있고 자료 백업도 30일간 가능해 긴 편이다.

SR1이 AI로 탐지 가능한 사물의 종류는 20가지 이상에 이른다. 태국에서 자주 발견할 수 있는 뱀, 도마뱀, 개, 고양이 등의 동물과 총, 가위, 칼 등의 위험물, 쇼핑카트나 가방 등의 물건을 인식할 수 있다. 성능만

SR1 이미지

SR1 로고

응급 전화가 수신되고 있는 중앙통제센터 화면

놓고 본다면 미국 보안카메라 제조 업체 나이트스코프Knightscope에서 개발한 경비 로봇을 능가한다.

일례로 만약 금연 구역에서 흡연자를 목격할 경우 SR1은 즉시 중앙 통제센터에 상황을 보고한다. 이중 주차 등의 문제로 안쪽에 주차된 차량이 주차장을 빠져나가기 어려운 때에도 활용이 가능하다. 차량 주인은 SR1 중앙의 통화 연결 버튼을 눌러 즉시 도움을 요청할 수 있다.

로봇 AI와 CCTV가 연동돼 응급상황이 발생할 경우 중앙통제센터로 실시간 알람을 해주기 때문에 중앙통제센터는 수십 대의 CCTV를 계속해서 들여다볼 필요가 없다.

오보드로이드의 경비 로봇 'SR1' 사양

기능	내용
자동 순찰	가능
통신·교신	방송, 쌍방향, 사이렌 경보
라이브 스트리밍	카메라 5대가 360도 회전(상단부 3대, 몸체 2대)
기록	30일 치 백업 가능, 무제한 4G와 와이파이를 이용해 작동 가능
AI	약 20개 사물 감지, 얼굴 인식, 자동차 번호판 인식
사건 요약	가능
CCTV 통합	가능
보고 채널	웹 컨트롤, 페이스북 메신저
충전	셀프 도킹 가능, 1회 충전으로 최대 8시간 사용 가능

출처: www.obodroid.com

아직은 시범운용 중, 상용화 머지않았다

오보드로이드는 2021년까지 약 20대의 SR1을 추가 제작해 콘도 등에 배치할 계획이며, 향후 인근 지역으로의 수출도 꿈꾸고 있다. 그러나 아직까지는 안전성과 성능 테스트를 위해 시범 운용 중이다.

또한 경비 로봇 제조의 미션을 부여했던 공동투자가 매그놀리아와의 합의 등도 해결 과제로 남아 있다. 당시는 상업용 로봇 제조·판매에 관한 구체적 합의가 이뤄지지 않았던 터라 양 사가 머리를 맞대고 해결점을 찾아야 한다. 이 모든 절차가 순조롭게 진행된다면 태국 사람들뿐 아니라 전 세계인들의 웰빙 향상에 기여하는 서비스 로봇들이 속속 개발되고 상용화될 것이다.

지금이 앞서 나갈 기회!
기술 개발보다 더 주력해야 할 것은?

과거 국내외 로봇 산업의 주력 분야는 제조업에서 활용되는 로봇이었으나, AI의 개발로 사람과 의사소통이 가능한 서비스 영역으로 분야가 확대되고 있다. 또한 한국을 포함한 선진국들은 로봇 상용화에서 태국보다 한발 앞선 감이 있다.

2019년 국내의 시사 잡지는 '저임금, 장시간 노동에 불평하지 않는

강철 노동자'로 미국 실리콘밸리의 경비 로봇을 소개했는데, MAAS Machine-as-a-Service(서비스 형태로 이용하는 기계) 서비스로 시간당 9달러(약 1만 원)에 경비 로봇을 이용할 수 있다고 한다.

한국에서도 경비 로봇 개발이 한창이다. 판교의 중소기업 퓨처로봇은 10년 전부터 '퓨로' 시리즈를 개발·판매해 실리콘밸리 인근 새너제이공항의 명물로 자리 잡도록 했다.

전문가들은 성숙한 로봇 기술을 바탕으로 앞으로는 개발보다 '상용화'가 관건이 될 것이라고 전망한다. 경비 분야에도 다양한 경쟁사들이 합류하고 있다. 한국인들 역시 인천국제공항의 마스코트 '에어스타'를 보면서 머지않아 로봇 서비스가 널리 확산될 것이라는 기대를 하기도 한다.

한국의 로봇 기업들이 앞서 나갈 기회는 지금이다. 어둡고 후미진 곳, CCTV의 설치가 어려운 지역에서 경비 로봇은 역할을 톡톡히 해낼 것이다. 실리콘밸리나 일본 그리고 태국의 기업들까지 시장에 뛰어들고 있다. 한발 앞선 상용화로 다음 세대의 먹거리가 만들어지길 기대해 본다.

김민수(방콕 무역관)

스포츠 선수를 내가 직접 발굴, 스카우티움

영국의 맨체스터유나이티드 황금기를 이끈 퍼거슨 감독은 우리나라에 박지성 선수의 은사로 알려진 명장이다. 그는 1986년 클럽에 처음 부임하던 해, 장기적인 클럽 성공의 비결을 '우수한 유스 선수의 발굴'로 꼽았다. 그리고 스카우터들에 대한 전격적인 투자를 단행했다. 파트타임으로 일하던 스카우터들의 급여 체계를 주급제로 전환하고, 발굴한 선수가 1군 프로로 데뷔할 경우 인센티브를 지급하는 방안을 도입했다. 그 시기 발굴된 선수 중 하나가 수려한 외모와 실력으로 사랑받았던 '데이비드 베컴'이다.

영국의 데이비드 베컴 같은 슈퍼스타를 꿈꾸는 선수, 알리 아크쿠

프로 클럽과 계약을 맺은 알리 선수

스카우티움 창업자 3인

쉬는 2019년 1월 터키 프로 리그 축구팀과 계약을 맺었다. 당시 그의 나이는 유망주라고 하기에는 다소 늦은 만 20세였다. 사실 그는 만 13세 때 아마추어 선수 자격을 취득한 후 U-16, U-17, U-18 지역 리그에서 순차적으로 활약했으나 아마추어 선수라는 한계에서 벗어나지 못했다. 대중적인 인기와 관심에 목말랐던 그를 프로 리그로 이적할 수 있게 만든 것은 무엇이었을까? 아마추어 축구 선수를 평가하고 분석하는 '스카우티움Scoutium'에 그 답이 있다.

프로 데뷔, 넘기 힘든 현실의 벽과 마주하다

터키는 2002년 한일 월드컵 당시, 4강에서 한국을 만나 3위를 차지한 축구 강국이다. 1부 리그인 슈퍼 리그 외에 하위 리그인 2, 3, 4부 리그가 있고 프로 클럽만 125개, 등록된 선수가 3,500여 명이 넘는다. 우리나라의 프로 클럽은 22개, 등록된 선수는 1,000명이 되지 않는다. 축구에 대한 터키 국민들의 사랑이 얼마나 대단한지를 확인할 수 있다. 투자도 매우 적극적인 편이다.

아마추어 리그로 넓혀서 보면 이스탄불에만 600여 개, 1만 2,000명의 선수가 있다. 이스탄불 인구가 터키 전체 인구(약 8,400만 명)의 약 18%임을 감안할 때 전국적인 규모는 훨씬 클 것으로 보인다. 아마추어 리그 외에도 여성 리그, 연령별 지역 리그(U-13~19) 선수까지 포함하면 규모는 더 확대된다.

그런데 아이러니하게도 아마추어 리그 선수들의 프로 무대 데뷔가 쉽지 않은 이유가 바로 여기에 있다. 클럽 입장에서는 관심을 갖고 봐

이스탄불 프로 리그와 아마추어 리그 현황

출처: 터키축구협회, KOTRA 이스탄불 무역관

대분류	중분류	소분류	클럽 수	등록 선수	총 시장가치
프로 리그	1부 리그		18개	503명	6억 500만 달러
	2부 리그		18개	498명	9,200만 달러
	3부 리그	White	18개	466명	2,900만 달러
		Red	18개	483명	2,300만 달러
	4부 리그	Group 1	18개	509명	–
		Group 2	17개	457명	–
		Group 3	18개	505명	–
	소계		125개	3,421명	7억 4,900만 달러
아마추어 리그	지역 아마추어 리그	Group 1~11	152개	3,402명	–
	슈퍼 아마추어 리그	Group 1~8	93개	2,046명	–
	아마추어 1부 리그	Group 1~17	158개	3,318명	–
	아마추어 2부 리그	Group 1~18	179개	3,759명	–
	소계		582개	1만 2,525명	

야 할 대상자가 너무 많다. 현재 프로 선수들, 하위 리그 및 아마추어 선수들까지 모두 관심 있게 지켜보는 것은 현실적으로 힘든 일이다.

스카우티움은 이런 현실의 벽을 감안해 크라우드 소싱 Crowd Sourcing 형태의 스카우팅 프로그램을 개발했다. 크라우드 소싱이란 대중의 참여로 아이디어를 얻고 문제를 해결하는 방식으로, 스카우티움에서는 스카우터, 영상 전문가 Video Experts, 축구 선수, 축구 클럽, 에이전트 등이 모두 참여 가능한 오픈형 플랫폼을 운영한다. 대중들은 별도의 자격 요건 없이 가입해 스카우터 또는 영상 전문가로 활동하고, 스카우티움은 이에 상응하는 보상을 지급한다. 프로필을 등록한 선수들은 프로그램을 통해 관찰, 분석되고 이 정보는 클럽과 에이전트에 제공된다.

한정된 자원과 편향된 정보력, 기존 시스템의 한계를 뛰어넘다

스카우티움의 창업자들은 대다수의 클럽에서 1~2명의 스카우터에 의존해 스카우트를 진행하기 때문에 '숨어 있는 니즈'가 있을 것이라고 생각했다. 축구 발전을 위해서는 많은 클럽과 선수들이 필요하다. 그러나 소수의 명문 프로 클럽이 아닌 이상 선수 선발에 많은 돈과 에너지를 쏟지 못한다. 흙 속의 진주를 발굴하려면 모든 연령대의 선수와 외국인 선수들까지 관찰해야 하는데 이는 현실적으로 불가능에 가깝다. 상황이 이렇다 보니 해당 선수의 하이라이트 영상만 보고 계약 여부를 결정하는 경우가 대다수다.

프로 리그의 경우에도 평가 대상은 상대적으로 경기력이 검증된 상위 선수로 한정되는데, 소수의 스카우터가 평가하기 때문에 객관성을 담보하기 어렵다는 한계가 있다. 이마저도 감독이 직접 구단에 요청해야만 해당 선수는 짧게나마 평가의 기회를 얻는다. 감독이 잘 알고 있는 선수 또는 지인을 통해 추천받는 경우에나 가능하기 때문에 선수 선발의 폭이 상당히 좁아질 수밖에 없다.

스카우티움의 공동 창업자 에페 아이딘Efe Aydin, 엠레 운Emre Ün, 사파 엘리유르트Safa Yerliyurt는 이처럼 한정된 스카우터 수와 편향된 정보를 가장 큰 문제점으로 진단했다. 그리고 만약 일반 대중들이 스카우터 등으로 참여하고 그들을 통해 축적된 데이터를 정교화할 수 있다면 기존 시스템의 한계를 뛰어넘어 최소 비용으로 최대 효과를 창출할 수 있지 않을까 하는 아이디어를 냈다. 스카우티움의 출발은 이토록 신선하면서도 심플했다.

대중 참여형 스카우터 플랫폼 '스카우티움'

앞서 설명한 것처럼 스카우티움에서는 누구나 스카우터 또는 영상 전문가로 활동할 수 있다. 이들은 오픈형 플랫폼에서 자신의 역량을 발휘한다. 스카우티움은 2020년 6월 기준 약 14만 명의 축구 애호가 Futbolsever 등급의 유저들이 5,000여 명의 아마추어 선수들을 평가한다고 밝혔다. 산술적으로 보면 1명의 선수를 20~30여 명이 평가하는 시스템이다.

그러나 모든 유저들의 평가 결과가 시스템의 데이터베이스에 그대로 반영되는 것은 아니다. 유저들은 전문적인 스카우터가 되기 위해 축구에 대한 애정과 관심이 있는지 확인하는 스크리닝 Screening 단계를 거친다. 축구 애호가 유저들에게는 1~20등급이 있다. 시스템 이용 횟수, 분석한 선수의 수, 평가 결과에 대한 타 유저와의 공유 및 피드백 Social Network 등에 따라 순차적으로 상위 등급으로 올라간다.

전문 교육 과정과 데이터 알고리즘 활용으로
객관성과 전문성 갖춘 결과물 도출

최종 20단계까지 도달한 유저들은 전문가들이 운영하는 교육 과정 Scoutium Scout Academy을 통과한 후 스카우터로서 수입을 얻을 수 있다. 교육 과정은 약 4주간 온·오프라인에서 진행되는데 과정 이수와 테스트를 거쳐 통과한 사람들만 스카우터로 활동하며 돈을 벌 수 있다. 하지만 이렇게 스크리닝과 테스트를 거친 스카우터들의 평가 결과 역시 100% 전문성과 객관성을 담보하지는 못한다. 스카우티움은 양성된 스카우터들의 '평가의 질'을 높이기 위해 다각도의 노력을 기울인다.

첫 번째로, 통일된 평가기준을 마련했다. 유럽 각 지역에서 이미 활동 중인 전문 스카우터들을 통해 연령별, 포지션별로 중요한 30가지 평가요소를 도출한 것이다. 두 번째로, 교육 과정을 이수한 스카우터들이 수시로 전문 스카우터들과 함께 요소별 평가를 진행하며 이에 대한 이해도를 높이도록 한다. 이런 절차를 거친 평가 결과물을 다른 스카우터들이 평가한 보고서와 함께 스카우티움 내부 시스템에서 2차적으로 종합 분석한다. 이 과정에서 개인의 주관적인 편견이나 부정확한 정보가 개입되진 않았는지 검증하는 단계도 빼놓지 않는다.

한마디로 비정형화된 데이터를 알고리즘을 통해 정형화된 결과물

출처: Scoutium

스카우티움과 베식타시 구단간 제휴 협약식

로 만드는 것이다. 스카우티움은 머신러닝을 통해 최적화된 알고리즘을 구현한다.

중소 구단뿐 아니라 최대 명문 구단까지
스카우티움에서 답을 찾다

외모, 실력, 인기 등이 가장 좋았던 시기를 뜻하는 용어로 사용되는 '리즈Leeds 시절'이란 말은 영국의 명문 축구 구단에서 유래했다. 재정 난에 시달리며 3부 리그로 강등된 리즈유나이티드Leeds United F.C.가 그 주인공이다.

현대 축구계에서는 제2, 제3의 리즈유나이티드가 끊임없이 나타나고 있다. 2016년 이후에는 클럽의 재정 상태가 양극화되는 '부익부 빈 익빈' 현상이 두드러졌다. 중계권, 스폰서, 광고 수익 등 클럽 구단의 수익구조 개선은 재정이 풍족한 클럽을 만든다. 한편 중동, 중국 등 부호 구단주의 등장으로 유럽 축구 리그에서 선수 이적료와 급여 수준이 폭등해 상위 선수들의 몸값이 기하급수적으로 뛰었다. 선수들 간의 급여 수준 차이도 확대됐다. 이런 상황에서 중소 규모의 클럽들은 곤란을 겪을 수밖에 없다. 스카우티움은 어려움에 처한 중소 규모 클럽들에 좋은 해답을 제시한다.

터키 축구 클럽들은 평균 선수 1명에 대한 정보를 위해 스카우터

1명에게 150달러(약 18만 원)의 비용을 지불한다. 스카우티움 서비스는 그 3분의 1 수준(50달러)에 최대 선수 100명의 정보를 제공한다. 스카우티움 관계자는 이를 전 세계적으로 확대할 경우 약 97%의 재정 절감 효과를 얻을 수 있다고 주장한다.

게다가 스카우티움을 통해 기존·신규 선수들의 평가가 수시로 업데이트됨으로써 단기간에 많은 양의 정보를 빠르게 얻을 수 있다. 안정적인 재정 기반이 뒷받침되지 못하거나 투자 여건이 일시적으로 좋지 못한 클럽들에 스카우티움의 제안은 무척 매력적이다. 그 결과 2020년 6월 기준 약 300여 개의 프로·아마추어 구단이 스카우티움의 회원사로 가입했으며 최대 명문 프로 구단 중 하나인 베식타시 Beşiktaş 를 포함해 25개의 구단이 정기 유료 서비스를 이용하고 있다.

유럽 7위의 축구 시장,
스카우트 잠재 시장만 4,500만 달러

스카우티움은 설립된 지 불과 3년 만에 축구계의 핫이슈로 떠올랐다. 수많은 클럽 외에도 약 180명의 스카우터, 150명의 영상 촬영 전문가, 6,000명 이상의 축구 선수들이 스카우티움을 주시하고 있다. 대부분의 스타트업이 사업 초반 시행착오 속에서 어려움을 겪는 가운데 스카우티움의 발전이 두드러진 이유는 향후 성장 가능성이 매우 높기 때

출처: KOTRA 이스탄불 무역관

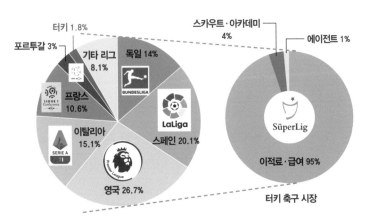

문이다.

유럽의 축구 시장은 규모가 아주 크다. 시민들의 관심과 열정도 타 지역에 비해 월등하게 높다. 스카우티움에서 추정한 유럽 축구 시장의 규모는 약 600억 달러(약 71조 원) 규모로 그중 터키 축구 시장은 10억 달러(약 1조 2,000억 원) 규모다.

세부적으로 살펴보면, 이적료와 선수 급여를 제외하고 스카우트와 유소년 아카데미 시장은 약 4,500만 달러(약 534억 원) 규모에 이른다. 게다가 전문가들은 과도하게 폭등한 이적료와 급여 체계가 향후 느슨해지고, 오히려 그 예산이 스카우트 또는 유소년 아카데미 시장으로 투자될 수 있다고 전망한다. 스카우티움이 터키 리그를 넘어 영국을 비롯한 유럽 전체 리그로 진출할 경우, 시장에서 성공 가능성이 충분한 이유다.

한국에서도 '평등한 기회, 공정한 결과'를 지향하는 사업모델이 성공할까?

얼마 전 한국에서는 실시간 투표로 연습생들을 평가해 가수로 데뷔시키는 방송 프로그램이 화제가 됐다. 그러나 제작 의도와 달리 시청자 투표가 조작된 것이란 사실이 밝혀지자 '평등한 기회, 공정한 결과'가 실현되지 않은 것에 공분을 사기도 했다. 이는 그런 가치를 실현하고자 하는 국민적 욕구가 상당하다는 것을 의미한다.

이런 면에서 스카우티움이 추구하는 '대중 선택형 크라우드 소싱' 사업모델은 한국에서 그 성공 가능성이 적지 않아 보인다. 대중이 기본적인 역량과 경쟁력을 갖춘 인재를 공정하게 선발하고, 객관적인 평가 결과를 기반으로 기회를 부여하는 시스템은 향후 엔터테인먼트뿐 아니라 스포츠 기업 경영 전반에도 새로운 바람을 불러일으킬 것이다.

다만 여기에는 스카우티움의 창업자들이 고민해왔고 앞으로도 지속적으로 보완해야 하는 몇 가지 과제가 남아 있다. 첫째, 평가의 객관성 확보다. 어느 분야가 됐든 전문가 협의체를 통해 평가기준을 상세히 개발하고 평가자(스카우티)들을 교육해야 한다. 수립된 평가기준은 모든 평가 대상자(축구 선수, 연습생 등)에게 사전에 공개해야 한다. 물론 단일 평가자가 아닌 복수 평가자들로 구성하고, 평가 결과에 대한 신뢰성을 사후적으로 반복 검증하며 보완해간다면 평가의 공정성과 신뢰도는 높아질 것이다.

둘째, 충분한 유저의 확보와 적절한 인센티브의 제공이다. 스카우티움의 영상 촬영 전문가는 남녀노소 관계없이 경기를 촬영할 수 있는 정도의 스마트폰 사용 능력만 갖추고 있으면 되며, 전문적인 기술을 요하지 않는다. 스카우티움이 사업 초기 많은 유저들을 확보할 수 있었던 것도 이런 이유 때문이다. 또한 일정한 교육 과정과 테스트를 거쳐 전문가들을 선발하고, 결과에 따라 활동에 대한 인센티브를 제공해야 한다. 적절한 보상은 어느 플랫폼이든 역량을 키우는 큰 기폭제가 될 것이다.

마지막으로 사업 영역으로의 확장이 가능해야 한다. 지속적으로 성장 가능한 사업모델이 되기 위해서는 수익 창출이 급선무다. 현재 스카우티움의 수입은 대부분 클럽에서 나오지만, 앞으로는 등록된 축구 선수들을 대상으로도 유료 서비스를 제공할 예정이다. 자신에게 관심 있는 클럽의 정보와 스카우터들의 세부 평가 결과를 확인하고 피드백까지 받을 수 있는 서비스는 스카우티움의 새로운 수익 창출원이 될 것이다. 스카우티움을 벤치마킹할 경우엔 사업 영역 다각화에 더한 공을 들여야 할 것이다.

스카우티움은 젊은 창업가들이 자신이 좋아하는 축구 시장에 작은 변화를 일으키기 위해 시작한 사업이다. 그들처럼 특정 스포츠와 영역을 사랑하고 응원하는 누군가에 의해 축구 시장뿐 아니라 다른 스포츠 시장에서도 제2, 제3의 스카우티움이 만들어지길 기대한다. 이들 플랫폼을 통해 슈퍼스타가 탄생했다는 소식은 진흙 속에 묻혀 있는 다수의 진주들에게도 새로운 희망이 될 것이다. 한국에서도 대중이 참여하는 스카우트 시스템이 성공적인 비즈니스로 자리매김하길 기대해 본다.

안기환(이스탄불 무역관)

2 ———————— 칩거시대

웰빙 집콕라이프
― Omni-Home ―
| 유익하게 칩거하는 비즈니스 |

코로나19로 해외여행이 금지되고 외출을 자제하면서 사람들은 반강제적으로 집에 갇혀버렸다. 그러나 역설적으로 이는 공간의 제약을 없애는 계기가 되고 있다. 집에서 일하고 운동하며 원격의 편리함을 알게 된 사람들은 이제 자신이 원하는 공간에 칩거하며 볼일을 해결할 것이다. 특히 새롭게 부여된 '집의 역할' 중 가장 눈에 띄는 것은 바로 건강 관리 공간으로서의 집이다. 집에서 전문적인 코칭을 받으며 운동하고, 집에서 건강 검진을 받고 상태를 모니터링하는 일상이 머지않았다. 칩거시대의 첫 번째 변화는 집, 그리고 공간의 재정의다.

시카고

집에서 일대일 전문 강습, 차세대 홈트

코로나19 확산으로 일시적 업무 정지 상태인 '셧다운 Shut Down'이 세계적 유행이 됐다. 그리고 미국 내에 있는 약 4만여 개의 헬스장이 그 직격탄을 맞았다. 격렬하게 땀 흘리며 운동하는 공간인 만큼 '비말 감염의 위험이 높을 것'이라는 인식이 있으니, 문을 닫는 것도 어쩔 수 없는 일이다.

그런데 이 상황이 괴로운 이들은 생계가 막막해진 36만 피트니스 강사들만은 아니다. 미국인들의 피트니스 사랑은 유별나다. 미국 전역의 헬스장 등록 회원 수는 약 6,200만 명에 달한다. 이들은 헬스장 정상 영업을 바라며 팔굽혀펴기 시위를 벌이는 등 웃지 못할 상황이 벌어지기도 했다. 백신만큼 안전하고 유용한 운동 대책이 나오기를 간절히 바라면서 말이다.

2020년 8월 코로나가 한창인 그때, 운동 애호가들의 눈길을 끄는 기사 하나가 온라인에 올라왔다.

요가복의 대명사로 불리는 룰루레몬Lululemon Athletica Inc.이 홈피트니스 플랫폼 기업 '미러Mirror'를 5억 달러(약 6,000억 원)의 몸값으로 인수했다는 소식이었다. 태어난 지 2년밖에 안 된 신생 스타트업에, 법인도 아닌 개인 기업이지만 거래 당시 미러의 시가총액은 3억 달러(약 3,600억 원)로 평가됐다.

집콕 라이프가 한창인 이때 '홈피트니스 플랫폼'에는 어떤 바람이 부는 걸까?

어쩔 수 없이 시작된 집콕 라이프로 미국인들은 홈트레이닝 시스템에 눈길을 돌리기 시작했고 이 시장은 빠르게 성장 중이다. 뛰어난 기술력을 바탕으로 테크 스타트업들의 독특한 아이디어 제품이 시장에 등장하고 있기 때문이다. 운동 기구에 헬스테크Health Tech 기술을 접목하면서 이제 운동 기구도 첨단기술 영역에 들어섰다. 30조 원에 달하는 미국 피트니스 시장을 사로잡을 포스트 코로나 시대의 새로운 트렌드는 무엇이 있을지 주목할 필요가 있다.

5억 달러짜리 거울?
'미러'로 손쉽게 홈트레이닝

집에서 운동을 할 때 가장 불편한 점은 무엇일까? 아무리 잘 만들어진 피트니스 콘텐츠를 접한다고 해도 일대일 PT만큼 세심한 코칭을 받을 수는 없다. 인터넷 동영상을 보고 자세를 잡아 보려 하지만 어딘지 모르게 어색하다. 전신 거울이 있더라도 몸 전체의 균형을 확인하기가 쉽지 않다. 특히 운동을 시작한 초보자들에게는 전문가의 눈이 없기 때문에 잘못된 자세를 바로잡는다는 것은 너무도 어려운 과정이다. 피드백을 받을 수 없는 환경은, 집콕 운동이 실패로 끝나는 가장 큰 이유다.

그런데 이런 불편을 한 번에 해결한 홈트레이닝 시스템이 등장했다. 앞서 소개한 '미러'다. 미러는 스마트 거울을 이용한 홈피트니스 시스템으로, 제품 이름에서 알 수 있듯이 거울이 주요 운동 기구다. 평상시에는 평범한 거울이지만 시스템을 작동하면 거울 속에 전문 피트니스 강사가 등장한다. 내가 있는 공간에서 마치 헬스장의 개인 트레이너에게 교육을 받는 듯한 일대일 PT가 가능하다.

기본적으로 미러를 사용하면 거울 속 피트니스 강사의 지시에 따라 움직이는 내 모습을 그대로 볼 수 있다. TV나 컴퓨터 화면을 보면서 거울 속 나도 따로 봐야 하는 번거로움이 사라진다.

1,495달러(약 180만 원)에 미러를 구입하고, 월 39달러(약 4만 6,000원)를 지

미러 이용 모습

불하면 다양한 분야의 단계별 무제한 트레이닝도 즐길 수 있다. 미러에서는 매주 50개 이상의 온라인 강의를 제공한다. 미국 유명 트레이너가 참여한 복싱, 요가, 발레, 필라테스 등 많은 콘텐츠를 즐길 수 있다. 여럿이 함께하는 프로그램도 있다. 그룹 트레이닝에 참여하면 트레이너와 카메라, 마이크, 스피커로 소통하며 운동할 수 있다.

미러의 또 다른 장점은 자신의 몸 상태를 즉시 확인할 수 있다는 점이다. 자체 제작된 블루투스 장비와 연동돼 사용자의 심박 수와 칼로리 소비량을 자동으로 계산해서 스크린에 보여준다. 게다가 사용자가 참여하는 운동 세션에서 다른 사용자와 운동 정보를 공유할 수도 있다. 어딘가에서 운동하고 있을 누군가와 운동 정보를 공유함으로써 심리적 외로움을 떨쳐낼 수도 있다.

사용자가 격렬한 운동을 마치면, 미러는 운동 전의 모습으로 돌아간다. 그야말로 평범한 거울이 되는 것이다. 미니멀 라이프를 추구하는 최신 트렌드에 맞춰 별다른 운동 기구 없이 오직 거울 하나로 언제 어디서든 운동을 할 수 있도록 설계됐다. 발레리나 출신 CEO 브린 퍼트넘 Brynn Putnam은 북미 최대 IT 온라인 매체 테크크런치 TechCrunch가 개최하는 스타트업 콘퍼런스인 '테크크런치 디스럽트 SF TechCrunch Disrupt SF'에서 미러를 선보이고 호평받은 바 있다. 퍼트넘은 미러가 앞으로 피트니스를 넘어 패션, 미용, 명상 등 다양한 전문 분야의 콘텐츠를 수용할 수 있다고 밝혀 미래가 주목된다.

운동 기구 제공부터 자세 교정, 쌍방향 웨이트트레이닝까지

맨손으로 하는 운동이 좀 가볍게 느껴진다면 웨이트트레이닝을 전문으로 하는 운동 기구도 있다. 차세대 웨이트트레이닝 시스템 '템포 TEMPO'다. 템포는 미러처럼 사용자가 모니터 화면 속 강사를 보고 따라 하는 형태지만, 근력운동에 초점을 맞췄다. 기본적으로 각종 운동 기구가 포함돼 있는 것이 제일 큰 특징이다. 가장 일반적인 아령과 역기가 제공돼 자신이 원하는 무게의 아령과 역기를 사용할 수 있다.

템포의 특장점은 이에 그치지 않는다. 템포를 이용하면 전문 트레이너 없이도 신체 어떤 근육 부위가 자극되는지, 또 어느 부위에서 잘못된 자세를 취하는지 실시간으로 확인할 수 있다. 템포에 탑재된 3D 센서와 인공지능 기술

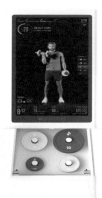

템포 제품 모습

은 약 8만 개 포인트로 사용자가 움직이는 동작을 분석해 이를 3D로 모델화한다. 모션 캡처Motion Capture 기능으로 형상화된 3D 모델은 내가 움직이는 형태를 그대로 화면에 띄워주고, 인공지능은 잘못된 자세를 찾아내 보여준다.

또한 템포는 42인치 터치스크린 디스플레이를 통해 실시간 스트리밍 방송을 제공한다. 유명 피트니스 트레이너들은 실시간 스트리밍으로 수업을 진행하며, 참가자들의 심박 수, 칼로리 소비량 등의 다양한 정보도 공유받는다. 나아가 사용자가 운동하는 형태에 대한 3D 모델링도 확인 가능해, 마

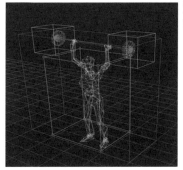

템포 3D 모션 캡처 화면

치 한 공간에 있는 듯 사용자에게 정확한 자세 교정을 지도할 수 있다.

템포는 소프트웨어적으로도 다채로운 프로그램을 제공한다. 사용자가 얼마나 꾸준히 운동을 했는지, 참여한 수업에서 운동 성과를 얼마나 냈는지 점수화해 보여주고 순위를 매겨 목표 의식과 성취 동기도 부여한다.

가격은 구입비 1,995달러(약 240만 원)에 매달 콘텐츠 비용으로 39달러(약 4만 6,000원)를 지불해야 한다. 미러와 비슷한 수준이다.

2개의 케이블로 대부분의
웨이트리프팅을 가능하게 하는 '토널'

한편 운동을 하는 이들 중에는 근력운동은 좋아하지만 집에 아령이나 역기를 두는 것은 부담스러워하는 이도 있다. 이런 운동 애호가들에게 꼭 맞는 제품이 있다. 홈피트니스 시스템계의 마지막 슈퍼루키 '토널 TONAL'이다.

토널은 벽걸이형 스크린을 포함하는데 특별한 기구가 있지는 않다. 그러나 확장되는 2개의 팔(케이블)에 모든 웨이트리프팅 기구를 담아낸다. 헬스장에나 가야 할 수 있던 웬만한 케이블 운동도 토널 하나면 충분하다. 다른 제품과 마찬가지로 터치스크린을 통해 다양한 운동 프로그램을 무료로 제공한다.

한마디로 토널은 터치스크린과 케이블 기구의 만남이다. 둘을 만나게 한 것은 바로 '기술력'이다. 토널에 장착된 케이블은 좌우 각각 약 45kg(100lb)까지 밀고 당길 수 있는 힘을 만들어낸다. 전기를 사용해 제품 내부에 들어 있는 전자석이 일정한 저항을 생성하기 때문이다.

토널 제작자들은 "이 기계들은 기본 체력 수준을 검사하고, 견딜 수 있는 저항을 최적화해 운동 목표를 달성하도록 맞춤형 명령을 내립니다"라며 강한 자신감을 내비친다. 토널의 사용법은 매우 간단하다. 처음 시작하면, 사용자는 자신의 힘을 측정하기 위해 강도 테스트를 수행한다. 사용자가 들어 올릴 수 있는 속도와 힘에 따라 토널의 프로그램이 자동으로 케이블 저항도를 조정하고 다음 운동 시 무게, 목표, 난이도를 추천한다. 또한 시간이 지남에 따라 힘이 얼마나 강해졌는지 스크린을 통해 수치화된 자료를 확인할 수도 있다.

토널이 자랑하는 새로운 기술 중 하나는 파트너(트레이너)와 함께 근력운동을 하는 듯한 효과를 담아낸다는 점이다. 예를 들면, 이두운동 시 한 번만 더 들고 싶은데 힘이 부족해 들 수 없다면 토널의 케이블 기술이 이를 자동으로 파악해 마치 파트너가 도움을 주는 것처럼 케이블의 저항력을 줄여준다.

또한 토널은 모션 센서 카메라를 사용해 사용자의 25개 필수 관절을 정확히 찾아내고 기계가 평가할 수 있도록 골격 3D 모델을 만든다. 내장된 인공지능이 42인치 HD 화면에 맞춤형 코칭 노트를 생성하고 자세도 교정해준다. 이런 미세한 교정은 부상을 막는 데 큰 도움이 된다.

토널 이용 모습

토널 내부 모습

웰빙 집콕라이프

토널의 가격은 2,999달러^(약 360만 원)며 별도의 설치비용으로 500달러^(약 60만 원)가 필요하다. 트레이닝 프로그램은 월 49달러^(약 6만 원)다.

진화하는 홈트레이닝 시스템, IT 강국 한국에도 기회는 있다

이제 홈트레이닝 시스템은 단순히 운동 영상을 제공하는 대형 스크린이 아니다. 모션 캡처 기술로 사용자의 잘못된 자세를 잡아주고, 스마트 워치를 이용해 심박 수도 점검한다. 또한 모바일 애플리케이션과 연동하는 기술로 언제 어디서든 누적된 데이터를 활용할 수 있다. 홈트레이닝 시스템은 이른바 미래 기술의 집약체다.

코로나19로 미국 내 수십만 피트니스 강사들이 실직할 위험에 놓여있지만 홈트레이닝 시스템은 그들에게 새로운 일자리를 제공할 수 있는 대안으로 떠오른다. 피트니스 강사는 홈트레이닝 서비스를 통해 실시간 스트리밍을 제공하고 영상 콘텐츠를 제작해 배포할 수도 있으며 온라인으로 일대일 PT를 진행할 수도 있다.

한국 스타트업들이 홈트레이닝 시스템에 뛰어들기 가장 좋은 점은, 이런 기구들이 세상의 주목을 받기 시작한 지 얼마 되지 않았다는 점이다. 새로운 기술이 나왔지만 일반인들이 덥석 구매하기에는 부담스러운 가격으로 확산이 더디다.

그러나 코로나19 상황은 사람들의 시각을 점차 변화시키고 있다. 우선 헬스는 헬스장에서만 할 수 있다는 고정관념이 깨졌다. 그리고 집에서 헬스를 하려는 인구가 점점 많아지고 있다. 기술의 발전은 앞으로 홈트레이닝 시장을 더욱 확장시켜 나갈 것이다. 글로벌 피트니스 시장의 3분의 1을 차지하는 미국만 해도 기술 집약형 홈트레이닝 시스템이 미래 시장을 선점할 것이다.

다시 한국 상황으로 돌아와 일상을 한번 살펴보자. 바쁜 생활로 헬스장에 가기 어렵고, 코로나 때문에 더더욱 집콕 생활이 보편화되고 있다. 이때 홈트레이닝 시스템을 활용하면 바쁜 생활 속에서 전문 지식 없이도 피트니스가 가능하다. 온라인으로 유명 헬스 트레이너에게 코칭을 받을 수도 있다.

한국은 IT 강국이자 영상 강국이다. 피트니스 기기에 필요한 다양한 기술도 확보하고 있다. 이제 문을 연 시장인 만큼 기술력과 가격 경쟁력을 빠르게 따라잡을 수 있을 것이다. 한국의 스타트업들이 90조 원에 달하는 글로벌 피트니스 시장의 문을 힘차게 두드릴 그날을 기대해 본다.

배성봉(시카고 무역관)

언제 어디서나 가능한
온라인 시력 검사

'밤마다 스마트폰을 보다 보니 눈이 나빠진 것 같은데…. 최근에 시력 검사를 언제 받았더라?'

한 번쯤 생각해 본 적이 있을 것이다. 막상 시력 검사를 받아야겠다고 결심한 후라도 중요한 일정들로 안과나 안경점에 가는 일은 후순위로 밀리고 만다. 그러나 전에 없이 잘 보이지 않거나, 사용하는 렌즈 또는 안경이 안 맞는다고 느낀 후 안과나 안경점을 찾으면 이미 한발 늦은 때일지도 모른다. 이렇게 시력 회복과 유지 시기를 놓치고 낮은 시력 때문에 불편을 겪는 인구가 전 세계 수십억 명에 달한다.

디지털화된 라이프가 한창인 요즘, 스마트폰 하나면 쇼핑부터 영화 감상까지 안 되는 게 없는 세상이다. 그런데도 '오프라인에서만 해결 가능하다'고 생각하는 것들이 아직 존재한다. 대표적인 것 중 하나가 시력 체크와 안경이나 렌즈 맞춤이다. 스마트폰이 이런 부분까지 도와줄 수는 없을까?

네덜란드 회사 '이지 Easee'는 스마트폰과 PC만 있으면 시력 검사를 할 수 있는 솔루션을 제공해 화제가 되고 있다.

세계 최초 CE 인증을 받은 온라인 시력 측정법

우리의 시력은 알아차리지 못하는 사이에 점점 더 나빠진다. 햇빛이 거의 없는 곳에서 장시간 스마트폰 화면을 보면 근시가 발생할 가능성이 높아진다. 스마트폰 사용 습관은 눈의 피로도를 높이고 업무 생산성 저하를 초래하기도 한다. 올바른 안경과 렌즈 착용을 위해서도 정기적으로 시력 검사를 받는 일은 매우 중요하다.

네덜란드 스타트업 이지의 창업자 이베스 프레보오 Yves Prevoo는 전 세계 70억 인구 중에 낮은 시력으로 불편을 겪는 이들이 약 54억 명에 달한다는 통계를 보고 놀랄 수밖에 없었다. '눈'은 우리 신체 중 가장 중요한 기관임에도 제대로 관리가 되지 않는다는 점에 착안해 간단하고 쉽게 시력 검사를 할 수 있는 솔루션을 개발했다. '누구나 쉽게 시력 측정을 할 수 있게 하겠다.' 이지의 설립 목표는 간단하다.

이지의 모토 '깨끗하고 쉽게 보자(See clearly, easee)'

이지는 솔루션을 완성한 후 위트레흐트대학병원 UMC Utrecht과 협력해 시력 측정법의 정확성에 대한 임상 테스트를 진행했다. 연구자들은 이지 애플리케이션을 이용해 참가자 100명의 시력과 굴절 이상 현상을 측정했다. 검사에는 18~40세의 건강한 이들이 참가했다. 이들의 검사 결과를 검안사가 진행하는 전통적인 시력 측정법과 비교한 결과 "두가지 검사의 결과를 대조해도 크게 다를 것이 없다"는 결론을 도출했다.

이지의 시력 측정법은 0.25~-4.0 사이의 가벼운 근시를 가진 단초점 렌즈 사용자가 테스트할 때 결괏값의 신뢰도가 높은 편이다. 다초점, 이중초점, 누진다초점 렌즈 사용자의 경우에는 테스트가 어려운 한계가 있다. 그럼에도 이지의 시력 측정법은 스마트 알고리즘을 사용해 안전성과 품질을 보장하는 1등급 의료 기기로서 유럽의 CE Communaute Europeenne 인증 마크를 획득했다. 유럽연합국 내 유통되는 소비자 안전 관련 제품(서비스)으로 인정받은 만큼 안전성에 대한 걱정은 접어도 된다.

설립자인 프레보오는 안과질환과 치료법은 전 세계적으로 동일하기 때문에 이지처럼 접근성이 높은 솔루션은 어디서든 사용될 수 있다고 강조한다. 이지의 협력 병원인 위트레흐트대학병원은 온라인 시력 측정 결과를 환자 이력 파일에 통합 관리하는 것을 추진 중이다. 앞으로는 백내장 수술 후 원격으로 환자를 체크하는 데 활용할 수도 있다. 백내장 수술은 네덜란드에서 연간 약 20만 회 정도 행해지는 일반적인 수술인 만큼 원격 모니터링의 유용성도 높을 것으로 기대된다.

이지로 시력 측정이 가능한 경우

분류	측정 가능 내용
정상시	도수 상관없이 측정 가능
근시	+0.25~-4.0 범위 도수인 경우
원시	+0.25~+2.0 범위 도수인 경우
난시	-0.25~-2.5 범위 도수인 경우
단초점	다초점·이중초점·누진다초점 렌즈 해당 없음
관련 질환 이력	당뇨병, 고혈압, 녹내장, 백내장, 망막 분리, 사시증, 뇌 이상, 신경학적 문제 등의 질환 이력 없어야 함
관련 통증	급성 안구 통증, 섬광, 눈 속 부유물 없어야 함

때와 장소를 가리지 않고 15분 만에 마치는 시력 검사

이지의 솔루션을 이용하는 이들이 시력 검사를 하기 위해 필요한 것은 3m의 공간, PC, 그리고 스마트폰뿐이다. 인터넷이 연결된 PC와 스마트폰만 있으면 단 15분 만에 언제 어디서나 시력 검사가 가능하다.

먼저 노트북이나 PC로 이지 웹사이트 exam.easee.online/exam에 접속한다.

웹사이트에서는 사용자가 안과 관련 처방전을 갖고 있는지, 해당 처방전이 안경용인지 콘택트렌즈용인지를 묻는다. 다음으로 사용자의 생일, 임신 여부, 당뇨병 여부, 눈 수술 여부 등을 체크한다. 체크를 마치면 검사를 위해 3m 거리에서 테스트를 수행할 수 있도록 PC의 음량과 밝기를 높이라고 안내한다. 테스트 이미지의 크기를 화면 크기에 제대로 맞추기 위해서는 사용자가 화면의 템플릿상에 신분증이나 신용카드를 갖다 놓는 과정이 필요하다. 이미지 사이즈와 카드 사이즈가 동일해지면 다음 단계로 넘어간다. 사용자는 3m 거리에 있는지 확인하기 위해 줄자를 준비하지 않아도 된다. 신발 종류(여성/남성)와 사이즈를 입력하면 몇 걸음을 걸어가야 하는지 시스템에서 알려준다. 마지막으로 웹사이트에서 QR 코드를 스캔하거나 문자메시지로 받은 링크에 접속하면 스마트폰과 PC가 연결(페어링)되고 바로 테스트를 시작할 수 있다.

실제 시력 검사는 오프라인의 시력 검사와 다르지 않다. 모든 세팅이 완료되면 PC 화면으로부터 3m 거리에서 검사용 기호들을 확인하

이지 시력 검사 단계

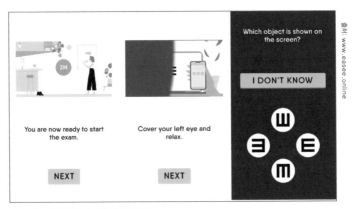

이지 시력 검사 중 스마트폰 화면 이미지

며 테스트를 진행한다. 해당 기호는 안과나 안경점에서 시력 검사를 할 때 보는 기호와 동일하다. 사용자는 PC 화면에 보이는 기호를 확인한 후, 스마트폰 화면에서 동일한 기호를 선택해 테스트 결과를 등록한다. 안경점에서 시력 검사를 할 때 검안사에게 어떤 기호가 보이는지 대답하는 것처럼 스마트폰에 알려주면 된다.

이렇게 15분 만에 특별한 도구 없이 혼자서 시력 검사를 완료할 수 있다. 사용자는 결과 확인 후 온·오프라인 안경점에서 안경을 주문할 수도 있다. 네덜란드에서는 이지를 통해 2020년 8월까지 약 5만 4,000여 명의 사용자가 시력 검사를 했다. 시간과 수고를 아낄 수 있는 데다 안경과 렌즈 구매비용도 절약할 수 있다는 호평이 이어졌다.

이지는 위트레흐트대학병원과 마스트리흐트대학병원Maastricht UMC+ 같은 의료 기관은 물론 유럽에서 상당한 규모를 자랑하는 온·오프라인 안경 브랜드인 에이스앤드테이트Ace&Tate, 미스터스펙스Mister Spex와도 파트너십을 맺고 활용 범위를 확대해 나가고 있다.

e-헬스케어 분야의 새로운 전진을 기대하며

우리나라의 경우 여느 선진국보다 의료 시스템이 안정적인 나라다. 그럼에도 각종 안질환으로부터 안전하지는 못하다. 영유아만 하더라도 100명 중 3명이 안질환을 겪는 것으로 집계됐다. 대부분의 질환은 조기에 발견하면 완치가 가능한데, 시력이 완성되는 7~9세 이전이 가장 좋은 시기다. 한국실명예방재단은 눈 건강을 위해 3~6세 아동들의 가정에 가정용 그림시력표를 무상으로 지원한다. 웹사이트에 개인이나 기관이 신청하면 우편으로 보내준다. 2019년 47만 명이 넘는 아동이 시력 검사를 했는데 그중 1만 명 넘는 아동이 0.5 이하의 시력을 판정받아 재검진을 받기도 했다.

네덜란드의 이지 솔루션은 안과 전문의나 검안사가 많지 않은 지역에서 활용 가능성이 높다. 우리나라처럼 의료 시스템을 잘 갖춘 나라에서도 그 수요가 없다고 할 수는 없다. 근시 비율은 유럽(40%)에 비해 아시아(60%)에서 높게 나타나며(온라인 저널 BMC 연구 결과), 심지어 한국을 포함한 동아시아 국가에서는 90%의 학생에게 근시가 있다. 또한 한국 사회의 높은 업무 강도(2018년 가장 열심히 일한 국가 세계 3위)와 바쁜 라이프 스타일을 생각하면 한국인의 눈 건강을 위협하는 요소는 너무나 많다. 간편 시력 측정 프로그램이 필요한 때다.

네덜란드에서는 약 5~10%의 소비자들이 온라인으로 안경을 구매한다. 온라인 시력 측정 프로그램의 사용이 확대된다면 이 시장 역시 성장 가능성이 높다. 국내에서 온라인 안과 검진 프로그램이 의료 기기로 승인된다면 이를 바탕으로 안경이나 렌즈를 온라인으로 구입하는 일도 쉬워질 것이다.

코로나 확산으로 언택트가 전 세계적으로 유행하고 있다. 안경점을 비롯해 대다수의 대면 서비스가 비대면 서비스로 전환된다. 안경 맞춤도 비대면 원격 서비스로 나아갈 가능성이 높다. 온라인 쇼핑이 호황기를 맞아 새벽 배송, 정기 배송, 프레시백 등이 성행한다. 조만간 맞춤 안경이 이들과 함께 배송되는 날이 오지 않을까 전망해 본다.

베툴 부룻(암스테르담 무역관)

수면 중에도 건강을 관리해주는 스마트 워치

40대 프랑스인 클라보는 요즘 들어 부쩍 피곤함을 느낀다. 몇 해 전까지만 해도 아무리 피곤해도 자고 일어나면 거뜬했는데, 요즘에는 아침에도 개운하지가 않다. 온종일 피로감이 지속돼 대낮에도 졸음이 몰려오기 일쑤다. 며칠 전 퇴근길에는 운전 중에 졸다가 사고를 낼 뻔하기도 했다.

클라보와 아내 산드라는 병원을 찾았다. 산드라는 의사에게 "잠을 잘 못 자서 그런 거 아닐까요?"라며 얼마 전부터 남편에게 '수면 무호흡증'이 나타난 것 같다는 이야기를 꺼냈다. 자다가 숨을 멈춘 것처럼 수십 초간 호흡이 멎는 것을 목격했다는 이야기다.

담당 의사는 검사를 해 봐야겠지만 "수면 무호흡증이라면 뇌졸중의 기저 원인이 되기도 하므로 주의해야 한다"는 말을 꺼냈다. 안 그래도 고혈압이 가족력으로 내려오고 있는 터라 클라보는 겁이 덜컥 났다. 그리고 한편으로는 '수면 무호흡증을 어떻게 확인한다는 말인가? 밤새 자는 모습을 찍어 볼 수도 없는 노릇인데…'라며 한숨을 쉬었다.

그런데 얼마 전 클라보는 의외의 희소식을 듣게 됐다. 파리의 한 스타트업에서 심장박동 수, 심전도 ECG는 물론 수면 무호흡증을 확인해주는 시계를 발매한다는 뉴스였다. 클라보는 가려운 곳을 긁어준 스타트업의 제품에 감탄을 금치 못했다.

세계 최초 수면 무호흡증 감지 스마트 워치

프랑스의 스마트 워치 전문 기업인 위딩스 Withings는 2020년 1월 미국 라스베이거스에서 열린 세계 최대 가전전시회 CES에서 기존의 스마트 워치보다 한 단계 진보한 '스캔워치 Scanwatch'를 공개해 3개의 상을 수상하며 화제를 모았다.

스캔워치는 일반적인 스마트 워치 기능에 심박 수, 심전도 측정은 물론 수면 무호흡 감지 기능까지 갖춘 세계 최초의 시계다. 심박 수를 감지하는 3개의 전극과 혈압 측정이 가능한 심박 수 센서 PPG, 혈액 내 산소량을 측정하는 산소포화도 SpO_2 측정 센서를 장착했다.

네 가지 모델의 스캔워치

스캔워치는 하루 24시간 내내 심장 활동을 측정하면서 심박 수가 정상치보다 높거나 낮을 때 진동으로 신호를 보낸다. 또한 시계 화면에 시간과 함께 심전도 그래프를 표시하며, 혈액 내 산소량을 계속적으로 모니터링한다. 산소량 측정 기능에 의해 수면 중 갑작스러운 호흡 정지 상태를 잡아낼 수 있다. 시계의 사용 시간은 1회 충전에 30일 정도로 최신 스마트 워치에 뒤지지 않는다.

위딩스는 스캔워치의 주요 기능으로 '수면 무호흡 상태 감지'를 강조한다. 전 세계 인구 약 70억 명 중 수면 무호흡 증세를 보이는 사람은 약 10억 명에 달한다. 위딩스의 출생지 프랑스에서도 약 150만 명이 수면 무호흡 증세가 있지만 80%가 자각하지 못한 채 살아간다고 한다. 수면 무호흡 환자는 일반인에 비해 관상동맥질환 위험이 5배 이상 높다는 연구 결과도 있어, 이를 자각하고 치유하려는 노력이 필요하다.

한편 심장질환, 고혈압 증상이 있는 환자들에게도 스캔워치는 활용도가 높다. 24시간 스캔워치를 착용하고 연결 애플리케이션인 헬스메이트 Health Mate에 연결해 놓으면 주치의에게 계속해서 데이터가 전송된다.

코로나19, 원격진료 시대 개막으로 새로운 기회가 찾아오다

코로나19가 본격화되면서, 스캔워치가 코로나19 환자 진료에도 큰 역할을 할 수 있을 것으로 전망된다. 위딩스의 대표인 에릭 카릴 Eric Carreel은 프랑스 내 다수의 의료 기관에서 협업 요청을 받고 있다며, 스캔워치가 코로나19 확진자의 원격진료에 도움이 될 수 있다는 가능성을 언급했다.

코로나19 환자의 경우 바이러스 감염으로 호흡기 증상이 나타나면 숨쉬기가 어려워져 산소포화도가 낮아질 수 있다. 이때 스캔워치를 착용했다면 스캔워치가 낮아진 산소포화도를 감지해 데이터를 전송한다. 인터넷 플랫폼에 누적된 데이터는 코로나19 원격진료에 활용될 수 있다.

실제 스캔워치를 착용한 코로나19 환자가 집에 있더라도, 의사는 병원에서 환자의 산소포화도 수치를 확인해 증세의 심각성을 진단하고 입원 필요 여부를 판단할 수 있다. 관계자들은 코로나19 확진자 급증으로 병원 응급시설이 부족하거나, 환자가 자유롭게 거동할 수 없는

헬스메이트 애플리케이션과 스캔워치

상황에서 스캔워치가 유용하게 사용될 것으로 기대한다.

위딩스는 2020년 9월 7일 스캔워치를 발매했다. 코로나19로 일정이 늦춰지긴 했지만 위딩스는 스캔워치가 유럽 CE 의료 인증을 받아 유럽 시장에서 사용할 준비가 됐다고 밝혔다. 유럽 CE 인증이란 안전, 건강, 환경, 소비자 보호와 관련해 EU 이사회 지침의 요구사항을 모두 만족한다는 의미의 통합 규격 인증마크다. 유럽에서 상품을 판매하기 위해서는 의무적으로 CE 마킹을 해야 한다.

위딩스는 스캔워치의 가격이 38mm 버전은 249유로(약 35만 원), 42mm 버전은 299유로(약 42만 원)가 될 것이라고 예고했다.

혁신의 주인공은 프랑스 스타트업계의 스타, 에릭 카릴

스캔워치를 만든 주인공은 위딩스의 설립자이기도 한 에릭 카릴로, 프랑스 스타트업 업계에서는 상당한 유명인이다. 카릴은 지난 10년 동안 4개의 스타트업을 창업하고 키워냈을 뿐 아니라 50여 개의 특허를 낸 전자 기기 엔지니어기도 하다. 파리의 물리화학산업파리테크ESPCI ParisTech를 1984년에 졸업하고 국립연구소의 연구원으로 재직했다.

1990년에는 첫 창업으로 가정용 통신 수신기 전문 기업인 인벤텔Inventel을 동업자들과 함께 만들었다. 스타트업이라는 개념도 없었던 당시로서는 모험에 가까운 시도였다. 많은 부침이 있었지만, 인벤텔은 프랑스 국영 통신사였던 프랑스텔레콤France Telecom(현 Orange)과 함께 인터넷 수신기 박스를 공동 제작하기도 했다. 시대를 앞서간 스타트업과 대기업의 협업으로, 성공적인 오픈 이노베이션Open Innovation을 이뤘다는 평가를 들었다.

위딩스는 2008년 카릴이 2명의 동업자들과 창업한 스타트업이다. 2009년 여름 출시된 스마트 체중계가 큰 성공을 거두면서, 프랑스 건강 IoT 분야의 아이콘으로 떠올랐다.

그러나 프랑스 IoT 시장은 생각만큼 빠르게 성장하지 않았고, 2016년 4월 투자자들의 결정으로 위딩스는 핀란드 그룹인 노키아Nokia에 인수됐다. 이 사건은 카릴에게 매우 고통스러운 기억으로 남았다. 이후 몇 해 동안 잠을 제대로 자지 못할 정도로 힘들었다고 한다.

출처: Scanwatch

에릭 카릴

그런데 그로부터 2년 후, 노키아는 디지털 헬스 사업을 매각하겠다는 결정을 내렸고 이 소식을 접한 카릴은 노키아에 인수 의사를 전달했다. 그와 함께 인수 의사를 밝힌 기업에는 구글도 포함됐으나 노키아는 카릴에게 위딩스를 넘겼다. 카릴은 당시 '위딩스의 팀원들'과 '디지털 건강 시장의 잠재력'이라는 2가지만 생각하고 위딩스 매수에 나섰다고 밝혔다. 2018년 5월 노키아로부터 위딩스를 되찾은 카릴은 스캔워치를 세상에 내놓으며, 당당히 애플워치의 경쟁 상품으로 소개했다.

헬스케어 시장의 새로운 시대, 원격의료 서비스

스캔워치를 국내에서 출시하기 위해서는 의료기기 승인을 받아야 하므로 국내 출시 시기는 좀 더 지켜봐야 한다. 한국에서는 아직 원격의료가 허용되지 않아서, 현 시점에서는 스캔워치의 활용에 한계가 있을 것으로 보인다.

그러나 코로나19 이후 한국 역시 원격의료의 필요성에 대한 공감대가 형성되고 있다. 만약 활발한 논의와 정부의 노력이 뒷받침된다면 시장 또한 빠르게 변할 수 있지 않을까 예측해 본다.

이 점에서 프랑스는 우리보다 한발 앞서 달리고 있다. 코로나19의 급작스러운 확산으로 병원과 의료진 부족의 심각한 위기를 겪은 후 원격의료에 대한 공감대가 광범위하게 형성됐기 때문이다. 글로벌 컨설팅 기업 해리스인터랙티브Harris Interactive에서 실시한 원격의료 서비스에 대한 질문에 프랑스인의 63%가 긍정적으로 생각한다고 답했다.

또한 시장조사 업체 스태티스타Statista는 2018년 프랑스 원격의료 산업 시장 규모를 3억 5,000만 유로(약 4,900억 원)로 집계하고, 코로나19 확산 이후 계속적으로 성장 중이라 밝혔다. 결과적으로 스캔워치와 같이 일반인들이 일상적으로 사용하며 건강을 관리할 수 있는 건강 IoT 분야의 발전 또한 가속화할 것으로 전망된다.

원격의료 서비스 개발에 대한 프랑스인 설문 결과

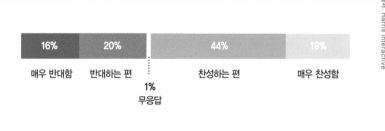

출처: Harris Interactive

차별화된 제품으로 미래 시장 선점 나서야

코로나19의 한복판에서 스마트 워치, 스캔워치 등 건강 분야 전자기기가 크게 주목을 받고 있다. 웨어러블 디바이스 Wearable Device 시장도 성장세를 지속할 것이다. 시장조사 기관 IDC의 보고서에 따르면, 2014년부터 웨어러블 디바이스의 단위 출하량은 지속적으로 증가해 2024년에는 5억 2,680만 달러(약 6,300억 원)를 기록할 전망이다. 10년 만에 18배 이상 증가할 것이라고 예상했다. IT 리서치 기업 가트너 Gartner 역시 2020년 전 세계 사용자들이 웨어러블 디바이스에 총 520억 달러(약 62조 원)를 지출할 예정이라고 발표했다.

스태티스타의 통계에 따르면, 헬스케어 웨어러블 디바이스 강국은 미국과 중국이다. 핏빗 Fitbit과 애플워치, 샤오미 Xiaomi와 화웨이 Huawei의 활약이 눈부시다. 웨어러블 디바이스의 소비량은 북미 지역이 가장 많고 이어 아시아태평양, 유럽, 중앙아시아, 아프리카 순이다.

이런 세계 시장의 판도를 바꾸기 위해서는 강점을 가진 제품이 개발돼야 한다. 위딩스가 기존의 스마트 워치와 차별화를 둔 지점은 '수면 무호흡증 감지' 기능이다. 기능은 고만고만하고 브랜드만 차별화된 스마트 워치 시장에서 독자적인 생존력을 갖기 위해서는 세부 질병별 의료 분야, 세부 종목별 스포츠 분야 등 특정 수요층을 발굴해 시장을 선점해야 한다. 웨어러블 디바이스인 만큼 배터리 수명을 늘리는 기술 개발도 필요하다.

유럽은 2025년 이후 인구의 약 20%가 65세 이상으로 만성질환이 증가하는 만큼 헬스케어, 의료 분야에 관심이 높아질 것이다. 프랑스도 고령자에게 IT 기기와 서비스를 제공해 의료, 건강 관리를 지원하는 유럽의 AAL Ambient Assisted Living 프로젝트에 참여하며 고령화에 대비하고 있다.

한국 역시 앞으로의 사회 환경은 유럽과 비슷해질 수밖에 없다. 원격의료가 불가능하고 한국의 헬스케어 제품이 글로벌 시장을 주도하지 못하고 있지만, 이젠 시대의 변화를 한발 앞서 내다보며 차별화된 제품 개발에 매진해야 할 때다.

곽미성(파리 무역관)

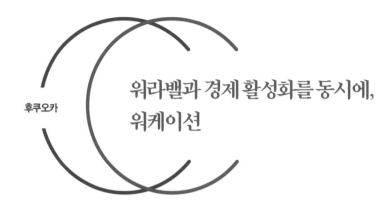

워라밸과 경제 활성화를 동시에, 워케이션

후쿠오카

일본 도쿄 이케부쿠로에 본점을 둔 종합 가전 양판점 빅카메라(ビッ
クカメラ)에는 한국인에게는 이색적인 코너가 있다. '텔레워크(テレワーク)'
라는 간판 아래 헤드셋, 엿보기 방지 필름, 이어폰 등 화상 회의 기기들
과 사무실 의자, 책상 등 사무 기기 그리고 인터넷을 세팅하는 장비들
이 진열돼 있다. 모두 텔레워크를 위한 사무용품들이다. 텔레워크는
텔레 tele(떨어진 곳)와 워크 work(일하다)를 합성한 조어로 정보통신 기술을
활용해 장소와 시간에 얽매이지 않고 근무하는 것을 뜻한다. 재택근
무, 모바일 워크, 위성 사무실 근무 등을 총칭한다.

일본은 2017년부터 '일하는 방식 개혁'으로 텔레워크를 적극적으로 추진해왔다. 생산성을 높이기 위한 방안이었는데 2019년에는 텔레워크 데이즈 캠페인도 벌이며 기업들의 참여를 독려했다.

일과 여가를 동시에, 워케이션

한발 더 나아가 코로나19 이후 일본에서는 '워케이션workation' 문화가 확산되고 있다. 워케이션이란 일work과 휴가vacation를 합친 단어로, 관광지나 리조트 등 휴양지에 업무가 가능한 환경을 만들어 휴가를 보내면서 일하는 방식이다. 일하는 사람에게는 일과 여가를 함께하는 워라밸을 완성할 수 있고, 이들이 머무는 지방 휴양지에서는 공실을 줄이며 경제 활성화를 이룰 수 있다. 직장인과 지역 상인 모두를 만족시킨 일본의 워케이션 현장을 직접 들여다보자.

홍콩 일간지가 소개한 '워케이션' 떠난 일본의 회사원

2020년 9월 홍콩의 언론 매체 사우스차이나모닝포스트SCMP는 일본항공JAL에 근무하는 히가시하라 요시마사 대리가 미국으로 워케이션을 떠난 사연을 소개했다.

올해 37세인 요시마사는 여행을 즐기는 싱글이다. 여행을 위해 최소 일주일의 시간을 쓰고 싶지만, 직장을 다니면서 그 정도 휴가를 쓰기란 쉽지 않다. 그러다 최근 회사에서 워케이션 제도를 만들었다는 사실을 알게 된 요시마사는 워케이션을 신청했

출처: 하우스텐보스/(©ハウステンボス/J-19612)

관광을 즐기며 일할 수 있는 워케이션

다. 그 후 미국에서 세 번의 워케이션을 보냈다. 요시마사는 워케이션 동안에는 하루에 2~4시간 정도만 근무하고 나머지 시간은 자유롭게 지냈다. 만족도가 몹시 높아 하반기에는 홋카이도 워케이션을 계획 중이다.

보편적으로 워케이션을 떠난 직장인은 번잡한 도시 속 만원 전철에 몸을 싣고 출퇴근할 필요가 없으며 풍부한 자연환경을 즐길 수 있어 만족도가 매우 높다. 일도 하고 관광은 물론 휴양까지 즐길 수 있으니 일석이조, 일석삼조의 생활이라고 칭찬한다.

코로나로 분기점을 맞은 일본의 근무 문화, 텔레워크가 대세

코로나19 사태 이후 텔레워크는 대기업이나 IT 기업, 스타트업 위주에서 모든 기업이 고려해야만 하는 선택지가 됐다. 2020년 6월 17일

도쿄상공회의소에서 발표한 '원격근무 실시 상황에 따른 긴급조사 보고서'에 따르면 코로나19로 인한 긴급사태 선언 후 일본 내 기업 중 67.3%가 원격근무를 도입했다고 한다. 이는 긴급사태 전 26% 대비 41.3%포인트가 증가한 수치다.

일본 정부는 코로나19로 침체된 경기를 살리기 위해 여행 장려 캠페인인 'Go To Travel Campaign'을 추진하며 휴양지에서 일을 하는 워케이션도 확대하겠다고 밝힌 바 있다. 정부가 코로나19 상황에서 바이러스 확산을 막지 못한 채 여행을 독려한다는 비판도 있었지만, 텔레워크를 보다 자유롭게 누릴 수 있다는 점에서는 호응을 얻었다.

워케이션을 준비한 지자체와 호텔들은 3년 전부터 워케이션 확대를 위한 프로젝트를 진행해왔다. 일본 환경성은 이들을 지원하는 다양한 정책을 펴고 있다. 원활한 원격근무를 위해 온천마을이나 국립공원에 와이파이 시설을 정비하도록 보조금을 지급하겠다고 밝혔다. 옛 시설을 그대로 고수하기로 유명한 온천마을에서도 워케이션을 즐기는 회사원들을 위해 시설 정비에 나섰다.

일본의 주요 여행사인 JTB도 정부의 움직임에 맞춰 2020년 7월 말 텔레워크를 전문으로 담당하는 부서를 신설했다. JTB는 자치단체, 지역 및 관광 사업자와 연계한 워크 프로그램 콘텐츠를 개발하고 판매한다. 또한 워크 프로그램을 각 기업의 취업규칙에 맞추고 경비 처리 등을 연계해 워케이션을 기업 단위에서 도입할 수 있도록 새롭게 비즈니스 모델을 만들고 있다.

워케이션 프로젝트를 위해 힘을 합친 지자체와 호텔들

와카야마현은 일본에서 워케이션 산업이 가장 빠르게 진행되는 곳이다. 특히 시라하마 리조트 지구는 지방자치단체 중심으로 숙박업과 관광 산업의 재도약을 위해 워케이션 프로그램을 꾸준히 진행해왔다.

2017년부터 시작해 2019년까지 도쿄 104개 기업과 워케이션 프로그램을 위한 파트너십을 맺었다. 이를 통해 시라하마 지구에서는 가족과 함께 휴양과 레저를 즐기는 회사원들의 발길이 끊이지 않는다. 일을 하면서 가족과의 시간을 즐기거나 휴식을 취할 수 있어 만족도도 매우 높다.

미국의 대형 IT 업체인 세일즈포스닷컴 Salesforce.com이 와카야마현에 위성 오피스를 개설하기로 해 화제가 되기도 했다. 일본 내에서는 와카야마현의 워케이션 프로젝트를 매우 성공적으로 평가하고 있다. 그 근간에는 지자체와 호텔들의 공조가 큰 역할을 했다. 지자체는 참여 기업 섭외를 위해 열심히 뛰었고 호텔들은 워케이션에 적합한 시설 투자를 적극적으로 했기에 가능한 일이었다. 와카야마현은 '텔레워크의 성지'로 불리며 코로나19 이후에도 워케이션을 위한 방문자 증가세가 유지되고 있다.

워케이션으로 지역 경제가 살아나요

휴양지로 유명한 홋카이도의 삿포로시도 워케이션 구축에 힘을 기울이는 지역이다. 많은 호텔이 무인 시스템으로 운영되고 온천과 슈퍼마켓까지 갖춘 곳도 상당수다. 요금은 1박에 3,000엔(약 3만 4,000원)에서 5,000엔(약 5만 6,000원)의 저렴한 수준으로 공용 주방과 냉장고, 세탁기 등 필요한 시설을 갖춰 재택근무처럼 편하게 워케이션을 즐길 수 있다.

호시노리조트 Hoshino Resorts가 운영하는 OMO7은 홋카이도 아사히카와시의 거주민처럼 시간을 보낼 수 있도록 지역과 연계한 프로그램을 제공해 화제가 됐다.

홋카이도의 중소 도시들이 과감한 시설 투자와 문화 프로그램 제작 등 워케이션에 열을 올리는 이유는 지속적인 인구 감소로 인한 문제를 타개하기 위해서다. 와카야마현처럼 홋카이도 역시 관광 외에는 지역 발전을 도모할 산업이 없었다. 따라서 지역 관광 산업과 숙박업을 활성화하는 것이 지역 경제를 회복시키는 방법으로 꼽혔다.

워케이션이 활성화되면서 홋카이도의 분위기도 살아나고 있다. 관광지 특성상 비수기에는 공실이 늘고 지역 경제가 안 좋아졌으나, 워케이션은 특별히 시기의 부침이 없다. 비수기에도 숙박시설의 공실이 줄고 지역에 머무는 인구가 많아졌다. 도쿄나 오사카에서 홋카이도를 오가며 워케이션을 즐기는 이들이 늘면서 경제도 살아나고 있다.

앞으로 더 확대될 예정인 워케이션

규슈 나가사키현에 위치한 하우스텐보스Huis Ten Bosch는 중세 네덜란
드를 그대로 옮겨다 놓은 아시아의 작은 유럽이라는 별칭을 가지고 있
다. 넓은 도시를 가로지르는 운하가 흐르고 오락시설, 박물관, 상점, 레
스토랑, 호텔 등 다양한 시설을 갖춘 대형 리조트다. 국내외 관광객이
끊이지 않던 하우스텐보스에서도 이제 '위드 코로나With Corona'라 불리
는 작금의 시대를 극복하기 위해 2020년 9월부터 2021년 3월까지 워
케이션 플랜을 마련했다. 1개 동을 통째로 사용할 수 있는 코티지 타입
의 '포레스트 빌라'에서 30일간 숙박하며 쾌적하게 일할 수 있다. 하우
스텐보스 관계자에 따르면 해당 코티지 빌라는 1층에 거실, 2층에 침
실을 둔 2개의 구성으로 프라이버시를 유지할 수 있으며 가족은 물론
친구나 동료와 지내기에도 최적이라고 한다. 하우스텐보스 부지 내에
서 가장 조용한 호숫가에 위치해, 한 걸음 밖으로 나가면 개방적인 녹

하우스텐보스의 적극적인 워케이션 유치

음이 가득한 공간이 펼쳐지고 일하는 틈틈이 언제라도 자연을 느끼며 재충전할 수 있다. 또한 거대한 테마파크 내 카페 등 어디에서라도 마음에 드는 공간을 찾아 일하는 것이 가능하도록 포켓 와이파이를 제공한다.

하우스텐보스 담당자는 코로나19로 인한 여러 가지 제한 때문에 지치고 피로한 심신을 달래기 위해 워케이션이 더욱 늘어날 것으로 전망했다. 실제 이용 고객들로부터도 좋은 반응을 얻고 있다. 이에 따라 코로나19 사태 추이와 고객 반응을 지켜보며 2021년 3월 이후에도 워케이션 프로그램을 제공할지 검토 중이다.

직장인은 여유를, 지자체는 경제 활성화를

일본 정부는 워케이션을 통해 '새로운 업무 문화 확산'과 '침체된 지역 관광지 활성화'라는 두 가지 효과를 기대한다. 일부는 현실화되고 있지만 아직 넘어야 할 산도 있다.

먼저 일본의 경직된 근로 문화가 대표적인 허들이다. 글로벌 여행사 익스피디아 Expedia에 따르면 일본 회사원의 연차 휴가 사용률은 50% 정도다. 영국이 96%, 홍콩과 독일이 100%인 데 비해 매우 낮은 수치다. 일본 응답자 중 60%는 휴가를 사용하는 데 "죄의식을 느낀다"고 답했으며, 20%는 "휴가 중에도 업무용 이메일을 끊임없이 확인한다"고 답했다. 이런 분위기를 전환할 의식의 변화와 제도 점검이 필요하다.

휴양지의 숙박 업체들도 비즈니스 업무를 할 수 있는 환경으로 탈바꿈하려는 노력이 필요하다. 전통적인 일본의 숙박 업체들은 인터넷 등 비즈니스 편의시설을 갖추지 않아 추가적인 지원과 투자가 절실하다.

그럼에도 워케이션 문화의 확산은 멈추지 않을 전망이다. 코로나19와 같은 긴급사태로 강제적 재택근무 상황이 벌어지고, 텔레워크가 확산되면서 근무지를 휴양지로 옮길 수 있는 여유가 생겼다. 이미 정부 정책과 지원으로 물꼬가 트인 만큼 빠른 확산을 기대해 볼 만하다.

그렇다면 한국은 어떠한가? 2018년 문화체육관광부 통계에 따르면 우리나라의 연차 사용률은 72.5%다. 코로나 이후 재택 상황도 비슷하다. 워케이션 개념을 도입한다면 일본보다 더 빠른 호응을 기대할 수 있다.

한국 역시 워라밸을 중요시하는 밀레니얼 세대가 주요 사회인으로 성장했다. 전통적 기업들은 글로벌 수준의 직장 문화를 만들어 우수 인력 확보에 애쓰고 있다. 워케이션은 기업들의 숙제를 단번에 해결해 줄 수 있는 카드가 될지 모른다. 게다가 우리나라는 IT 강국으로 어느 곳에서도 인터넷을 활용한 업무가 가능하다. 추가적인 설비와 시설을 갖추는 데 큰 투자가 필요하지 않다.

워케이션을 활성화할 수 있는 컨설팅 업체나, 지자체에서 워케이션 사업을 주도할 수 있는 전문 인력, 기업과 숙박 업체를 연계해주는 프로그램이 갖춰진다면 한국에서도 워케이션 트렌드가 생길 수 있을 것이다. 직장인에게는 워라밸의 완성을, 지자체에는 지역 경제 활성화를 선물할 기업과 서비스의 등장을 기대해 본다.

김대수(후쿠오카 무역관)

키트 전성시대
─ Kit Economy ─

| 가정에서 키트로 해결하는 시대 |

DIY의 시대가 돌아왔다. 'Do It Yourself'의 21세기 버전, 바야흐로 키트 전성시대다. 집에서 보내는 시간이 늘어나면서 아웃소싱하던 서비스도 자급자족하는 트렌드가 눈에 띈다. 교육이나 식물 재배처럼 전문성을 필요로 하는 일을 수준급으로 직접 해내기 위한 키트 상품들이 주목받는다. 또한 진단 키트 시장이 급성장하고 있는데, 건강 체크를 위한 홈키트 제품도 늘어날 전망이다. 집에서 간단 체크 후 택배로 발송하면 결과를 해석해주는 키트 검진 시장에 대해 가임력 진단 키트 사례를 통해 힌트를 얻어 보자.

뉴욕

집에서 키트로 하는 가임력 진단

"엄마가 되기 위해 내게 남은 시간은 얼마나 될까?"

뉴요커 직장인 에밀리는 얼마 전 친구의 임신 소식을 전해 듣고 마음이 복잡해졌다. 대학 졸업 후 경력을 쌓기 위해 열심히 달려오다 보니 어느덧 서른이 훌쩍 넘었다. 하지만 친구들은 임신, 출산을 마치고 육아를 하느라 여념이 없었다. 친구들 중에는 난임으로 마음고생을 심하게 한 이도 있다. 이런저런 이야기를 듣게 되니 조바심과 함께 '혹시 나도?' 하는 불안감까지 엄습한다.

'이렇게 고민만 하고 있을 게 아니지!'

에밀리는 아직 미혼이지만 결혼하고 아이를 낳는 일에 대해 진지하게 생각해 보기로 했다. 가장 궁금한 것은 언제까지 건강한 아이를 낳을 수 있는지, 난임의 가능성은 없는지 등이었다. 에밀리는 두렵지만 산부인과를 직접 찾아가 보기로 했다. 그러나 뉴욕의 의료 시스템 문제인지, 환자가 폭증했기 때문인지 검사를 받기 위해선 2개월 정도의 예약 대기 시간이 필요했다. 게다가 검사비는 건강보험 적용을 받을 수 없어 1,000달러(약 120만 원)가 훌쩍 넘어가는 상황이다.

'이대로 포기할까?'

고민만 깊어가던 차에, 에밀리는 소셜미디어를 통해 모던퍼틸리티Modern Fertility 가임력 진단 키트를 알게 됐다. 159달러(약 19만 원)짜리 키트를 구입해서 혈액 샘플을 채취해 보낸 후, 검사 결과를 받고 전문가 상담까지 마쳤다. 에밀리는 "호르몬 검사를 통해 몸 상태를 진단하고, 미래 가족계획을 좀 더 구체적으로 세워 볼 수 있는 시간이었다"며 "모던퍼틸리티는 편리하면서도 시간과 비용을 절약할 수 있어 좋았다"고 말했다.

出처: Modern Fertility

모던퍼틸리티 호르몬 테스트 키트

"가임력 진단 어렵지 않아요"
획기적 가격으로 집에서도 편안하게 검사 가능

여성의 사회 진출이 확대되고 초혼 연령이 높아지면서 미국에서도 난임이 사회적 문제로 대두되고 있다. 미국 질병통제예방센터 CDC에 따르면, 미국 15~44세 여성 가운데 임신에 어려움을 겪거나 임신을 유지하기 어려운 비율은 10%에 달한다고 한다. 또한 커플 가운데 1년 이상 임신을 시도했지만 임신에 성공하지 못한 비율도 10~15%에 이른다.

상황이 이러함에도 미국 의료 시스템은 난임 진단에 대한 혜택이 많지 않다. 여성들은 많은 시간과 비용을 들여야 하기 때문에 선뜻 병원을 찾기도 힘든 상황이다.

미국의 IT 업계는 여성들에게 놓인 이런 악조건을 타개하기 위해 펨테크 Femtech(여성과 기술의 합성어)에 집중하고 있다. 난자 냉동, 가임력 진단이 대표적인 펨테크 분야다. 모던퍼틸리티는 펨테크의 선봉에 선 기업으로 꼽힌다. 모던퍼틸리티의 제품과 서비스는 가장 보편적인 가임력 진단 방식인 '호르몬 농도 측정'을 위한 키트를 제공하고 전문가의 진단이 담긴 검사 결과를 알려주는 것이다.

방법은 간단하다. 이용자는 모던퍼틸리티 웹사이트 modernfertility.com 에서 키트를 주문하고 집으로 배달된 키트 속 설명서에 따라 검사를 진행한다. 먼저 웹사이트에 사용자 등록을 하고, 키트에 든 바늘을 이용해 두 장의 카드에 혈액을 떨어뜨린다. 혈액이 완전히 건조되면 키트에 동봉된 봉투에 담아 우편으로 보내면 끝이다. 검사 결과는 온라인으로 확인할 수 있다.

전문가들에 의한 검사 결과 생성,
정보와 의견 교환을 위한 후속 프로그램까지

모던퍼틸리티의 제품은 여성이 병원에 가지 않고 가정에서 검사할 수 있으며, 병원 방문 대비 획기적으로 낮은 가격에 가임력 진단이 가능하다는 점에서 좋은 평가를 받는다.

모던퍼틸리티의 검사가 키트 형태로 손쉽게 진행될 수 있는 것은 기본적으로 호르몬 검사기 때문이다. 각각의 호르몬 수치를 종합해 진단한다.

여성의 혈액 속에는 난소 기능을 확인할 수 있는 항뮬러관호르몬AMH, 갑상선자극호르몬TSH, 난포자극호르몬FSH, 소포호르몬인 에스트라디올E2, 갑상샘호르몬인 유리티록신T4, 젖분비호르몬인 프로락틴PRL, 황체형성호르몬LH, 남성호르몬인 테스토스테론Total T이 흐른다. 이 8개 호르몬 수치를 통해 가임력과 기타 건강 이상 유무를 확인할 수 있다.

구체적으로 살펴보면 AMH, FSH, E2 호르몬 수치로 난소 예비력과 폐경 시기를 예측할 수 있다. 동일 연령층 대비 평균치에 머무는지 여부와 폐경 시기에 대한 전망도 확인할 수 있다. 또 난자 동결 혹은 시험관 시술 시 난자 채취가 몇 번의 시도 끝에 가능할지도 미리 예측할 수 있다. PRL과 LH로는 정상적인 배란이 일어나는

모던퍼틸리티 호르몬 테스트 키트 구성품

데 문제가 없는지 진단한다. 나머지 TSH, T4, Total T 호르몬을 통해서는 호르몬 균형이 잘 유지되는지 점검한다. 호르몬 불균형은 체중 조절, 수면, 생식 문제뿐 아니라 감정 조절의 장애를 초래해 삶의 질을 떨어뜨린다. 불균형이 나타난다면 적절한 치료를 해서 질병을 낫게 하거나 예방할 수 있다.

모던퍼틸리티의 검사는 모두 전문가를 통해 진행된다. 혈액 테스트는 미국 실험실표준인증CLIA, Clinical Laboratory Improvement Amendments과 미국 병리학회CAP, The College of American Pathologists 인증을 획득한 실험실에서 진행되고, 검사 결과는 라이선스를 획득한 의사가 직접 검토한다.

이렇게 진행된 검사 결과는 인터넷을 통해 손쉽게 확인할 수 있다. 모던퍼틸리티 애플리케이션이나 웹사이트의 계정에 로그인한 후, 테스트 결과를 확인하면 된다. 결과 리포트에는 의뢰인의 호르몬 검사값과 정상 범주 대비 높고 낮은 정도를 알려준다. 호르몬 수치에 따른 난소 예비력과 배란, 기본적인 몸 상태 분석 정보도 함께 제공한다.

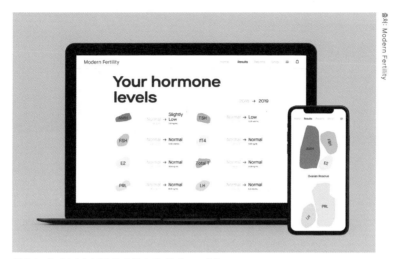

웹사이트와 애플리케이션을 통해 확인 가능한 테스트 결과

출처: Modern Fertility

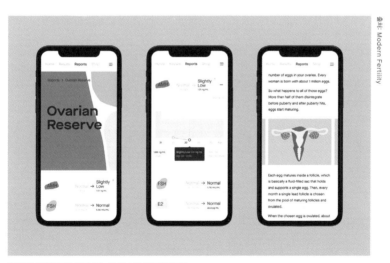

애플리케이션으로 확인 가능한 테스트 결과 리포트

출처: Modern Fertility

모던퍼틸리티는 사용자 기록을 보관하는데, 이용자가 여러 번 검사했을 경우 지난 기록과 최근 기록을 함께 반영해 최종 결과를 분석해준다.

테스트 결과를 받은 후 간호사와 일대일 상담 가능

또한 이용자가 검사 이후 난임과 관련해 추가적인 정보를 원할 경우, 난임 전문 간호사와 일대일 상담도 진행할 수 있게 해준다. 이용자는 모던퍼틸리티에서 매주 진행하는 웨비나webinar(웹과 세미나의 합성어로 인터넷으로 진행되는 세미나를 말한다)에 참여해 궁금한 점을 질문할 수 있다. 또한 모던퍼틸리티가 운영하는 온라인 커뮤니티인 '모던 우먼Modern Women'에 초청돼 커뮤니티 참가자들과 정보나 의견을 주고받을 수도 있다.

정보가 곧 원동력, 모던퍼틸리티의 탄생 스토리

2017년 샌프란시스코에서 설립된 모던퍼틸리티는 젊은 여성의 호기심과 도전에서 시작됐다. 공동 설립자인 애프턴 베처리Afton Vechery는 대학 졸업 후 사모펀드에서 여성건강센터와 시험관 시술 클리닉의 듀 딜리전스Due Diligence(투자자 입장에서 수익성 등을 조사하는 일) 업무를 담당했다.

이 작업은 여성 건강, 특히 임신과 가임력 등의 이슈에 관심을 갖게 한 계기가 됐다. 조사 결과 많은 여성이 출산을 미루며, 이로 인해 난임 비율도 올라가고 있었다. 여성이 자신의 몸 상태를 진단할 수 있는 적절한 데이터 확보가 가능하다면 누군가에게 가족계획이 지금보다는 좀 더 쉬운 일이 될 수 있었을지도 모른다는 생각이 들었다. 인체의 시계는 개인차가 있고, 지금이 적절한 때라고 생각했을 때 실제 몸은 최적의 시간이 이미 지났을 수도 있기 때문이다.

사모펀드를 떠난 베처리는 실리콘밸리로 향했다. 유전자 분석 키트를 판매하는 23앤드미 23andMe 등 헬스케어 관련 스타트업에 몸담았던 베처리는 어느 잡지와의 인터뷰에서 "23앤드미에서 배운 것 중 하나는 정보력의 중요성"이라며 "정보는 환자가 스스로 무언가를 할 수 있게 만드는 원동력이 된다"고 밝혔다.

임신과 가족계획을 위해 여성은 산부인과에서 혈액 검사만으로도 가임력에 대한 중요 정보를 알 수 있지만, 문제는 엄청난 비용이었다. 산부인과에서 호르몬 검사를 하고 베처리가 받은 청구서는 1,500달러(약 180만 원)에 달했다. 여성이 편리하고 합리적인 비용으로 자신의 가임력을 진단할 수 있는 제품을 개발해 보자는 생각으로 2016

출처: Modern Fertility

모던퍼틸리티의 공동 설립자인 애프턴 베처리와 칼리 레이히

년 23앤드미를 떠나 모던퍼틸리티 설립에 몰두했다.

그동안의 회사생활을 통해 비즈니스와 과학, 제품 분야에는 자신 있었지만, 가임력이나 난임 등의 주제를 여성의 삶과 연결하고 여성들을 움직이게 만드는 브랜딩에 한계를 느꼈다. 그러던 중 지인을 통해 현재 모던퍼틸리티의 공동 설립자인 칼리 레이히 Carly Leahy를 소개받았다. 구글에서 브랜딩과 마케팅을 담당했고, 우버 Uber의 신규 사업인 우버이츠 Uber Eats와 우버헬스 Uber Health 론칭을 도왔던 레이히와 힘을 합쳐 모던퍼틸리티를 탄생시켰다.

여성에게 몸을 안다는 건 미래를 설계할 기회를 갖는 것

시대는 빠르게 변하고 있다. 사람들은 가족을 '계획'하고 싶어 했고, 과학이 이를 가능하게 만들었다.

그리고 현재의 주력 세대인 밀레니얼 세대(1980년대 초반~2000년대 초반 출생한 세대)는 이런 과학 기술을 잘 활용한다. 이들은 역사상 어느 세대보다 임신과 출산을 미루고 있고 또 계획하에 진행하길 희망한다.

미국 내 같은 나이를 기준으로, 부머 세대(1986년 기준) 여성이 자녀를 둔 비율은 64%였다. X세대(2002년 기준) 여성이 자녀를 둔 비율은 62%로 줄었다. 밀레니얼 세대(2018년 기준) 여성 중 자녀를 둔 비율은 55%로 한층 더 줄었다(2020년 5월, 퓨리서치센터 발표).

이런 현상은 미국과 한국이 크게 다르지 않다. 임신을 선택하지 않는 세대와 난임 환자들의 증가는 '출산율 저하'라는 시대의 난제로 이어졌다.

그러나 문제에 대한 대응에서는 두 나라 간 차이점이 드러난다.

미국의 경우 많은 실리콘밸리 기업들이 여성 직원의 펨테크에 적극적인 지원을 약속한다. 2019년 상반기 기준 테슬라 Tesla, 이베이 eBay, 어도비 Adobe, 페이스북 Facebook, 핀터레스트 Pinterest 등이 복지 차원에서 직원들의 난임 시술을 지원한다고 밝혔다. 이런 기업들 덕택에 대도시를 중심으로 난자 동결을 전문으로 하는 클리닉이 여기저기서 생겨나고 있다.

한국의 상황은 이와 다르다. 이미 저출산이 사회적 문제로 대두된 터라 난임 치료에 대한 정부의 지원이 적극적이다. 미국 등 다른 나라에 비해 병원 문턱이 월등히 낮은 것은 큰 장점이다. 2017년 10월부터 난임 치료도 건강보험 적용 대상이 돼 환자는 전체 비용의 30%만 부담하면 된다.

그렇다면 모던퍼틸리티와 같은 펨테크가 한국 여성들에게는 필요하지 않은 것일까?

그렇지 않다.

모던퍼틸리티의 성공은 단순히 비싼 가격을 합리적으로 낮추고 병원에서 했던 검사를 가정으로 옮겨 왔기 때문만은 아니다. 시대적 상황과 여성이 추구하는 인생의 가치관 변화, 편리하고 빠른 라이프 스타일에 적합한 제품과 서비스를 제공한 덕분이다.

상당수의 여성들은 아이를 갖고 싶어 하고, 언젠가는 아이를 낳으려는 계획이 있다. 그러나 그때를 알지 못해 두려움과 걱정을 안고 살아간다. 펨테크는 이런 여성들에게 의사 결정을 할 수 있는 정보를 주고, 폐경 등 건강상 이유로 아이를 갖지 못할 때를 대비하게 해준다. 결혼 후에도 학업과 일 때문에 출산을 미루다 막상 아기를 갖고 싶을 때는 난임으로 고생하는 여성들이 상당히 많다. 가임력에 대한 정보가 미리 주어졌다면 이들은 앞서 다른 선택을 했을 것이다.

또한 한국 정서상 임신과 출산을 경험하지 않은 여성들에게 산부인과의 문턱은 여전히 높다. '산부인과는 문제가 있을 때만 찾는 곳'이라는 구세대적 선입견이 학습됐기 때문이다. 그리고 무엇보다 요즘 여성은 너무 바쁘다. 한 달에 2~3회 병원을 방문하는 것조차 상황이 여의치 않을 때도 있다.

모던퍼틸리티와 같은 키트는 집에서 편하게 혈액을 채취해서 우편으로 보내기만 하면 된다. 간단한 과정에 비해 얻을 수 있는 정보의 가치가 크다. 불확실한 미래를 대비하기에 유용한 정보이기 때문이다.

한국의 출산율이 OECD 국가 중 최저 수준을 벗어나지 못하는 가운데 한국 여성들의 임신과 출산을 미루는 상황은 계속되고 있다. 집에서 잠옷바지 차림으로 혈액만 채취해 택배로 보내는 방식이라면 보다 많은 여성들이 자신의 몸에 대해 알 수 있지 않을까. 이 간단한 과정을 통해 얻은 정보로 불확실한 미래를 조금이라도 대비할 수 있다면 많은 여성들이 기꺼이 지갑을 열 것이다. 난임과 저출산이 심각한 사회 문제로 떠오른 한국에서도 여성의 가임력 진단 문턱을 낮춰줄 똑똑한 홈 키트 제품이 나오기를 기대해 본다.

김동그라미(뉴욕 무역관)

코로나19 시대, 코딩 홈스쿨링 키트

시애틀에 거주하는 캐서린은 40대 워킹맘이다. 코로나19 사태로 4살이 된 아이와 함께하는 캐서린의 일상은 많은 것이 바뀌었다. 가장 크고 갑작스러운 변화는 '아이와 보내는 시간이 무작정 늘어난 것'이다. 코로나19 이전에는 회사 근처 어린이집에 아이를 맡길 수 있었으나 이제는 회사도 재택근무로 전환되고 어린이집도 문을 닫았다. 그야말로 하루 종일 아이와 같이 지낸다. 캐서린은 누구보다 아이를 사랑하지만 이 상황이 즐겁지만은 않다. 시도 때도 없이 놀아 달라 졸라 대는 아이 때문에 업무에 집중하기가 쉽지 않다. 일과 가사, 육아로 체력이 방전돼 아이와 보내는 시간에도 점차 짜증이 느는 것을 느낀다.

캐서린은 과감하게 대안을 찾아 나서기로 했다. 어디 가서 일을 할 수도, 아이를 맡길 수도 없는 날들이 언제까지 계속될지 알 수 없으니 적절한 도움이 필요하다는 생각이었다. 며칠 인터넷을 뒤지다 그녀가 찾아낸 것은 정기적으로 놀잇감과 완구를 보내주는 사이트였다. 차분히 앉아서 혼자 놀 수 있는 공작놀이, 색칠놀이 등이 택배로 배달되니 그나마 상황이 나아졌다. 다양한 키트 덕분에 긴급한 회의나 여의치 않은 상황도 견딜 수 있게 됐다.

놀잇감과 완구를 사용하던 초기 캐서린은 자신이 아이와 함께해주지 못하는 시간을 키트로 대신하는 것 같아 마음이 아팠다. 하지만 주변 워킹맘들의 이야기를 들으며 많은 위로를 얻었다. 오프라인 키트와 온라인 콘텐츠가 아이들의 두뇌 개발에 나쁘지 않다는 이야기였다. 엄마가 일과 육아를 구분해 각각의 시간에 집중하는 것이 엄마와 아이 모두에게 유익하다는 의견도 있었다. 이런저런 이야기를 들은 캐서린은 키트와 온라인 매체들을 적절히 활용해 일과 육아 둘 다 성공하는 엄마가 되기로 다짐했다.

사회적 거리 두기로 홈스쿨링 각광

코로나19로 전 세계는 필요한 외출을 줄이고 사회적 거리 두기에 동참하고 있다. 미국에서도 4월부터 본격적인 휴교령이 내려지고 여름방학도 다른 때보다 일찍 시작됐다. 예기치 못한 휴교와 이른 방학으로 학부모들과 학생들의 일상은 완전히 바뀌었다. 학부모들의 최대 관심사는 '효과적인 홈스쿨링'이 됐다.

미국의 아이들은 스포츠와 취미 활동에 많은 시간을 할애한다. 야구, 농구, 축구, 수영 등 다양한 팀 스포츠 활동과 음악, 댄스 등 취미 활동을 즐겼다. 그러나 모든 활동이 금지되다시피 하면서 집에서 보내는 시간만 길어졌다. 늘어난 재택근무와 집안일, 그리고 아이들 교육까지 신경 써야 하는 학부모들은 자연스럽게 온라인 콘텐츠, 교육용 완구, 공작 및 DIY 프로젝트 키트에 관심을 갖게 됐다. 최근 불고 있는 STEAM Science, Technology, Engineering, Art, Math에 적합한 교육 콘텐츠에 대한 관심이 어느 때보다 뜨겁다.

휴교 중에도 성장 중인 STEAM 교육 시장

몇 년 전부터 미국에서도 'STEM Science, Technology, Engineering, Math'에 대한 관심이 뜨거워졌다. 4차 산업혁명과 함께 코딩 Coding 관련 직종이 고연봉의 직업으로 알려지며 미국에서도 코딩 교육의 중요성이 강조됐다. STEM 능력을 키우기 위한 다양한 교육용 완구도 출시됐다.

그런데 비교적 최근 코로나19가 확산되기 전부터 STEM 과목에 예술·인문 교육을 뜻하는 'Art'를 추가하는 흐름이 나타났다. STEAM으

출처: www.pixabay.com

STEAM 전류 실험 키트

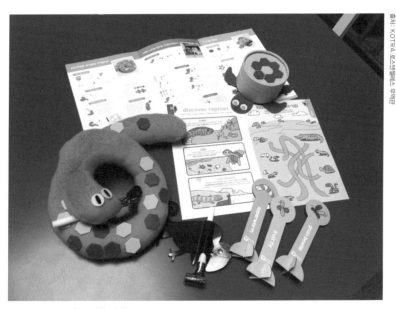

출처: KOTRA 로스앤젤레스 무역관

키위코 STEAM 완구 제품 예시

로 통칭되는 융합인재 교육은 엄마들의 목표가 됐다.

미국 시장에서 판매되는 STEAM 관련 교육 콘텐츠는 코로나19 상황에서도 매출이 늘고 있다.

구체적인 브랜드를 살펴보면 세계적인 완구 기업인 레고LEGO, 피셔프라이스Fisher-Price, 마텔 Mattel, 러닝리소스Learning Resources 등이 완구 시장을 주도한다.

한국에서도 인기를 끈 액체괴물 슬라임 Slime, 중력에 대한 이해를 돕는 빌딩 블록building block, 기본적인 전류에 대한 이해를 돕는 커넥터 키트connector kit, 로봇을 만들고 직접 코딩하는 로봇 키트, 로켓 과학을 이용한 로켓 발사 키트 등 다양한 제품들의 인기도 높아졌다.

최근 눈에 띄는 STEAM 완구로는 구독 서비스 형태의 '키위코 KiwiCo'가 있다. 부모는 자녀의 연령과 성별을 선택하고 구독 신청만 하면, 매달 새로운 주제의 STEAM 완구 키트가 배달된다. 완구를 직접 조사하고 찾아내 조달하는 수고가 필요 없다. 자녀들은 배달된 완구 키트를 완성해 만족감과 더불어 자신감을 키울 수 있다. 교육계에서도 학생들이 STEAM 완구 키트를 직접 조립하며 배우는 효과가 상당하다고 평가한다.

제작자들은 STEAM 완구 키트를 조립하며 어떤 형태로든 문제점과 해결 과정을 배운다고 주장한다. 제대로 된 결과가 나오면 스스로 잘한 것이 무엇인지 배울 수 있고, 잘못된 결과가 나오면 시행착오를 통해 문제를 찾아 해결하는 과정을 익히게 된다. 중요한 것은 문제에 봉

출처: KOTRA 로스앤젤레스 무역관

키위코 9~16세용 Tinker Crate

착했을 때 스스로 진단하고 방법을 찾아 해결해가는 것이다. 이는 결과보다는 문제 해결 과정을 중시하는 미국식 교육에서 강조하는 방식이기도 하다.

코로나19 상황은 STEAM 교육의 현장을 가정으로 옮겨 놨다. 교육의 주체도 기존의 선생님에서 부모, 온라인 속 선생님 혹은 아이 스스로로 바뀌었다. 변화된 환경 속에서도 STEAM 교육을 실천하기 위해 부모들이 선택한 다양한 콘텐츠들을 살펴보자.

훌륭한 보조교사,
영유아 키즈를 위한 콘텐츠

최근 영유아들의 스마트폰 시청이 사회적 이슈가 되고 있다. 차선을 선택한 부모들은 스마트폰에서 좋은 콘텐츠를 뽑아 아이들에게 보여주고자 한다. 이런 니즈를 바탕으로 성장한 기업 중 한 곳이 핑크퐁^{Pinkfong}이다. '아기상어' 영상은 미국에서도 선풍적인 인기를 끌고 있다.

핑크퐁은 지난 2015년 미국에 진출했는데, 아이들이 따라 부르기 쉬운 노래와 애니메이션으로 유명해졌다. 문화적인 차이에도 전 세계 어린이들이 공감할 수 있는 콘텐츠를 만들어 성공한 케이스로 꼽힌다. 어느 순간부터 미국 소매점에서 핑크퐁 캐릭터 상품을 쉽게 발견할 수 있을 정도로 미국 시장에서도 반응이 좋다.

미국에서 자생한 키즈 콘텐츠 1위 브랜드로는 '코코멜론^{Cocomelon}'이 있다. 유튜브 구독자가 약 8,700만 명_(2020년 6월 기준)에 달한다.

코코멜론의 창립자 제이 전^{Jay Jeon}은 처음에는 아내와 함께 본인의 자녀들을 위한 짧은 동요 만화를 만들었다. 2006년부터는 ABCkid TV 채널로 유튜브에 게시했다. 알파벳 노래 등 대중적인 동요 영상이 인기를 끌면서 2017년 본격적인 3D 애니메이션을 도입해 급성장했다. 2018년에는 공식 채널 명칭을 코코멜론으로 변경하고 월평균 5억 건의 조회 수를 기록하고 있다. 무엇보다 어린이 시청자의 눈높이에 맞춘 스토리와 단순하고 시각적인 애니메이션이 성공 요인으로 꼽힌다.

부모들이 핑크퐁이나 코코멜론을 선택하는 주요 이유 중 하나는 교육적이면서도 어린이를 주인공으로 해 가족 전체가 시청해도 무리가 없기 때문이다. 놀이 영상이나 장난감 리뷰, 인형을 활용한 스토리텔링 등을 통해 아이들이 다양한 사물을 접할 수 있다. 스마트 기기를 활용해 시간과 장소에 구애받지 않는 상황에서 이런 온라인 콘텐츠들은 '보조교사'의 역할까지 겸한다.

언컨택트 시대, 이러닝 수요 증가

학령기 아이를 둔 부모들은 학습량에 대한 고민을 하지 않을 수 없다.

미 전역 대다수의 학교들이 4월부터 교실 수업을 온라인 수업으로 대체한 상황에서 온라인 수업만으로 학습이 제대로 되겠느냐는 우려가 끊이지 않는다. 특히 주의가 산만한 학생들이 수업에 뒤처질 것이라는 지적이 많다. 부족한 학습 일수와 뒤처진 학습을 우려한 부모들 사이에서 언컨택트 uncontact 수업인 이러닝 수요가 급증하고 있다.

한국처럼 미국의 부모들도 사교육비가 걱정이다. 특히 미국은 높은 인건비로 예체능 교육비가 상당히 높다. 일반 학습 과목도 마찬가지다. 하지만 사전 제작된 이러닝 교육은 1 대 다수의 수업이 가능하기 때문에 직접 만나서 하는 과외나 학원 수업에 비해 상당히 저렴하다.

미국에서 인기가 높은 유료 이러닝 교육 프로그램으로는 브레인체

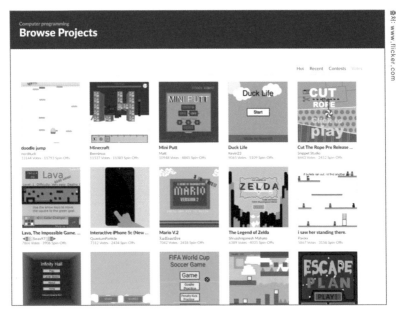

칸아카데미 컴퓨터 프로그래밍 무료 온라인 교육 서비스

이스 Brain Chase, 커넥티드캠퍼스 Connected Campus, 아이디테크 iD Tech 등이 있다. 이 사이트들은 다양한 과목의 이러닝 서비스를 제공한다.

목적에 따라 무료 교육이 가능한 이러닝 서비스도 있다. 비영리 교육 단체에서 운영하는 칸아카데미 Khan Academy다. 칸아카데미에서는 학년별, 과목별 수업을 제공하고 미국 대입 시험인 SAT 준비도 할 수 있다. 미취학 어린이들을 위한 숫자 세기부터 대학원 준비, 사회 초년생을 위한 커리어 career 준비 과정까지 다양한 이러닝 과정이 무료로 제공돼 학부모 사이에서는 이미 유명세를 타고 있다.

클래식 완구의 재발견, 레고

레고는 최첨단 시대라서 더 각광받는 완구다. 덴마크어로 '재미있게 놀다'라는 뜻을 가진 '레그 고트LEG GODT'를 줄여 탄생한 레고는 1932년 설립 이후, 전 세계 어린이들의 지속적인 사랑을 받고 있다. 스마트폰과 탭, PC에 붙어 있는 아이들을 떼어놓기에 이만한 완구가 없다.

대표적인 빌딩 블록인 레고는 알록달록한 색상으로 동심을 자극한다. 무엇이든 마음대로 만들어 볼 수 있어 아이들의 창의력, 집중력, 표현력 향상에 도움을 준다. 최첨단 기술을 적용해 애니메이션, 영화, 놀이동산, 증강현실AR, Augmented Reality 및 가상현실VR, Virtual Reality로도 만들어졌는데 STEAM 교육에서도 빼놓을 수 없는 중요한 교재로 활용된다.

클래식 레고는 성장기 어린이들에게 창의력, 집중력, 표현력 향상과 함께 손재주를 발달시키는 소근육 운동fine motor skills에도 효과가 있다. 이는 STEAM 교육의 기초 과정과도 맞물린다.

최근에는 STEAM 분야의 교육 수요에 맞춰 코딩, 과학 교육 현장에 적용 가능한 레고 에듀케이션LEGO Education과 레고 부스트LEGO Boost 시리즈도 출시했다. 레고 에듀케이션은 학교용 교

출처: www.flicker.com

레고 에듀케이션

재로 초·중·고등학교에서 로봇공학, 회로 제작 프로젝트에 활용된다. 레고 부스트는 7~12세 어린이용으로 직접 조립하고 코딩과 프로그램해 완성된 완구를 조작할 수 있다.

한국식 STEAM, 무엇을 배우고 무엇을 가르칠까?

미국의 교육 환경은 한국에 비해 훨씬 자율적이다. 교사의 일방적인 강의가 아닌 동그란 원으로 모여 앉아 아이들끼리 토론하는 수업 방식이 많다. 또한 저학년부터 주어진 주제에 대한 자료를 스스로 찾아 확인하고 발표하는 수업도 일반적이다. 이런 교육 환경에서 성장한 아이들은 답이나 진행이 틀려도 부끄러워하거나 속상해하지 않고 틀릴 수 있음을 받아들이며 당당한 태도를 보인다.

STEAM 교육은 미국의 교육 정신을 구현하기 알맞은 방식으로 꼽힌다. STEAM 교육으로 각광받는 코딩 역시 자율적인 환경 속에서도 발표와 토론을 통한 교육이 가능하다. 논리력과 사고력 향상에도 도움이 된다. 이런 교육 논리는 미술에서도 적용된다. 해는 빨간색, 하늘은 파란색, 해바라기는 노란 꽃이라는 주입식 교육 방식은 선호되지 않는다. 학생들이 본 대로 느낀 대로 마음껏 표현할 수 있는 창의력, 독창성, 표현력을 강조한다. 이에 비해 한국의 교육 문화는 올바른 답을 제시하는 주입식에 초점이 맞춰져 있다.

요즘 미국 교육계는 '코로나19가 연 대안교육 시장이 어떻게 성장할까?'에 귀추를 주목한다. 온라인 키즈 콘텐츠와 교육용 완구, 공작 및 DIY 프로젝트 키트 등 학교 밖 교육 프로그램이 빠르게 성장하고 있다.

한국인의 시각에서 STEAM 교재들에 대해 인상적인 것은 높은 완성도와 부모들의 반응이다.

미국의 교육용 완구는 단순히 인체에 무해한 친환경 재료를 사용하는 것만이 아니라 높은 안전성을 요구한다. 내용물을 살펴보면 연령층에 맞는 재료들로 구성하되, 유아용 키트에는 삼킬 수 있는 작은 부품이 없다. 상처 입기 쉬운 아이들의 여린 피부를 고려해 뾰족하고 날카로운 부품도 없다. 재료들은 미리 잘라서 제공하며, 만일 어쩔 수 없이 작은 부품이 포함된다면 질식 위험 표시인 '초킹해저드 Choking Hazard' 경고문이 부착되고 사용 연령층과 유해물질에 대한 정보를 상세히 안내한다. 사용법도 어린이 눈높이에 맞춰진다. 어른의 도움 없이 손쉽게 조립해서 사용할 수 있는 그림 설명이나 쉬운 단어로 된 설명서가 따라붙는다. 중간에 막힐 경우를 대비해 연령별 문제 해결 능력에 따라 스스로 해결할 수 있도록 적절한 힌트도 제공한다.

다음은 학부모들의 반응이다. 미국 부모들은 한국 부모들과 마찬가지로 교육용 완구 구매를 망설이지 않는다. 교육용 완구에 대한 이해도 높다. 단순한 '장난감'이라 생각하지 않고 자녀들의 능력 개발과 향상을 위한 교육 용품으로 받아들인다.

한국의 교육 시장은 이미 막대한 크기를 자랑한다. 그럼에도 항상 부모들은 교육용 콘텐츠에 목이 마르다. 한국의 교육도 STEAM의 커다란 흐름을 따라갈 것이 분명하다. 건강을 위해 과일과 채소를 섭취하고 적절한 운동을 병행하는 것처럼 STEAM 기본 능력을 기르기 위해 완구를 사용하고 친밀도를 높인다면 학년이 올라갈수록 어려워지는 교육 과정도 거뜬히 해낼 수 있다.

따라서 쉽게 STEAM을 가르치는 콘텐츠를 만든다면 시장에서 충분한 호응을 얻을 수 있을 것이다. 그러나 이것은 다분히 한국적이어서는 안 될 것이다. 디테일한 팁을 보태자면 전통적으로 남성 위주의 직종으로 여겨진 STEAM 분야에 여아들의 관심이 생길 수 있도록 세심한 배려가 필요하다. 콘텐츠와 완구에 분홍색, 빨간색, 노란색 등 부드러운 파스텔색을 사용한다거나 아예 성별 구분이 없는 색상을 사용하는 것도 도움을 줄 것이다.

한국은 예전부터 수학, 과학, 기술, 공학 강국이었다. 여기에 미국식 창의력, 독창성, 표현력이 강조되는 교육 콘텐츠를 접목한다면 미래 세계를 이끌어 나갈 인재 양성에 큰 보탬이 될 것이다.

조이스 최(로스앤젤레스 무역관)

마닐라

나만의 정원을 가꾸다,
식물 재배 키트

마닐라에 사는 제키 임은 외국계 회사에 다니며 바쁜 주중을 보낸다. 피로가 많이 쌓이는 편이라 주말은 대부분 집에서 쉰다. 자연스럽게 집에 머무는 시간이 많아졌다. 하지만 몇 년 전부터는 '즐거운 소일거리'를 시작한 덕분에 집에서의 시간도 전혀 무료하지 않다.

'TV나 스마트폰 말고 집에서 여가를 즐길 만한 것들은 없을까?'

제키의 고민은 4년 전쯤 시작됐다. 쉬면서 시간을 보낸다고 하지만 침대나 소파를 벗어나지 않으려는 게으름이 늘 마음에 걸렸다. 뭔가 보람이 있으면서도 생산적인 취미가 없을까 궁리하다가 마침 인터넷에서 찾은 '식물 재배 키트'가 눈에 띄었다.

"그렇지. 요즘 채소 값도 오르고, 농약이나 GMO(유전자 조작 식품) 문제도 있으니 내가 직접 키워 보는 것도 나쁘지 않겠어."

이렇게 시작한 식물 재배 생활이 4년째 이어지고 있다.

처음에는 모든 것이 낯설고 어려울 줄 알았다. 하지만 키트에 필요한 것이 전부 담겨 있다 보니 초보 시절에도 손쉽고 간편하게 식물을 키울 수 있었다. 한 가지 품목으로 시작했다가, 자신감이 생기자 여러 가지 식물을 한꺼번에 키울 정도로 발전했다.

제키가 집에서 식물을 키우며 가장 좋았던 점은 처음 계획했던 대로 나만의 농장에서 식물을 키워 건강한 밥상을 만드는 것이었다. 그러나 요즘은 혼자 먹고 남은 채소를 지인들에게 나눠주는 즐거움도 더해졌다. 초록빛으로 물들어가는 미니 정원이 마음에 들어, 돌아오는 크리스마스에는 지인들에게 식물 재배 키트를 선물할 계획이다.

라이프스타일에 변화를 더하다, '식물 재배 키트'
....

복잡한 도심 속에 사는 사람일수록 자연과 어우러지는 삶을 그리워한다. 필리핀에서도 예외는 아니다. 필리핀은 잔잔한 시골 풍경에 야자수만 있을 거라고 상상하지만 마닐라의 경우 대형 쇼핑몰과 같은 도심 풍경이 그대로 연출된다. 자연스럽게 옥상 정원처럼 자연과 어우러져 마음의 안정을 회복할 수 있는 공간을 찾는 이들도 많아지고 있다.

식물 재배 키트 외관

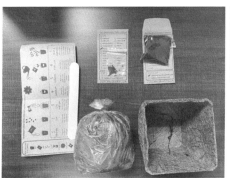

식물 재배 키트 제품 구성

식물 재배 키트에 싹이 튼 모습

식물 재배 키트는 이런 이들의 니즈를 해결하는 좋은 소품이다.

대표적인 식물 재배 키트인 '마닐라재배키트 MNLGrowKits'는 식물 재배 경험이 없는 초보자도 식물을 유기농으로 쉽게 재배할 수 있도록 하는 것을 목표로, 도심 속 사람들을 주 타깃으로 해 개발됐다. 단순히 식물을 심는 게 아니라 삶에 변화를 심는 데 주력한다.

마닐라재배키트의 창업자 중 한명인 카를로 사마온 Carlo Sumaoang은 밀레니얼 세대로 5년 동안 가족들이 운영하는 비료 회사에서 마케팅 관리자로 일했다. 하지만 그는 창의력을 발휘할 수 있는 열정적인 프로젝트를 찾아다녔고, 그러던 중 마닐라재배키트의 아이디어를 떠올려 사업을 시작했다. 사마온은 동료 창업자들을 모으고 마닐라재배키트로 '더 자연 친화적인 마닐라 GreenerMNL'를 실현한다는 멋진 비전을 세웠다. 자신이 사는 도시와 농업을 하나로 어울리게 한다는 목표였다. 동료들 역시 밀레니얼 세대로 사마온의 아이디어에 깊이 공감했다.

마닐라재배키트는 문을 열자마자 누구나 접근 가능하고 손쉽게 기를 수 있는 유기농 식물 재배 키트를 개발하고자 박차를 가했다. 당시 제품의 목표는 식물을 처음 기르는 초보자들에게도 '실패 없는 첫 재배 경험'을 선사하는 것이었다.

끊임없는 연구 개발과 고객들로부터 받은 피드백을 바탕으로 마닐라재배키트는 수천, 수만 번의 실험을 계속한 끝에 2015년 3월 첫 번째 프로토타입을 완성했다. 사마온은 씨앗을 심은 넷째 날 화분에서 바질의 싹이 올라온 것을 직접 확인하고 감격의 탄성을 질렀다고 한다. 이후 마닐라재배키트는 식물부터 모든 구성품을 직접 디자인해 소비자용 키트를 출시했다.

씨앗부터 수확까지,
하나의 상자에 모든 구성품을 담아

마닐라재배키트의 식물 재배 키트는 말 그대로 식물을 키울 수 있는 재료 또는 구성 요소를 세트로 구성해 판매한다. 손수 제품을 만든 창업자들은 이를 'Plant in a Box(박스에 심는 식물)' 혹은 'A Gifts that Grows(자라는 선물)'라고 부르기도 한다.

이 자라는 선물의 구성품을 살펴보면 씨앗, 영양이 고루 섞인 흙, 코코넛 껍질 화분, 사용 설명서, 비료와 식물 표식 스틱 등이다. 별도의 준비물이 필요하지 않도록 식물이 자라는 전 단계에 걸친 구성품이 포함돼 있다. 키트 구입비용은 99페소(약 2,200원)에서 649페소(약 1만 5,000원) 사이다.

현재 제품의 종류는 총 세 가지다. 분갈이 없이 그대로 심을 수 있는 묘목 키트 Seedling Kits, 옮기지 않고 원래 화분 그대로 재배까지 가능한 재배 키트 Grow Kits, 소스류·샐러드·피자에 들어가는 여러 가지 채소 또는 꽃을 기를 수 있는 가든 키트 Garden Kits가 있다. 조만간 나무와 버섯 키트까지 출시할 계획이다.

식물 재배 키트 예시

제품 이미지			
제품명	Seedling Kits	Grow Kits	Garden Kits
가격	99페소	180페소	649페소
내용	코코넛 껍질 화분 자체로 분갈이 없이 그대로 화분에 심을 수 있는 묘목 키트	씨앗 발아에서 재배까지 가능한 재배 키트	특정 음식에 들어가는 식물 또는 꽃 4종을 한 번에 기를 수 있는 가든 키트

아이들과 함께 식물을 키워야 하는 이유

창업자이자 대표인 사마온은 부모들에게 자녀와 함께 식물을 기르는 것을 적극 추천한다.

식물과 함께하는 일상은 삶을 행복하고 풍부하게 만든다. 공기 정화는 물론 스트레스 완화, 인지 기능 향상에도 도움을 줘 집중력과 창의력을 높인다. 더불어 식탁을 풍성하게 하고 건강과 재미를 더해주므로 자라나는 아이들에게 좋은 역할을 하는 것은 당연하다.

식물의 또 다른 장점은 '알레르기에서 자유롭다'는 점이다. 아이들은 자라나는 생명을 무척 좋아한다. 동물 또는 식물과 함께 성장하면 정서 발달에 도움이 된다는 연구 결과는 셀 수 없이 많다. 하지만 동물을 키우는 것은 알레르기나 물림 사고 등 문제를 일으킬 수 있다. 이에 비해 식물은 아이들에게도 안전하다.

씨앗이 발아돼 새싹이 자라고 새 생명이 자라나는 모습은 아이들의 창의력과 상상력, 관찰력 등을 키워주는 효과도 있다. 부모님과 함께 하며 유대감을 형성하는 데도 더할 나위 없이 좋다.

마닐라재배키트는 'Fight for Jamin Wheatgrass Kit'와 같은 제품을 개발, 판매하기도 한다. 키트 판매금으로 어려운 이웃을 돕기 위해서다. 밀싹 씨앗을 키우는 이 키트의 수익금은 어린이 암 환우^{Jamin}를 돕는 데 쓰인다.

97% 재활용이 가능한 친환경과 유기농으로 차별화

사실 필리핀뿐 아니라 한국에서도 식물 재배 키트를 생산하는 업체는 무수히 많다. 하지만 마닐라재배키트는 자신들이 다른 업체와는 다르다고 이야기하며, '친환경 그리고 유기농' 제품의 판매가 가장 큰 차별점이라고 강조한다.

엄밀히 말해 유기농 재배란 합성 비료 또는 살충제를 사용하지 않는 것을 뜻한다. 그러나 많은 업체가 겉으로는 '유기농 식물 재배 키트를 제공한다'고 하지만, 실질적으로 내용품을 살펴보면 키트를 이루는 여러 가지 구성 요소들이 그 기준을 통과하지 못한다.

특히 문제가 되는 것은 유전자 변형 생물 씨앗이나 토양을 담는 화분이다. 많은 업체들이 씨앗의 출처에 대해서는 제대로 공개하지 않아 유기농인지 아닌지 구별할 수 없다. 보통 유기농 씨앗은 유전자 변형 생물 씨앗에 비해 발아율이 낮고, 발아한다고 해도 해충에 취약한 어려움이 있다. 이런 특성 때문에 업체들은 유기농 씨앗 선택을 매우 망설인다.

이에 반해 마닐라재배키트는 유기농 재배 방식을 채택하고 모든 구성품을 친환경 제품, 유기농 생장 기법으로 구성한다. 소비자에게도 '안심하고 재배할 수 있는 제품'으로 기억되길 바라며, 친환경 그리고 유기농 제품을 만들기 위해 적극적으로 노력한다. 대표적으로 모든 구성 요소를 필리핀 현지에서 공급받는데, 문제가 되는 화분은 코코넛 껍질을 활용하고 비료는 맞춤 제작을 한다. 식물의 씨앗까지도 유기농으로 직접 구해 사용한다. 철저하게 친환경적인 제품을 준비하기 때문에 수확하는 야채나 과일 역시 인체에 무해한 것들로 얻을 수 있다.

다만 마닐라재배키트에서도 해결하지 못한 부분이 있는데, 바로 씨앗을 담는 지퍼백이다. 사마온은 "씨앗은 외부 공기를 차단하고 오염으로부터 보호돼야 하는데, 현재로서는 지퍼백이 가장 안전한 제품"이라고 지퍼백 사용 이유를 설명했다. 덕분에 구성 키트는 100%가 아닌 97%의 재활용률을 보인다. 하지만 100% 친환경을 추구하는 마닐라재배키트는 앞으로 다른 대안을 찾기 위한 연구 개발에 매달릴 계획이다.

국내 식물 키트 시장도 활성화 전망

마닐라재배키트의 매출은 지속적인 상승세를 보인다. 2020년 상반기에 이미 2019년 매출의 2배 이상을 달성했다. 아직은 개인이 주 고객이지만, 5년 후에는 필리핀 고등교육위원회와 협업해 도심 속 학생들에게 재배 키트를 보급한다는 목표도 세웠다. 자라나는 학생들에게 자연과 농업의 위대함을 전파하기 위해서다. 또한 필리핀을 넘어 해외 진출도 생각하고 있다.

필리핀의 경우 정부에서 도시텃밭 조성 및 정원 가꾸기 정책을 실시한다. 생활 수준이 높아지면서 안전하고 신선한 먹거리에 대한 관심도 높아져 가드닝Gardening 시장 규모도 계속 커질 것으로 보인다. 유로모니터에 따르면 2019년 아시아태평양 기드닝 시장이 전년 대비 4% 커진 데 비해, 필리핀 시장은 6% 이상 급성장했으며 2024년까지 연평균 7% 이상 성장할 것으로 예측된다. 이런 상황에서 다양한 식물에 쉽게 접근할 수 있는 마닐라재배키트는 도시인에게 자연의 소중함을 일깨우고, 농업의 중요성과 재미를 전파하는 도구로 사랑받을 것으로 보인다.

한국의 경우도 식물 재배 키트 시장이 조금씩 성장하고 있다. '수경재배식물 DIY'나 '흙도 물도 없는 초간단 가정용 식물 재배 키트' 등이 스타트업 중심으로 만들어졌다. 최근에는 펫플랜트pet+plant, 플랜테리어plant+interior와 같이 반려식물에 대한 관심이 높아졌다. 코로나19로 집안에서 보내는 시간이 늘어나면서 한 온라인 쇼핑몰의 식물 판매는 전년 대비 96%나 늘었다고 한다.

전 세계적으로 안전한 먹거리 확보, 도시농부 등이 주요 키워드가 되고 있다. 포스트 코로나 시대에도 현대인의 무력감과 고립감을 해소하기 위한 여가 시장은 더욱 커질 것이다. 마닐라재배키트가 됐든 DIY 식물 재배가 됐든 이를 활용하는 '식물과 함께하는 사람'은 점점 더 많아질 것으로 예측된다.

"변화를 심어, 변화를 보다 Seed the difference, see the difference."

국내에서 식물 재배 키트 사업을 고려하는 스타트업이라면 이런 캐치프레이즈를 생각해 보는 것은 어떨까? 마닐라재배키트가 친환경으로 차별화를 이룬 것처럼 색다른 구성의 식물 재배 키트가 등장한다면, 조금씩 성장하는 국내 가드닝 시장에서도 큰 호응을 얻을 수 있을 것이다.

임현규(마닐라 무역관)

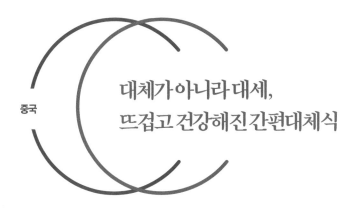

대체가 아니라 대세,
뜨겁고 건강해진 간편대체식

중국

중국의 전통적인 식사 문화는 많은 사람들이 모여 시끌벅적하게 음식을 나누는 것이다. 그러나 코로나19 이후 외부 활동을 자제하면서 회식이나 비즈니스 연회가 급격하게 줄었다. 도시 근로자나 젊은 사람들 사이에 1인 식사(혼밥)를 즐기는 것은 이제 흔한 일이 됐다.

또한 몇 년간의 홈코노미 발전 추세가 더해져, 다양한 간편대체식은 등장과 동시에 호황기에 들어갔다. 우리는 보통 전자레인지나 뜨거운 물에 데워 먹는 것이 익숙하다. 그러나 중국에서는 최근 전기나 가스에 의존하지 않고 자체 포장된 발열체를 이용한 발열식품(自熱食品)부터 다이어트 등 건강을 생각하는 간편식까지 다양한 제품이 눈길을 끌

고 있다. 코로나19로 더욱 인기몰이 중인 중국의 간편대체식 시장을
살펴보자.

훠궈 제품을 시작으로 커진
발열식품 시장

중국 젊은 세대에게도 식당에서 혼자 밥을 먹는 것은 부담스러운
일이다. 이런 중국의 젊은 세대들이 즐기는 간편대체식 중 대표적인
것이 발열식품이다. 중국에서 새로운 히트 상품으로 부상한 발열식품
은 간편하게 생수를 붓고 몇 분만 기다리면 원하는 음식을 따뜻한 상
태로 즐길 수 있어, 혼밥족뿐 아니라 야외 활동, 캠핑을 즐기는 사람들
의 마음까지 사로잡았다. 판매되는 제품도 밥과 국수, 훠궈, 바비큐에
이르기까지 종류가 다양하다.

중국의 발열식품은 2013년경 도입됐으나 2016년 하반기 발열훠궈
제품이 온라인몰에 등장하면서 판매에 불이 붙었다. 2017년부터 2019
년까지 꾸준한 성장을 이어가 2019년 발열식품 규모는 35억 위안(약
6,100억 원)으로 커졌다. 업계에서는 코로나19 사태로 급격한 증가세를
보였기 때문에 2020년 발열식품 시장이 42억 위안(약 7,300억 원) 규모로
커질 것으로 전망한다.

2019년 티몰Tmall 통계에 따르면 발열식품의 주 고객은 대학생, 사

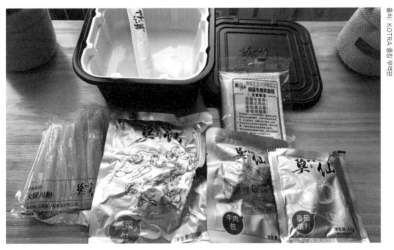

출처: KOTRA 충칭 무역관

발열도시락 사진

발열바비큐 사진

발열훠궈 사진

회 초년생 등 젊은 층(18~29세)이 전체의 67.3%를 차지한다. 유통 경로도 온·오프라인을 가리지 않는다. 알리바바Alibaba 보고서에 따르면 2019년 간편식품 Top 10 인기 상품 중 발열훠궈 제품이 6개나 올라와 있다. 발열훠궈 제품이 발열식품 시장, 나아가 간편식품 시장의 대세로 자리매김한 상황이다.

발열훠궈 가격은 1인분 기준 30~40위안(약 5,000~7,000원)이다. 맛은 마라맛, 매콤시큼맛, 토마토맛, 삼선해물맛 등이 있으며 약 15분의 조리 시간이 필요하다.

발열도시락은 쌀밥과 중국 요리를 함께 먹을 수 있어 식사 대용으로 인기가 많다. 평균 15~20위안이며, 쓰촨 요리가 주를 이루지만 종류가 수십 가지에 달해 소비자들의 기호를 충실히 반영한다. 야식 또는 안주거리로 활용할 수 있는 발열바비큐는 평균 20위안이며, 마라맛 제품이 가장 인기가 높다.

발열식품 종류

종류	가격	온도	맛 종류	조리 시간
발열훠궈	30~40위안	55~70도	마라맛, 매콤시큼맛, 토마토맛, 삼선해물맛	15분
발열도시락	15~20위안	55~70도	쓰촨 요리, 광둥 요리 등	12분
발열바비큐	20위안	55~70도	충칭 마라맛, 쓰촨 마라맛 등	10분

키트 전성시대

발열식품이 중국인을 사로잡은 비결은 두 가지다. 먼저 중국 직장인들은 코로나19 이전부터 사무실에서 점심 식사를 하는 것이 일반적이었다. 집에서 도시락을 준비해 오거나 간편식을 전자레인지에 데워 먹는 경우가 많았다. 최근 다양한 발열식품이 출시되면서 전자레인지 사용을 위해 기다릴 필요가 없다는 장점이 중국 직장인들의 마음을 끌어당겼다. 두 번째로 중국에서 최근 유행한 '먹방(먹는 방송)' 역시 새로운 제품을 경험해 보려는 젊은이들의 소비 욕구를 이끌어냈다. 타오바오Taobao 왕훙(온라인상의 유명 인사, 50만 명 이상 구독자를 보유한 파워블로거) 생방송과 연계한 발열식품 마케팅 열풍이 일자 1990~2000년 이후 출생한 젊은 세대들은 새로운 발열식품 체험 후기와 평가를 SNS에 광범위하게 공유했다. 발열식품 전체 소비자 가운데 50%가 대학생과 직장인이라는 점은 이런 요인을 반영한 결과라 할 수 있다.

간편해서 간편식? 이제 건강까지 챙긴다

중국의 간편식은 일상 식품과 기능성 식품 2가지 범주로 나뉜다. 일상 식품은 곡물, 시리얼 등 인지도가 높은 대체식품이다. 기능성 식품은 다이어트, 체중 관리 등 기능적 수요를 목적으로 세분화된다. 단백질 셰이크, 저지방 쿠키, 에너지 스틱 등이 인기를 끄는데 모두 칼로리가 낮고 포만감이 크다는 특징이 있다.

출처: KOTRA 난징 무역관

중국에서 인기 있는 건강 간편식

2019년 중국의 비만 인구가 2억 5,000만 명을 넘어서면서 건강 문제는 사회적 관심사가 됐다. 이를 계기로 간편식의 수요도 늘어났다. 대체식품의 개념도 단순한 '식사 대체'에서 과학적인 다이어트, 체중 관리, 영양 보충 등으로 점차 확대되고 있다.

현재 중국에서 가장 인기가 많은 간편식 브랜드는 왕바오바오(王饱饱)로, 2018년 출시된 이래 고섬유질, 무설탕을 강조한 시리얼 제품이 주를 이룬다. 특히 기존 시리얼과 달리 저온 베이킹 방식으로 원재료의 맛을 살리면서도 당도는 낮추고 말린 과일, 견과류 등의 토핑을 추가해 '맛있는 건강식' 이미지로 소비자에게 어필한다.

타오바오가 있는 항저우에서 설립된 회사답게 온라인으로만 판매·마케팅을 진행하고 있으나 그 파급력은 실로 폭발적이다. 2019년 '중국의 블랙 프라이데이'로 유명한 쌍스이(11.11) 행사 시작 69분 만에 티몰 기준 1,000만 위안(약 17억 원)의 판매량을 돌파하는 기염을 토했으며, 2020년 진행된 '6.18 세일' 행사에서도 시리얼 부문 판매 1위를 차지했다. 2020년 상반기 매출은 이미 2019년 전체 매출을 훌쩍 뛰어넘었으며, 현재의 기세로 볼 때 앞으로도 계속 승승장구할 것으로 예상된다.

왕바오바오를 만든 야오징(姚婧)은 "왕바오바오는 2020년 월평균 판매량이 최초 출시 당시와 비교하면 20~30배 가까이 성장했다. 이런 실적을 바탕으로 조만간 오프라인 매장도 열 계획"이라고 밝혔다.

2006년 8월에 설립된 후 이미 중국 내 약 2,400개의 오프라인 매장을 운영 중이던 유명 간식 브랜드 BESTORE(良品铺子)(량핀푸즈)는 2020년 간편대체식 서브 브랜드인 BESTGYM(良品飞扬)(량핀페이양)을 출시하며 시장에 뛰어들었다. 브랜드명에 'GYM'이 들어간 이유를 설명이라도 하듯, 소비자 개개인의 운동량과 칼로리에 맞게 단계별로 라이트 칼로리 라인(라이트 카본, 저지방), 컨트롤 라인(무당, 일반 다이어트, 칼로리 연소), S 라인(체지방 관리) 3가지로 제품을 구분해 선택지를 넓혔다. 현재까지 BESTGYM은 단백질 셰

출처: KOTRA 난닝 무역관

량핀푸즈의 간편대체식 상품들

이크, 저지방 쿠키, 견과류 스틱, 저지방 닭가슴살 등 20여 종의 제품을 출시해 판매 중이다. 또한 주 타깃층인 20대 초중반 여성을 위한 심플하면서도 고급스러운 파스텔톤 컬러의 포장을 선택해 브랜드 이미지를 한층 끌어올렸다.

BESTORE는 기존에 보유한 오프라인 매장과 온라인 커머스 등 다양한 방식으로 활발하게 마케팅을 진행하고 있어 브랜드 인지도가 굉장히 높으며 특히 운동, 다이어트에 관심이 많은 젊은 여성들 사이에서 인기가 높다. 2020년 8월 17일 BESTORE의 최고경영자^{CEO} 양인펀(楊銀芬)은 간편대체식 브랜드의 단기 매출 목표를 10억 위안^(약 1,700억 원)으로 설정하는 포부를 밝혔다.

유명 식품 회사 네슬레^{Nestlé}도 중국의 간편대체식 시장에 본격적으

출처: KOTRA 난징 무역관

네스큐노의 간편대체식 상품들

로 뛰어들었다. 현재 중국에서 네스큐노 NesQino, 빌드유 Build U, 옵티파스트 OPTIFAST라는 3개의 간편대체식 브랜드를 출시했으며 그중 네스큐노는 2020년 4월부터 티몰에 독립 공식 스토어를 운영 중이다. 네스큐노는 7종의 재료 세트와 3종의 음료(밀크셰이크, 스무디, 곡물음료)를 조합해 총 21가지 맛의 대체식을 소비자 입맛에 맞게 제조할 수 있다는 점을 특징으로 내세운다. 또한 티몰과 함께 베이징의 랜드마크이자 상업지구인 솔라나 SOLANA 내 트라이브유기농 Tribe Organic 식당을 리모델링해 세계 최초로 네스큐노 스마트 푸드 체험관을 만드는 등 소비자의 까다로운 입맛을 매료시킬 만한 모든 준비를 마쳤다. 네슬레의 회장 겸 CEO인 슈나이더는 네슬레가 치열한 경쟁이 벌어지는 시장에서 살아남기 위해 중국 대체식 시장에 지속적으로 투자하고 있으며, 제품 혁신을 네슬레의 경영 핵심으로 삼아 나아가겠다고 밝혔다.

중국 간편 대체식 시장, 대세 시장이 되다

중국의 간편대체식 시장이 2019년을 기점으로 선풍적인 인기를 끌게 된 데는 온라인 커머스의 역할이 상당 부분을 차지한다. 대표 브랜드인 왕바오바오의 경우, 현재까지 약 200명이 넘는 인기 왕훙들과 컬래버레이션을 진행했으며, 특히 웨이보에서만 4,000만 명이 넘는 팔로어를 보유한 류타오(刘涛)와의 협업이 많은 역할을 했다. 또한 웨이신,

틱톡, 샤오훙수 등 중국 내 대표적인 플랫폼을 통한 지속적인 마케팅과 최근 들어 높아진 건강한 삶에 대한 인식, 1인 가구의 증가, 영원한 화두인 다이어트, 올해 발생한 코로나19 사태까지 다양한 요소가 결합돼 현재의 간편대체식 인기가 이어지고 있는 것으로 보인다.

코로나19 이후 한국에도
발열식품 · 간편식 시장 열릴까?

그렇다면 한국에도 중국과 같은 간편대체식 시장이 활짝 열릴 수 있을까? 집집마다 가정간편식HMR, Home Meal Replacement을 소비하는 비중이 늘어나고 있다. 한국농수산식품유통공사aT의 '가공식품 세분 시장 현황 보고서'에 따르면 HMR 시장은 2019년 4조 원에 육박했고, 2022년에는 5조 원을 넘을 것으로 예상된다. 그러나 한국의 간편대체식은 아직까지 전자레인지를 활용해야 하는 완제품 형태가 대부분이다.

중국과 같은 발열간편식이나 다이어트, 영양 보충용 간편식은 아직은 대중화되지 않았다고 할 수 있다. 한국에서 발열간편식은 캠핑용이나 야외 활동용 식품으로 주로 소개되고 소비된다. 제품 종류도 다양하지 않고 홍보 활동 역시 전무한 상황이다. 다이어트용 에너지바도 인기 제품으로 등극하지는 못한다. 하지만 건강은 언제나 중요한 이슈이므로 건강을 챙겨주는 우수한 제품이 소개된다면 소비자들은 기꺼이 지갑을 열 것이다.

중국처럼 발열식품과 간편식이 유행하려면 우선 '뛰어난 제품'이 나와야 할 것이다. 반짝 유행이 아니라 하나의 트렌드로 이어가려면 틈새 시장을 블루오션 정도로 키울 수 있는 기업이 반드시 필요하다. 시장 초기의 리스크를 감당하고 큰 수확을 거두고자 하는 스타트업의 등장을 기대해 본다.

송호종(충칭 무역관), **왕레이**(난징 무역관)

버추얼 커넥터
—— Virtual Connector ——

| 세상과 나를 연결해주는 새로운 길 |

현실을 더욱 현실적으로 느끼게 해주다. VR과 AR이 우리 삶에 접목한 순간이다. 장기간 병원에 입원해야 하는 친구를 학교에 갈 수 있게 해주고, 부득이한 사정으로 참석할 수 없는 결혼식장에도 VR 로봇을 통해 참석한다. 내가 먹을 고기, 채소, 꿀을 위해 VR로 직접 소를 키우고 나무를 심고 양봉을 한다. VR은 미지의 삶을 체험하게 하는 것이 아니라 내가 살아가고 있는 현실을 더욱 리얼하고 충실히 느끼게 해준다. 우리의 삶을 연결해주는 것, 2021년 버추얼 커넥터의 힘이 더욱 기대된다.

가상현실 기술로 가까워진
병실 밖 세상

재택근무가 몇 달째 이어지고 있다. 암스테르담의 사무실로 출퇴근하던 율리아는 정부 권고에 따라 3월 중순부터 집에서 업무를 보고 있다. 지난 2020년 2월 말 네덜란드 남부 지방에서 이탈리아로 출장을 다녀온 사람이 처음 코로나 확진을 받았다는 뉴스를 접할 때만 해도 상황이 이렇게 심각하게 발전할 줄은 몰랐다. 2020년 8월 네덜란드의 코로나 총 확진자 수는 6만 6,000명을 넘어섰다. 사망률은 9.3%에 이른다.

이웃나라 이탈리아와 스페인에서는 소중한 사람의 마지막 모습도 보지 못한 채 서둘러 떠나보낸다고 한다. 상황이 이러하니 율리아도 양로원에 계신 할머니가 더욱 걱정이다. 언제 돌아가실지 모를 할머니를 만나러 갈 수 없다는 것이 걱정되고 답답하다. 집에서 고립된 채 사랑하는 가족이나 친구를 떠나보내게 되는 것은 아닌가 마음이 쓸쓸하다.

남편에게 하소연을 하던 율리아는 "다른 해결책이 있을 것"이라는 이야기를 들었다. 남편은 현실의 어려움을 극복하려는 기업들이 있다며 '브렌드VRiend'라는 로봇을 소개했다. 네덜란드어로 '친구'를 뜻하는 브렌드는 가상현실 세계로 안내하는 친구 역할을 하는 로봇이다. 율리아는 브렌드를 통해 양로원에 계신 할머니를 뵐 수 있겠다는 생각으로 울적한 마음을 털어내 본다.

소외된 병실 환자들을 위로하는 가상현실 기술 '브렌드'

호러스Horus VR Experience는 네덜란드의 VR 기술 전문 회사다. VR 기술을 실생활에서 활용하도록 돕는데 특히 2년 전 병원에 입원한 환자들과 지인들을 연결해주는 브렌드 로봇을 세상에 소개했다.

호러스의 대표 제품이기도 한 브렌드는 VR 안경과 한 세트를 이룬다. 브렌드는 마치 아이들이 가지고 노는 캐릭터 장난감 인형처럼 생겼는데 360도 VR 카메라와 마이크가 내장돼 있다. 자체 실시간 스트리밍 플랫폼과 폐쇄 보안 시스템도 구비했다.

브렌드는 와이파이나 4G 환경이 갖춰진 곳이라면 어디서든 사용할 수 있다. IT 지식이 거의 없는 어린아이와 노인도 쉽게 사용할 수 있도

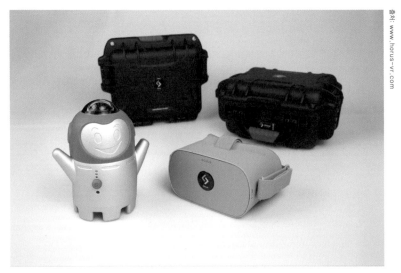

브렌드 제품 모습

브렌드 홈페이지

록 고안됐다. 20cm보다 작은 크기로 어디든 데리고 다닐 수 있는 것도 장점이다.

사용자는 VR 안경을 통해 브렌드가 있는 물리적 공간을 체험할 수 있다. 또한 브렌드의 움직임을 시선으로 제어할 수 있어, 브렌드가 있는 공간에 사용자도 있는 듯한 느낌을 받는다. 브렌드의 머리에 장착된 360도 회전 카메라로 다양한 각도를 볼 수 있고, 브렌드의 바퀴를 통해 원하는 곳으로 움직일 수도 있다.

실시간으로 전달되는 영상은 소리도 포함한다. 브렌드가 있는 곳에서 들리는 주변 소리와 사람의 목소리도 들을 수 있다. 호러스는 브렌드의 사용 사례를 한 장의 사진으로 표현한다. 아빠는 아이의 방에서 브렌드를 앞에 둔 채 책을 읽고 있고, 아이는 병원에서 VR 안경으로 아빠가 들려주는 동화책을 감상하는 모습이다.

호러스는 브렌드가 주요 감각 기관과 신체를 대신해 보고 듣고 움직여준다는 점에서 일반적인 장치의 비디오 영상을 보는 것과 확연한 차이가 있다고 설명한다. 사용자는 브렌드가 제시하는 영상을 실시간으로 스트리밍할 수도 있고, 원한다면 녹화도 가능하다.

出処: www.horus-vr.com

브렌드로 소통하는 부모와 아이

브랜드는 어찌 보면 병원에 갇혀 있어야만 하는 환자에게 병실 밖 공간에서 일어나는 일들을 실시간으로 체험하게 해주는 단순한 제품이지만, 신체적 한계가 뚜렷하고 감정적 지지가 필요한 환자들에게 브랜드가 해주는 서비스는 절대 사소한 것이 아니다.

환자가 필요한 곳에 "어디든 달려갑니다"

브랜드의 활용 범위는 단순히 외로움 해결에 머무르지 않는다. 병실에 있는 환자들에게도 인생의 중요한 순간이 찾아온다. 환자들은 마음대로 바깥출입을 할 수 없기 때문에 마음고생이 심하다. 브랜드는 이들을 위해 외출에 나서기도 한다. 아이들의 경우 오랜 병원 생활은 친구들과 소원해지고 학업에 뒤처지는 원인이 되기도 한다. 하지만 브랜드가 있으면 '잃어버리는 시간'을 최소한으로 줄일 수 있다. 브랜드는 아픈 아이를 대신해 교실에 출석해서 실시간으로 선생님, 친구들과 소통하며 수업에 참여한다.

또한 브랜드는 네덜란드 청소년 단체인 앰비크Ambiq와 협력해 학교에 갈 수 없는 학생들을 돕고 있다. 호러스는 브랜드가 학업 부진 문제 해결에 도움을 주고, 특히 퇴원 후 학생들이 새로운 환경에 적응해가는 데 큰 역할을 한다고 전했다.

그뿐 아니라 브랜드는 환자의 안타까운 사연을 해결하는 해결사로 활동한 적도 있다. 보르흐르크 크럭은 얼마 전 화상으로 다리를 크게 다쳤다. 갑작스레 병원 신세를 지게 됐지만 크럭은 건강보다 딸의 결혼식이 더 큰 걱정거리로 다가왔다. 딸이 아버지 없이 결혼식을 치르게 되는 것에 몹시 마음이 아팠다.

　사연을 들은 네덜란드화상재단The Dutch Burns Foundation은 크럭과 가족들에게 잊지 못할 추억을 기획했다. 결혼식에서 브렌드를 맨 앞줄 혼주 자리에 놓아 아버지의 자리를 대신한 것이다. 크럭은 마치 진짜 혼주 자리에 앉은 것처럼 생생하게 딸의 결혼식을 감상할 수 있었다. 이 독특한 결혼식 체험은 주요 네덜란드 언론의 주목을 받아 일간지를 장식했다.

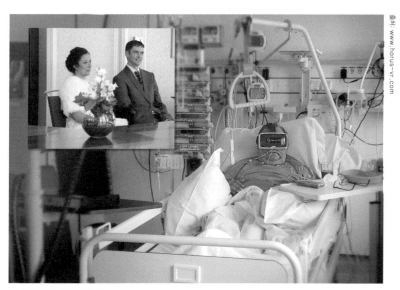

출처: www.horus-vr.com

병실에서 보는 딸의 결혼식

가상현실 체험의 무한 확장

호러스는 로봇 형태인 브렌드뿐 아니라 병원 안팎에서 VR 체험을 확장시켜 나갈 수 있는 다양한 콘텐츠를 선보였다. 병원에 있는 아이들의 재활 치료, 심리 안정, 교육을 도와주는 콘텐츠는 물론 자전거 운동 기구에 VR 시뮬레이션 콘텐츠를 접목하기도 했다.

VR 매시 VR macy는 다양한 VR 상황을 제공한다. 예를 들어 아이들은 VR 속 동물원에서 동물들과 교감하거나 수중 세계를 탐험할 수도 있다. 환자들이 가상세계에 집중하게 만들어 진정제를 맞지 않더라도 신경이 분산돼 치료나 검사 과정에서 오는 심리적 두려움과 신체적 고통을 줄일 수 있게 해준다. 화상 치료 환자들에게 차갑고 시원한 영상을 보여주는 것도 한 예다. 호러스는 치료를 접목한 VR 활용에 대한 연구

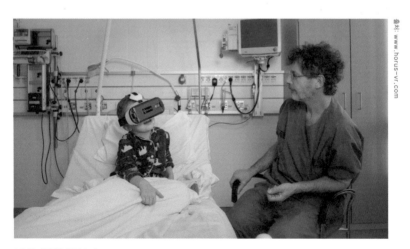

출처: www.horus-vr.com

VR을 활용한 치료 모습

버추얼 커넥터

결과도 쌓아가고 있다.

VR 라이드 VRide는 의료 목적의 VR 자전거 시뮬레이터다. 자전거 운동 기구에 VR 시뮬레이션 콘텐츠를 접목해 환자에게 운동하고 싶은 동기를 부여한다. 자전거를 타며 즐길 수 있는 네덜란드의 멋진 풍광을 360도로 제공한다. 환자는 자신이 페달을 밟는 속도에 따라 스피드를 즐길 수 있고 오르락내리락하는 실제 경험도 할 수 있다.

이 밖에도 가상현실 기술은 원하는 곳, 필요한 것을 체험할 수 있도록 지평을 무한히 확장해 나가고 있다.

호러스는 최근 네덜란드 최대 장례 업체인 야르든 Yarden과 협력해 VR을 활용한 장례식을 진행하고 있다. 2020년에만 이미 130회 이상의 장례식이 진행됐고 앞으로도 이런 서비스에 대한 수요는 계속 증가할 것으로 보인다. 코로나 시대를 살아가는 이들에게 비대면으로 공유하

출처: www.horus-vr.com

VR 장례식 참석 모습

고 공감하는 현장은 더 많아질 것이므로, 호러스의 활동 범위도 보다 늘어날 전망이다.

호러스는 가상현실 기술을 적용하고 콘텐츠를 다양화하는 과정에서 네덜란드를 비롯해 이웃한 벨기에, 독일, 북미의 미국, 캐나다 등의 수많은 병원, 의료·교육·공공 기관, 기업들과 적극적으로 협력해 나가고 있다. 최근에는 네덜란드 주요 통신사인 티모바일T-Mobile이 꼽은 유망 5G 기술 기업으로 선정되면서, 스타트업 육성 프로그램인 미래 실험실Future Lab을 통해 기술 협력과 소비자 사용 의견 조사 등을 진행하게 됐다.

팬데믹 이후의 언택트 디지털 콘텐츠 시장

유례없는 팬데믹을 겪으며 전 세계 언택트 디지털 콘텐츠 시장은 예상보다 빠르게 성장 동력을 확보하고 있다. 2020년 전 세계 VR과 AR 콘텐츠 시장은 전년 대비 80%가량 성장해 188억 달러(약 22조 원) 규모에 이를 것으로 보인다. 주요국의 정부와 기업은 디지털 콘텐츠 개발과 함께 네트워크 고도화에 힘쓰고 있다.

네덜란드 역시 새로운 시대를 열심히 준비 중이다. 네덜란드 북부의 흐로닝언 지역은 '5Groningen'이라는 별칭으로 불리기도 한다. 지역 경제위원회Economic Board Groningen가 조성한 5G 기술을 시험하는 시범

5Groningen 모습

도시 Testing Ground로 지정됐기 때문이다. 흐로닝언의 기업, 스타트업, 비영리 기관, 전문가들은 머리를 맞대고 헬스케어, 에너지, 교통, 물류, 농업 등 다양한 분야에 실험적인 기술들을 적용해 나가고 있다. 이곳에서는 같은 문제를 고민하는 기업들이 함께 시행착오를 겪고 경험을 공유하며 시너지를 발휘할 수 있다.

IT 산업의 중심에 있는 한국의 모습은?

한국은 2018년 평창올림픽을 계기로 5G 시대가 도래했고, VR과 AR에서도 많은 성과를 보여주고 있다. 2017년 국내 VR과 AR 시장 규모는 하드웨어와 콘텐츠 포함 1조 9,000억 원 수준에서 2020년에는 5조 7,000억 원으로 성장할 것으로 보인다. 산업별로 VR은 게임·하드웨어·위치 기반 서비스 산업에서, AR은 전자상거래·하드웨어·광고 산업에서의 활용이 돋보인다. PC방처럼 VR 게임을 즐길 수 있는 VR방도 서울 시내에서 어렵지 않게 찾아볼 수 있다.

코로나19는 VR과 AR 산업의 성장을 촉진하는 계기가 될 것이다. 국가 간 이동조차 자유롭지 못한 요즘, 나 대신 해외여행을 다니고 멀리 떨어져 지내는 가족과 쇼핑몰을 함께 둘러보고 다니며 어울리는 옷을 골라주는 VR 콘텐츠의 탄생이 머지않은 것 같다. 우리나라가 전 세계 기업의 5G 기술과 콘텐츠 개발 선도 지역이자 테스트 베드 지역으로 성장해 나갈 수 있기를 기대한다.

이혜수(암스테르담 무역관)

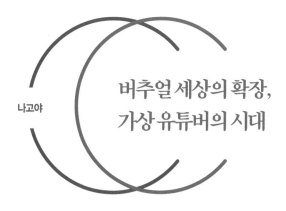

버추얼 세상의 확장, 가상 유튜버의 시대

키는 156cm, 몸무게는 46kg. 2016년 유튜브 채널을 만든 한 소녀가 소개한 자신의 신체 정보다. 생일은 6월 30일, 이름은 키즈나 아이 Kizuna AI. 그녀가 만든 채널의 구독자는 300만 명을 넘어선다. 일본에서 26번째로 구독자 수가 많은 유튜브 채널을 운영하고 있다. 주로 게임 방송을 업로드하고 일상이나 만화를 소개하는 등 다양한 콘텐츠를 선보이며 인기를 끌었다. 그런데 그녀에게는 여느 유튜버와는 다른 특징이 하나 있다. 바로 '인간이 아니라는 점'이다.

일본의 유튜버이자 브이튜버('Virtual Youtuber'의 줄임말로, 가상 캐릭터를 이용해 유튜브 동영상을 만드는 이를 지칭함)인 키즈나 아이의 인기는 상상을 초월한다.

데뷔 싱글을 발매하자마자 음원 차트를 석권하고, 그해 연말에는 도쿄와 오사카에서 단독 라이브 콘서트를 개최했다. 이미 톱스타 반열에 오른 그녀는 일본정부관광국과 '2019 도쿄 모터쇼'의 홍보대사를 역임하고, 닛신식품 NISSIN과 같은 대기업의 TV 광고 모델로 활약하기도 했다.

일본에는 그녀와 같은 브이튜버가 1만 명이 넘는다. 우리에게는 아직 낯선 현상이지만, 가상공간에 대한 거부감이 줄어들고 사생활을 공개하지 않으면서 대중을 만나고 싶은 이들이 늘어난다면 곧 우리에게도 나타날 수 있는 현상이다. 미래를 먼저 경험하고 있는 일본의 상황과 브이튜버의 활동상을 알아보자.

가상공간 속에 사는 연예인 '브이튜버'

키즈나 아이는 가상현실 속에서만 존재하는 2D 아바타다. 그러나 보통의 연예인에게 매니저와 소속사가 있는 것과 같이 그녀에게도 소속사가 있다. 액티브에잇 Activ8은 CG Computer Graphics를 통해 키즈나 아이를 창조하고, 모션 캡처 기술을 이용해 움직임과 표정을 재현함으로써 숨결을 불어넣었다.

브이튜버의 원조라고 불리는 키즈나 아이의 인지도가 높아지면서 2018년부터 일본에서는 가상 유튜버 시대가 본격적으로 열렸다. 빅데이터 기업 유저로컬 User Local의 조사에 의하면 2018년 3월 1,000명에

키즈나 아이의 동영상을 보는 모습

불과했던 브이튜버는 2020년 초 1만 명까지 폭발적으로 증가했다.

브이튜버의 동영상에는 실제 사람은 등장하지 않지만, 콘텐츠 내용은 일반적인 유튜버와 동일하다. 노래와 춤 등 장기를 선보이거나 컴퓨터 게임을 하는 모습을 생중계한다. 소소한 일상생활을 공유하는 것도 유사하다.

벤처캐피털이나 게임 회사들은 브이튜버의 성장 가능성을 보고 스타트업에 대거 투자하고 있는데, 이로써 브이튜버 내에서도 경쟁이 더욱 치열해졌다. 캐릭터를 제작·관리하거나 이들의 활동 플랫폼을 제공하는 주요 스타트업의 자금 조달액은 이미 100억 엔(약 1,120억 원)을 초과했다.

키즈나 아이를 만들어낸 액티브에잇은 키즈나 아이를 포함해 약 50

명의 브이튜버를 프로듀싱하고 있다. 2016년 9월에 설립된 신생 회사임에도 2020년 기준 직원 수가 100명 정도로 늘었다.

브이튜버 프로듀싱 기업의 주요 수익원은 소속된 브이튜버의 광고와 굿즈 라이선스, 이벤트 출연료 등이다. 업계 관계자에 의하면 인기 브이튜버 1명의 연 수입은 수억 엔에 달한다고 한다. 아직까지 전체 브이튜버 시장 규모에 대한 정확한 통계는 없지만, 브이튜버 스타트업 바루스Balus의 대표인 하야시 노리카즈는 "현재 브이튜버 시장은 100억 엔 규모로 보이며, 향후 수년 내에 애니메이션 시장과 맞먹는 500억 엔(약 5,600억 원) 규모로 성장할 것"이라고 예상했다.

일본 지자체나 대기업도 브이튜버에 적극적인 러브콜

브이튜버 시장의 성장 배경에는 일반 대중들 사이의 인기도 증가가 가장 큰 몫을 한다. 하지만 그게 다는 아니다. 대중에게 친숙해지면서 정보를 보다 효율적으로 전달하려는 목적으로 브이튜버를 활용하는 지자체나 대기업도 늘어나고 있다.

일례로 이바라키현의 경우 2018년 8월에 브이튜버를 공식 홍보 담당자로 '임명'하고, 현 내 관광지나 특산물 등을 소개하는 유튜브 채널을 운영하기 시작했다. 얼마 지나지 않아 해당 채널은 지자체 최초로 구독자 수 10만 명을 돌파했다. 이바라키현 측은 이를 광고 가치로 환산할 경우 2억 4,000만 엔(약 27억 원)에 이를 것이라고 발표하기도 했다.

브이튜버를 활용하는 기업들도 있다. 산토리 SUNTORY, 로토제약ROHTO 등 일본의 대기업들도 자사 제품을 홍보하고자 브이튜버 채널을 운영 중이다. TV나 신문 광고를 잘 보지 않는 젊은 소비자를 중심으로 팬층을 확대해 나가는 것이 이들의 목적이다.

지자체나 대기업에서 브이튜버 콘텐츠를 선호하는 이유는 젊은 세대의 호감을 쉽게 얻을 수 있는 데다 기존 광고 대비 제작 시간과 비용이 적게 들기 때문이기도 하다. 광고 모델이 사회적 물의를 일으키는 등의 리스크 요인도 쉽게 제거할 수 있다. 이런 장점 덕분에 인스타그램을 기반으로 활동하는 버추얼 모델 이마imma도 포르쉐재팬과 SK-2의 프로모션에 기용될 수 있었다.

최근에는 유니클로의 자매 브랜드인 GU가 2020년 봄여름 시즌 프로모션에 버추얼 모델 유YU를 기용해 화제를 일으켰다. 유는 GU가 독자적으로 창조한 전속 모델로, 158cm 키에 평범한 체형이라는 점에서 큰 주목을 받았다. GU는 무작위로 선정한 일본 여성 200명의 신체 사이즈 평균값으로 유의 체형을 디자인했다고 한다.

버추얼 모델 유는 실제 옷을 착용한 모습을 보여주는데, 소비자들은 일반인의 체형과 유사한 유를 통해 진짜로 옷을 입었을 때 옷맵시가 어떨지 쉽게 연상할 수 있다. 또한 유는 살이 쉽게 찌고 빠지는 체질이라는 추가 설정을 해서, 일반적인 모델보다 훨씬 다양한 콘셉트와 스타일을 소화할 수 있도록 했다.

'최애' 캐릭터와의 데이트에 지갑을 열다

브이튜버가 등장한 초기에 많은 이들이 이런 대유행을 기대한 것은 아니다. 오히려 다수가 반짝 유행하고 사라질 아이템이라며 냉정하게 평가했다. 브이튜버의 롱런에는 어떤 이유가 있는지 자못 궁금하다.

가장 핵심 포인트는 브이튜버가 유튜버와 애니메이션 캐릭터의 중간 지점에 위치하며 절묘한 균형 감각을 유지한다는 점이다.

브이튜버는 사람이 연기하는 것이기는 하지만 연기자의 실제 얼굴이나 목소리 등이 드러나지 않는다. 이 때문에 개인 활동자의 입장에서는 프라이버시를 지키면서도 자유로운 자기표현을 할 수 있다. 이를 활용하는 기업에서는 배우, 성우 등이 교체되더라도 브랜드 정체성을 지킬 수 있다.

한편 개성적인 성격과 성장 배경 등이 부여된다는 점에서 애니메이션 캐릭터와 공통점이 있다. 하지만 화면 너머에 살아 움직이는 배우가 존재하는 브이튜버는 애니메이션 속 주인공보다 훨씬 현실감 있고 자연스럽다.

애니메이션과의 차별화 포인트는 브이튜버가 VR, AR 등의 첨단 기술을 이용해 능수능란하게 팬들의 마음을 움직인다는 데 있다. 브이튜버를 연기하는 배우는 실시간으로 팬들과 소통할 수 있기 때문에 다양한 활동이 가능하다.

일례로 마케팅 기업인 비트스타Bit Star는 정기적으로 브이튜버와 팬들이 만날 수 있는 이벤트를 개최해 수익을 창출한다. 팬들은 전용 부스 안에서 VR 기계를 장착하고 브이튜버와 단둘이 1분가량 이야기를 나눌 수 있다. 이 이벤트는 입장료 5,000엔(약 5만 6,000원), 1회 부스 이용료 2,000엔(약 2만 2,000원)으로 운영된다. 브이튜버의 친필 사인 등 굿즈도 함께 판매하는데 1명의 팬이 방문해 평균적으로 지출하는 금액은 약 2만 엔(약 22만 원)에 달한다. 팬들은 그저 바라볼 수밖에 없는 애니메이션 캐릭터와 달리 실제 대화를 통해 교감이 가능하다는 기쁨 때문에 이벤트에 참여하는데, "꿈이 이뤄진 기분"이라며 높은 만족도를 나타낸다.

도전!
누구나 브이튜버로 데뷔할 수 있다

'그렇다면 어떻게 브이튜버로 데뷔할 수 있을까?'

수년 전에 비해 IT 기술이 발달한 요즘은 브이튜버 데뷔의 문턱도 많이 낮아졌다. 당시만 해도 브이튜버 콘텐츠를 제작하기 위해서는 거액의 초기 투자가 필요했다. 기업이 아닌 개인이 브이튜버로 활동하는 것이 어려운 수준이었다. 예를 들어, 유명 브이튜버 토키노 소라Tokino Sora의 제작 방식은 '트래커tracker'라는 장치를 시연자의 머리, 손, 허리, 발목 등에 부착하고 적외선 센서로 그 움직임을 인식하는 형태다. 초기에는 제작 장비를 모두 갖추는 데만 총 30만 엔(약 370만 원)이 소요됐다. 그러나 시간이 지나면서 장비의 가격대가 점차 낮아지고 있다.

아바타와 같은 가상 인물을 손쉽게 만들어주는 시스템의 등장도 브이튜버 콘텐츠 제작을 수월하게 해준다. 과거에는 CG에 대한 지식이나 고급 장비가 없으면 브이튜버를 만들기 어려웠다. 그러나 최근에는 이를 종합해 적용하는 프로그램이 개발됐다.

예를 들어, TV아사히 메디아플렉스mediaplex에서 개발한 '브이스테이지 V Stage'는 컨트롤러로, 그리고 '페이스브이튜버 Face VTuber'나 '페이스리그 Face Rig' 같은 안면 인식 소프트웨어는 웹 카메라만으로도 아바타의 움직임을 조작할 수 있다. 바루스는 독자적으로 개발한 브이튜버

컨트롤러로 브이튜버를 조작하는 모습

애플리케이션으로 아바타를 만드는 모습　　애플리케이션으로 라이브 방송을 하는 모습

제작 솔루션을 월 5만 엔(약 56만 원)에 이용할 수 있는 법인 대상 서비스를 개시하기도 했다.

마지막으로 브이튜버의 데뷔에 필요한 도구로 '스마트폰'을 들 수 있다. 무료 애플리케이션인 '리얼리티 REALITY'의 경우 마음에 드는 눈, 코, 입, 헤어스타일, 옷 등을 선택해 자신만의 아바타를 만들 수 있다. 그뿐 아니라 아바타를 이용해 불특정 다수를 대상으로 라이브 방송을 하거나 채팅을 할 수도 있다. 얼굴의 움직임만 인식할 수 있다는 한계는 있지만, 사용 방법이 간단해 10분 정도의 시간만 투자하면 동영상 촬영을 시작할 수 있다.

꽃피는 온라인 비즈니스, '버추얼 세상의 확장'

일본 내 브이튜버의 인기가 높아지고, 다양한 방면에서 두드러진 활약상이 나타나면서 이들을 활용한 여러 비즈니스 모델도 생겨나고 있다. 그중 하나가 가상과 현실 세계의 이벤트를 융합하려는 시도다.

플랫폼 제공 기업인 클러스터 Cluster는 2019년에 브이튜버 라이브 콘서트를 100회 이상 개최했다. VR 장비를 장착한 팬은 아바타로서 가상공간의 콘서트장에 입장해 브이튜버의 활동을 감상할 수 있다. 디스플레이 위에 보이는 버튼을 누르는 방식으로 브이튜버에게 박수도 보낼수 있다. 버추얼 행사는 물리적인 거리나 인원 제약이 없다는 장점 덕분에 원하는 만큼 관람객을 유치할 수 있었다. 클러스터는 향후 아바타 참가자들을 대상으로 응원봉, 기념 티셔츠 등의 가상 아이템을 판매한 뒤 실물을 자택으로 배송해주는 비즈니스 모델도 고려하고 있다.

브이튜버가 활동하는 가상의 공간에 축제나 행사를 개최하는 것도 가능하다. 코믹마켓 Comic Market은 일본에서 열리는 세계 최대 규모의 애니메이션 축제다. 그러나 2020년 4월 7일 코로나로 인해 일본 7개 지역에 긴급 사태가 선언되면서 행사가 취소 위기에 몰렸다.

VR 기업인 히키 HIKKY는 가상공간에 인기 브이튜버들을 초대하는 형식의 대체 행사를 긴급하게 추진하기로 결정하고 '코믹브이켓 제로Comic Vket 0'라는 이벤트를 3일 동안 진행했다. 이 행사에는 전 세계에서 2만 5,000명이 참여했는데, 당초 예상 대비 2.5배나 많은 인원이었다.

한국에도 브이튜버의 시대가 올까?

한국에 일본의 브이튜버가 소개될 때마다 빠지지 않고 함께 등장하는 이름이 있다. 1998년 국내 최초 사이버 가수로 이름을 올린 '아담'이다. 아담은 상당한 인기를 끌었지만 당시 기술력이 뒷받침되지 못해 활발한 활동을 하지는 못했다.

물론 현재 한국의 버추얼 기술은 과거와는 큰 차이가 난다. 스마트폰 하나만 있어도 누구나 자신을 닮은 아바타를 뚝딱 만들 수 있다. 방송에서도 버추얼 스튜디오가 일상화돼 있다. 다만 아직까지 국내의 확장현실 XR, Extended Reality 기술은 구글과 애플이 주도하는 수준에는 이르지 못한 것으로 보인다.

코로나 사태와 언컨텍트의 확산은 버추얼 세계를 확장시키는 기폭제가 될 것이다. 거기에 한류 스타와 같은 매력적인 캐릭터가 브이튜버로 등장한다면 한국에서도 전성기가 오지 말라는 법은 없다.

다만 한국의 스타트업이라면 시각을 좀 넓혀 볼 필요도 있다. 현재 일본에서 브이튜버는 XR 기술의 꽃이지만, 그것이 XR 기술의 전부는 아니다. 브이튜버를 포함한 XR 기술의 활용 범위는 무궁무진하다.

앞서 소개한 히키는 2020년 5월에 VR 이벤트 '버추얼마켓 4 Virtual Market 4'를 열었다. 가상공간 안에 도쿄타워, 스카이트리 등 도쿄의 랜드마크를 사실적으로 재현해 화제가 되기도 했다. 이 행사에는 세븐일레븐, 파나소닉, 아우디재팬 등 40개 기업이 입점했는데, 이용자가 가상 매장에 들어서면 브이튜버 점원이 맞이해 아이템을 판매했다. 버추얼마켓 4에는 2019년 대비 약 1.4배 많은 100만 명의 팬들이 입장한 것으로 추산됐다.

향후 다가올 포스트 코로나 시대 일본에서는 브이튜버를 활용한 가상 이벤트가 일상생활 속에 더욱 깊숙이 침투할 것으로 보인다. 한국 사회에서도 이렇게 브이튜버들이 활약하게 될 날이 올까? 버추얼 세계의 확장이 한국에서도 유효하다 판단한다면 우리에게 가장 필요하고 매력적인 버추얼 인물 혹은 세계는 무엇일지 고민하며 비즈니스에 적용해 보는 노력이 필요하다.

김지혜(나고야 무역관)

버추얼 커넥터

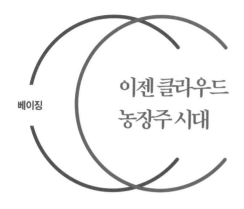

이젠 클라우드 농장주 시대

도시인들에게 귀농은 영원한 로망이자 희망사항이다. 미세먼지와 스트레스로 뒤덮인 회색 도시에서 벗어나 목가적인 생활을 꿈꾼다. 그런데 왜 이들이 꿈만 꾸고 본격적으로 귀농을 하지 못하는 것일까? 사실 알고 보면 농장주의 실상은 그토록 여유 있지도 아름답지도 않다는 사실을 알기 때문이다.

대표적으로 목축만 해도 그렇다. 농장에서 소와 돼지를 키우는 농장주들은 비전문가가 그 일을 하기는 매우 어렵다고 입을 모은다. 바깥에서 잠깐 보고 가는 사람은 먹이나 주고 가면 그만이지만 축사를 수리하고 분뇨를 치우는 일은 여간 번거로운 것이 아니다.

"그럼 나는 농장주가 되기는 불가능한 건가?"

그러나 아직 탄식을 하기는 이르다. 바야흐로 IT 시대다. 누구나 기술의 힘으로 원하는 것을 시도해 볼 수 있다. 많은 기업이 고객의 니즈를 발굴해 비즈니스 모델로 실현하고 있다.

베이징의 몇몇 기업에서는 농장주가 되고 싶은 이들을 위한 다양한 비즈니스 모델을 만들어 이목을 끈다. 이제 도시민이라도, 소나 돼지에 대해 모른다 할지라도 농장주가 될 수 있다. 그 신묘한 방법을 여기 공개한다.

소는 누가 키워? 모바일이 키운다!

중국에서는 최근 모바일로 호주 목장의 송아지를 입양하는 서비스가 생겼다. 중국의 카카오톡 격인 위챗의 샤오청수(小程序·미니애플리케이션)나 휴대폰 애플리케이션을 이용하면 된다. 사용자는 호주산 송아지를 입양해 키우고 수익까지 낼 수 있다.

참신한 아이디어로 사업을 시작한 이는 중국 장쑤성에 있는 '정목원농목양식유한공사(正牧源農牧養殖有限公司)'다. 온라인과 오프라인이 결합된 마케팅을 'O2O Online to Offline'라고 표현한다면 정목원의 클라우드형 목장은 'O2O2O Online to Offline to Online'쯤 되겠다.

정목원은 고객이 온라인으로 송아지를 입양하면 오프라인으로 위

탁 목축이 이뤄지도록 한다. 입
양한 송아지가 다 크면 온라인
으로 판매하는 구조도 만들어
져 있다.

고객들은 원하는 송아지의
품종을 고를 수 있다. 게시된
송아지는 품종, 체중, 성별, 월
령, 성장, 건강 상태 등 각종 정
보가 개별 프로파일에 구체적
으로 기록된다. 농장은 호주에
있고 전담 직원을 고용해 고객
의 소를 위탁 사육한다. 정목원
은 소를 사육할 때 여러 가지
리스크를 피하기 위해 소마다

정목원 애플리케이션에 게시된 소 프로파일

보험을 가입해 둔다. 고객 역시 혹시 모를 손해에 대비할 수 있다.

소의 상태가 궁금한 고객은 휴대폰 애플리케이션을 통해 사육 환경
이나 발육 상태 등을 점검할 수 있다. 소가 커질수록 고객의 이윤도 늘
어난다. 일례로 사육하는 소의 무게가 30일간 30kg 증량이 되면 30kg
×30위안(평균 시장 가격)=900위안(약 15만 원)의 소득을 얻을 수 있다. 고객은
소가 다 크면 팔 수 있고 도축해 호주산 고기를 공수해 올 수도 있다.

이젠 양돈도 클라우드로

최근 알리바바, 징둥(京東) 등 IT 대기업들이 클라우드 축산 사업에 뛰어들면서 새로운 붐을 맞이하고 있다. 클라우드 축산업은 전통 축산업에 AI 등 첨단 기술을 입혀 축산 환경을 친환경적으로 바꾸고 사업자의 수익도 개선시킨다. 사용자는 축산을 재테크 수단으로도 활용할 수 있다.

알리바바그룹의 클라우드 서비스인 알리클라우드AliCloud는 2018년 2월부터 자체 AI 기술인 'ET 브레인ET Brain'을 접목한 양돈 사업을 시작했다. 돼지 사육에 AI가 적용된 세계 최초의 사례다.

ET 브레인은 안면 인식 기술을 기반으로 돼지 한 마리당 하나의 프로파일을 만든다. 품종, 월령, 사료 섭취 현황, 움직임 강도와 빈도 등이 기록·분석된다. 또한 암퇘지의 연간 생산량을 예측해 생산력이 떨어진 암퇘지에 대해서는 미리 퇴출 의견을 제시한다. 전문가들은 이 기술이 중국 농가 전체에 보급된다면 연간 돼지 생산력, 돈육 공급량 등을 좀 더 정교하게 예측할 수 있을 것이라 기대한다.

이 밖에도 ET 브레인은 음성 인식, 적외선 온도 측정 기술을 활용해 돼지의 기침 소리와 체온을 감지함으로써 질병 여부를 조기 진단할 수 있다. 이런 사육 환경은 최근 대두되는 아프리카돼지열병 등 각종 동물 전염병을 예방하게 해 업계의 큰 관심을 모은다.

같은 해 11월 중국의 전자상거래 2위 기업인 징둥은 AI 기술을 접목해 질 좋고 저렴한 돼지고기를 생산함으로써 축산업 발전에 기여하겠다며 본격적으로 양돈 사업에 뛰어든다고 발표했다. 알리바바에 이어 IT 기업의 돼지 사랑이 지속되자 '돼지를 키우지 않으면 중국 인터넷 기업이 아니다'라는 우스갯소리까지 나왔다.

징둥은 "지능화, 디지털화, 인터넷화된 첨단 양돈 사업을 선보이겠다"며 자신들이 개발한 첨단 양돈 시스템을 적용하면 인건비의 30%, 사료 소비량의 10%를 줄일 수 있다고 밝혔다. 국가 차원으로는 500억 위안(약 8조 원)의 원가 절감 효과를 볼 수 있다. 일찍이 징둥은 IoT를 접목한 닭과 소의 사육 사업에 나섰고, QR 코드를 이용한 고기 유통 확인 시스템을 도입해 인기를 끈 경력도 있어 관심을 모은다.

라이브 커머스, 이제 내가 먹을 돼지를 길러주는 서비스까지 판다

코로나19로 중국의 많은 지역은 외출이 제한되고 정상적인 출퇴근이 불가능했다. 집에서 보내는 시간이 갑자기 많아진 중국인들은 온라인으로 일상 소비재부터 신선식품까지 거의 모든 것들을 구매했다. 이를 계기로 언택트 비즈니스가 부상하면서 고객과 판매자 간 쌍방향 커뮤니케이션이 가능한 라이브 커머스 열풍이 뜨겁게 불었다.

중국 시장조사 기관인 iMedia Research의 자료에 따르면 중국의 온라인 라이브커머스 사용자 수는 2016년 3.1억 명에서 2020년 5.13억 명에 달할 것으로 전망하고 있다. 4년 사이 1.5배 이상 증가한 셈이다. 올해 시장규모는 1조 위안을 바라보고 있는데 이는 작년대비 2배 이상 성장한 규모이다.

라이브 커머스는 주로 화장품이나 식품 등 일반 소비재 위주로 판매 활동이 이뤄지는 편이지만 최근에는 개, 돼지, 닭, 가재, 과일 등 동식물 위탁 사육·재배 등의 서비스 상품까지 거래되고 있다. 최근 중국에서 라이브 커머스를 통해 위탁 재배 등의 서비스를 구입한 소비자는 200만 명을 돌파했다.

2017~2020년 중국 라이브 커머스 시장 규모

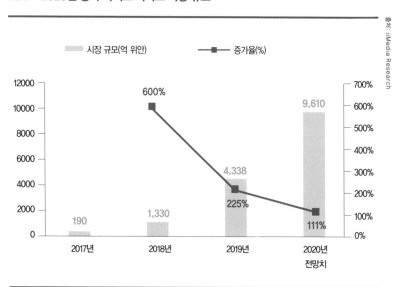

출처: iiMedia Research

코로나 방역 기간 라이브 방송을 통해 거래된 사례를 보면 한 번에 꿀벌 105만 마리, 가재 2,000마리가 손 바뀜을 경험했다. 2020년 2월 타오바오에서는 고양이, 강아지 입양 관련 라이브 방송이 전년 대비 375% 폭증했으며 그중 돼지 입양이 가장 인기가 많았다고 한다.

소비자들은 온라인으로 동식물을 입양 혹은 구매하고 라이브 방송을 통해 성장 과정을 볼 수 있으며 성장이나 재배가 완료되면 소유도 가능하다.

최근에는 농산품 판매를 촉진하기 위해 농촌과 전자상거래가 결합하는 사례도 많아지고 있다. 산시성 축산업자들은 라이브 방송 업체와

2016~2020년 중국 온라인 라이브 방송 이용자 수

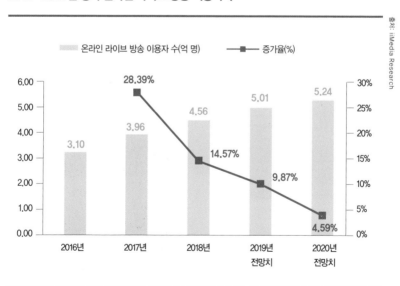

출처: iiMedia Research

개미숲에서 나무를 키우는 모바일 화면

알리바바 개미숲

실제 사막에서 나무를 키우고 있는 사진

버추얼 커넥터

협력해 클라우드 양돈업을 시작했다. 소비자가 8,888위안(약 152만 원)으로 아기돼지를 구매하면 농장주는 대신 키워주고 일정 시간이 흐른 뒤에 도축해서 신선한 고기를 집까지 배송해준다.

오래전부터 불량 식자재 사건으로 소비자들의 불신이 커져 있는 상황에서 내가 먹을 식재료를 정해 사육 환경과 방식을 확인하고 집으로 배달까지 해주니 소비자들의 만족도는 상당히 높다. 향후 이런 서비스에 VR 기술을 접목해 소비자가 집에서 사육 환경을 체험해 보는 서비스도 나오지 않을까 기대된다.

모바일로 키운 나무, 사막화를 방지한다

모바일로 가상의 나무를 심거나 동물을 기르는 게임은 그다지 새롭지 않다. 그런데 모바일로 심은 가상의 나무가 지구상의 어딘가에 실제로 심어진다면 어떨까? 나와 내 친구들이 심은 나무가 숲을 만들어 사막화를 방지한다면?

이런 상상을 기업의 사회 공헌 CSR, Corporate Social Responsibility 사업으로 만든 기업이 있다. 중국 최대 전자상거래 업체 알리바바가 그 주인공이다. 알리바바는 2016년 8월 중국 대표 모바일 결제 서비스인 알리페이 Alipay 애플리케이션에 개미숲 Ant Forest이라는 플랫폼을 개발해 넣었다. 가상의 나무를 모바일에서 심고 잘 기르면 실제로 사막에 나무를 심을 수 있다. 환경 보호에 기여하는 일종의 CSR 프로젝트다.

알리페이 애플리케이션을 종종 사용하는 필자도 얼마 전부터 개미숲을 사용해 봤다. 아직은 화면 속에 떡잎 하나만 덩그러니 있지만 사용자가 잘 키우면 나무로 자란다. 예를 들어 자주 걷는다든지, 알리페이를 통해 대중교통 비용을 결제한다든지, 자전거를 구입하는 친환경적인 행동을 할수록 떡잎이 커진다. 모바일 속 가상의 나무가 잘 크면 알리페이의 지원을 받아 중국 서북부 지역에 실제로 나무가 심어진다. 이렇게 심어진 나무는 알리페이 개미숲 애플리케이션에서 사진으로 확인할 수도 있다.

알리페이는 지인 추천, 참여자들의 순위 공개 등을 통해 사용자의 참여도를 끌어올리고 있다. 2020년 5월 말 5억 5,000만 명이 참여해 2억 그루의 나무를 심었다고 밝혔다. 총 재배 면적은 약 1,825㎢로, 싱가포르 면적의 약 2배에 달하는 크기다.

나를 농장주로 만들어줄
한국형 플랫폼을 기다리며

현재 중국의 소비자들은 모바일로 소를 키우고 나무도 심는다. 대기업들은 AI를 활용해 돼지를 키우고 있다. 농장에도 원격, AI 등과 같은 기술이 활용돼 개인이든 기업이든 농장 활동에 일부나마 참여할 수 있게 됐다. 또한 기업들은 가상의 체험을 CSR로 연결해 이미지 제고에 활용한다.

농업과 기술의 만남은 일반 소비자들에게도 매우 유용하게 다가온다. 각종 육류가 어떤 환경에서 사육됐는지 궁금해하는 소비자들이 많아졌다. QR 코드나 터치 한 번으로 이런 정보를 얻을 수 있으니 안심하고 먹거리를 챙길 수 있다.

농업은 대표적인 노동 집약적 산업이다. 로봇이 어느 정도 보조해줄 수는 있지만 인간의 손을 아예 벗어나기는 어렵다. 그래서 농부의 몸과 마음을 가볍게 해주는 IT 기술의 발달은 매우 반갑다.

앞서 소개한 사업 아이디어는 한국에서도 충분히 시도해볼 만하다. 자신의 먹거리를 직접 선택하고 사육할 수 있는 서비스, 자동화를 넘어 첨단화를 농업 현장에 이식하는 사업, 가상의 공간에 나무를 심어 지구를 살리겠다는 캠페인 모두 분명한 니즈가 있을 것이다.

도시에 살면서 농장주를 꿈꾸는 많은 소시민을 실제 농장주로 만들어줄 한국형 플랫폼을 기대해 본다.

윤보라(베이징 무역관)

방구석에서 온라인 미술관 투어로 세계여행

밀라노

미술관이라고 하면 왠지 모르게 좀 격식을 갖추고 가야 한다는 생각이 들고 미술작품 감상은 일상생활에서 가끔 영위하는 문화생활로만 여겨진다. 이런 선입견을 없애고 미술관의 문턱을 낮추기 위해 서울문화재단에서는 '전시장을 나온 미술, 예술이 넘치는 거리'라는 슬로건으로 '바람난 미술'이란 아트 캠페인을 펼쳤다. 이 캠페인은 찾아가는 전시 형태로 관객들은 카페나 오래된 공장 건물 등 접근성이 쉬운 '의외의' 장소에서 많은 작가의 작품들을 편안한 마음으로 감상할 수 있는 기회를 가졌다.

형태는 다르지만 이탈리아에도 미술관의 문턱을 낮추고 중세와 르네상스 미술이 관객들과 더 가까이 만날 수 있도록 하는 노력이 계속됐다. 이탈리아 전역에 위치한 미술관과 박물관에서는 다양한 이벤트로 관람객의 시선을 잡아끌었지만, 역사적으로 그리고 미술사적으로 가치 있는 작품들이 많다 보니 이동이나 손상의 위험이 항상 도사렸다.

이런 위험을 없애고 더 많은 관객과 만날 수 있는 방법을 고민하던 끝에 새로운 방법의 전시 콘텐츠가 탄생했다. 바로 각 미술관의 작품들을 가상현실 기술로 구현해 가상투어Virtual Tour 콘텐츠를 제작한 것이다. 가상현실의 특징을 살려 작품 감상 시 360도 회전이 가능하게 만들었으며, 작품 해설도 선택할 수 있어 실제로 전시관을 관람하는 느낌이 들게 했다.

코로나19로 이동 금지 기간이 길어지고 문화 활동에 대한 욕구가 커지자 소셜네트워크를 중심으로 미술관 가상투어가 큰 인기를 끌기 시

출처: www.wikimedia.org

이탈리아 미술관 관람객

작했다. 사람들은 해시태그로 #iorestoacasa(나는 집에 머무르고 있습니다)와 함께 'la cultura non si ferma(문화생활을 멈추지 않습니다)'라는 문구로 정보를 공유하며 새로운 방식으로 문화생활을 즐겼다. 랜선 미술관, 박물관 투어는 코로나19로 외부 활동이 단절돼 지쳐가는 많은 사람에게 위로가 됐다.

우피치미술관을 집에서 즐기다

이탈리아는 어느 도시, 어느 지역을 방문해도 문화유산을 만날 수 있는 곳으로 고대 로마부터 르네상스에 이르기까지 다양한 문화예술 작품을 감상할 수 있다. 이 중에서도 르네상스 문화가 시작돼 꽃을 피운 곳을 꼽으라면 바로 피렌체라 답할 수 있다. 그 피렌체에 보티첼리, 레오나르도 다빈치, 라파엘로 등 르네상스 대표 작가의 미술품들이 모여 있는 우피치미술관이 있다.

세계 3대 미술관 중 하나로 손꼽히는 우피치미술관에서 만든 가상 투어는 어떠한 모습일까? 우피치미술관은 전체 미술관을 돌아볼 수 있는 투어와 스토리가 담긴 투어로 구분해 관객들의 취향에 따라 작품을 즐길 수 있도록 세분화했다.

우선 우피치미술관의 전체 투어는 '구글 아트 & 컬처 Google Arts & Culture' 사이트에서 관람할 수 있다. 구글 아트 프로젝트를 통해 미술관

Musei online da visitare restando a casa: le migliori iniziative in Italia e nel mondo

Alessia Merati   29 Marzo 2020

Musei virtuali da visitare online, su Google o sui social. Si moltiplicano le iniziative dei luoghi d'arte e cultura che mostrano i loro tesori ai visitatori costretti a casa. Ecco le più belle in Italia e in Europa

우피치미술관

에 있는 작품들을 고해상도로 감상할 수 있을 뿐 아니라 360도 이미지 회전이 가능해 입체적으로 미술관 구석구석을 둘러볼 수 있다. 익스플로러Explore로 들어가면 입구에서 시작해 복도를 따라 연결된 각 실로 입장한 후, 조각상과 미술품 등을 모니터상에서 천천히 돌아보며 여유롭게 전 작품을 감상할 수 있다.

또한 사이트에 있는 작품을 클릭하면 스트리트뷰Street View와 실제 크기로 볼 수 있는 애플리케이션을 통해 다양한 방법으로 감상이 가능하다. 스트리트뷰를 클릭하면 화면이 이동해 작품이 미술관 벽에 걸려 있는 모습으로 감상할 수 있고, 실제 크기는 작품이 실제 크기로 확대돼 입체감을 생생히 느낄 수 있다.

구글 아트 & 컬처 우피치미술관 가상투어

또한 우피치미술관에서 주목할 만한 가상투어로는 미술관 사이트에서 제공하는 스토리가 담긴 투어가 있다. 이는 큐레이터가 스토리에 따라 선정한 작품들을 엮어 소개하는 방식으로 해설과 작품을 같이 즐길 수 있다. 미술작품을 자주 접하는 사람이 아니면 생소할 수 있는 작품의 배경, 역사, 작가에 대한 소개가 함께하는 이 투어는 알면 알수록 더 잘 보이는 미술의 세계를 경험하게 해준다.

'하이퍼비전Hypervisions'이란 카테고리에 있는 이 가상투어는 '예수에게 세례를 주는 성자(세례요한)', '천사의 빛 속에서', '우피치의 보석' 등 다양한 주제에 따라 구성돼 있다. 작품과 설명이 같이 있어 미술에 대해 잘 모르는 사람도 편하게 감상할 수 있으며, 교육적 요소도 있어 중세 미술과 르네상스 미술을 공부하는 사람이라면 누구라도 눈여겨볼 만

하다. 다만 고해상도나 2D 이미지로만 소개돼, 미술관 측에서는 주제 변경에 따라 작품 구성을 쉽게 바꿀 수 있다는 장점이 있지만 관람객 입장에서 입체감이 떨어지는 부분은 감안해야 한다.

입체감을 경험하기 위해서는 바로 이곳으로 오면 된다. '왕조의 전당과 16세기 베니스 작가의 전시실 The Hall of the Dynasties and the Galleries of Sixteenth-Century Venetian Painting'로 미술관의 한 구역을 모두 가상현실 공간으로 만들었다. 애플리케이션을 통해 VR 고글과 연동되게 해 완벽한 가상현실 공간을 재현했고 360도 이미지로 전시실 구석구석을 둘러볼 수 있도록 했다.

밀라노 브레라미술관과 토리노 이집트박물관

피렌체에 우피치미술관이 있다면 밀라노에는 중세 미술의 보고인 브레라미술관이 있다. 미술학교로 유명한 브레라아카데미에 위치한 이 미술관에서도 온라인 가상투어가 가능하다. 브레라미술관에서는 669점의 작품을 모두 고해상도 이미지 파일로 홈페이지에 게시했으며 다운로드도 가능하다. '컬렉션 Collection' 항목으로 들어가면 연대별, 소재별, 작가별, 전시관별 등 다양한 필터링으로 작품을 구분할 수 있으며, 작품별로 상세한 설명이 있어 미술을 공부하거나 입문하는 사람에게 최적화된 구성이다.

우피치미술관 온라인 투어

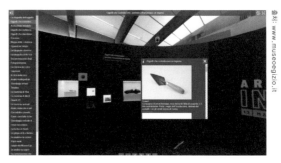

토리노 이집트박물관 온라인 투어

브레라미술관 온라인 투어(내부 프레스코화)

토리노에 위치한 이집트박물관은 온라인을 통해 보다 입체적으로 관람할 수 있다. 사이트에서 '가상투어 Virtual Tour'를 클릭하면 바로 가상 투어 공간으로 연결된다. 360도 회전이 되고 동영상 기능이 있어 천천히 걸어가는 느낌을 받을 수 있다. 또한 전시물을 클릭하면 확대된 모습과 함께 안내문 확인이 가능하며, 일부 주요 전시품은 유튜브로 연결된 세부 안내 동영상까지 볼 수 있어 좋은 교육 자료가 된다.

이외에도 이탈리아 전역의 많은 미술관과 박물관들이 홈페이지에 가상투어를 만들어 관객이 직접 방문하지 않더라도 그곳에 어떤 작품이 있는지 손쉽게 알 수 있도록 했다. 더 나아가 각각의 스토리를 입혀 자칫 지루하기 쉬운 온라인 투어에 재미와 교육이 함께할 수 있도록 만들었다.

언택트 시대 가성비 좋은 문화생활

코로나19 상황이 전 세계적으로 장기화되면서 비대면, 비접촉을 의미하는 언택트가 일상이 되는 새로운 뉴노멀 시대에 직면했다. 언택트가 생활이 된다는 것은 결국 집에서 혹은 사람들과 대면하지 않고 떨어진 장소에서 할 수 있는 활동이나 볼 수 있는 콘텐츠가 증가한다는 것을 의미한다. 이미 홈트레이닝, 홈케어 등 다양한 용어가 등장하며 개인이 인터넷으로 정보를 습득해 집에서 스스로를 관리하는 것이 생활화되고 있다.

이에 대한 연장선상에서 문화생활과 취미활동 또한 점차 인터넷을 통해 집 안에서 이뤄진다. 현실적으로 해외여행이 어려워지자 인터넷으로 유명 관광지의 사진이나 동영상을 찾아보는 랜선 여행을 즐기며, 유명 미술관이나 박물관의 가상투어를 통해 작품을 감상한다. 직접 방문하는 것보다 현장감은 부족하겠지만, 언택트 시대에 가장 효과적으로 문화생활을 영위할 수 있는 길이기도 하다.

이탈리아의 관광 산업은 전체 GDP의 13%를 차지할 만큼 주요한 국가 산업이다. 이탈리아가 관광대국이 된 것은 타고난 자연과 유구한 역사가 큰 비중을 차지하고 있기도 하지만, 이를 보존하고 유지하는 노력이 있었기 때문이다. 코로나19로 당분간 관광 산업은 침체기를 겪을 수밖에 없겠으나 미술관과 박물관이 구축한 가상투어 콘텐츠를 보며 위로받은 사람들은 언젠가 꼭 실제로 그곳에 가서 볼 수 있기를 소망할 것이다. 혹은 이전에 여행했던 추억을 되새기며 가상투어를 즐기는 관람객도 있을 수 있다. 이런 모든 것들이 모여서 관광대국 이탈리아를 유지하게 만들 것이다.

국내에도 점차 외국인들이 한국을 방문하는 인바운드 관광 산업이 커지고 있다. 관광객의 발길을 붙들고 혹은 잠재 관광객들에게 한국을 더욱 잘 홍보하기 위해서는 우리가 보유한 문화유산에 대한 홍보 콘텐츠가 절대적으로 필요하다. 가상투어는 언택트 시대에 집에서도 문화생활을 영위할 수 있는 적합한 방법일 뿐 아니라, 잠재 관광객에게 한국에 대한 호기심과 기대감을 높여줄 수 있다는 장점이 있다. 이런 면에서 한국의 주요 미술관이나 박물관들이 한국형 가상투어 콘텐츠를 제작한다면 IT 강국 한국의 주요 미술관이나 박물관에서 어떤 훌륭한 가상투어 콘텐츠가 나올지 기대가 된다.

유지윤(밀라노 무역관)

PART

3

유통혁명

강력한 유통
Super Distribution

| 보다 정확하게, 더욱 효율적으로 |

유통은 코로나19로 가장 변화가 가속화된 산업일 것이다. 아마존은 2020년 상반기에 시가총액이 약 4,000억 달러 증가하며 시가총액이 급증한 기업 1위를 기록했다. 오프라인 매장 일시 폐쇄 조치에 따라 온라인 전자상거래 주문이 폭증한 덕이었다. 이처럼 코로나19는 유통 산업에서, 특히 미래 지향적인 기업과 그렇지 않은 기업의 흥망성쇠를 진하게 보여줬다. 2021년에도 유통의 변화 역시 빠르고 가파를 것이다. 고객의 라스트 니즈까지 세분화된 제품을 라스트 마일까지 효율적인 솔루션으로 제공하는 슈퍼 유통의 등장을 기대해 보자.

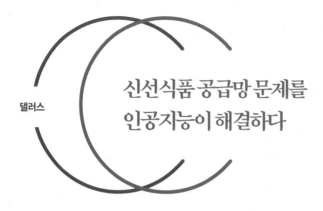

신선식품 공급망 문제를 인공지능이 해결하다

미국은 음식물 쓰레기에 대해 할 말이 많은 나라다. 연간 약 4,000만 톤, 미국인 1인당 약 100kg의 음식물 쓰레기를 버리고 있다. 이는 미국 식량 공급의 약 30~40%에 해당하는 양이다.

그중에서도 식료품점에서 판매를 못해 버려지는 음식물 쓰레기의 가치는 연간 약 22조 원에 달한다. 일반적으로 식료품점은 수익성이 낮은 업종 중 하나다. 평균 수익률이 약 2.5%로 낮은 선에서 운영된다.

물론 이유는 있다. 과일, 채소, 고기류, 유제품, 생선과 같은 신선식품은 가공식품에 비해 다루기가 까다롭고 관리가 어렵다. 빨리 부패하고, 바코드나 유통기한이 따로 표시돼 있지도 않다. 미국 내 대규모 식료품점 중 상당수가 신선식품 재고 관리를 위해 여전히 종이와 연필로 할 정도로 낙후된 시스템을 보유하고 있다. 또한 이들 제품은 계절에 따라 맛과 신선도가 다르고, 제품에 대한 소비자들의 구매 수요도 변동성이 높다. 관리자는 수기로 작성된 재고 관리를 토대로 수요를 추측해 주문량을 결정한다. 제품 수요의 불확실성은 식료품점의 수익을 갉아먹는다. 재고를 오랫동안 보유할 수 없으니 팔리고 남은 것들은 버려지게 된다. 소규모 식료품점일수록 마진율은 더 낮아진다.

신선식품 공급망의 비효율성도 음식물 쓰레기가 양산되는 대표적인 원인이다. 길고 복잡한 공급망 때문에 매장에서 제품의 신선도를 오래 유지하기 어렵다. 제품의 신선도가 떨어지면, 판매할 수 있는 기한이 짧아지고 판매가 불가능해져서 버려지는 경우가 많아진다. 비효율적인 신선식품 공급망은 오랫동안 미국 식료품 업계의 골칫거리로 여겨졌다.

현재 연 평균 8%의 신선식품이 버려지고 있다. 판매되지 못하고 버려진 식품의 가치는 종종 식료품점의 전체 수익과 같거나 클 경우도 있다. 이만하면 음식물 쓰레기의 양이 식료품점의 수익을 좌지우지한다고 할 만하다.

그뿐 아니다. 음식물 쓰레기는 식료품점의 직접적인 경제적 손실을 넘어서 지구에도 악영향을 미친다. 음식물 쓰레기로 인한 온실가스 문제, 매립지 부족 문제 등을 야기한다. 대부분의 음식물 쓰레기는 매립지로 보내지는데, 실제로 미국 매립지에는 음식물 쓰레기가 가장 많은

출처: www.afreshtechnologies.com

어프레시 직원

공간을 차지해 문제가 되고 있다.

결과적으로 미국 식료품점은 물론 정부에서도 신선식품의 불확실한 수요 예측, 길고 복잡한 공급망이라는 문제를 해결해줄 '슈퍼히어로'를 간절히 기다리는 상황이다.

22조 원의 문제를 22조 원의 기회로 만든 '어프레시'

맷 슈워츠 Matt Schwartz는 미국이 원하는 슈퍼히어로가 되기 위해 고군분투하는 이들 중 하나다. 그리고 현재까지 스코어에서는 가장 전적이 화려하다.

그는 대학 졸업 후 천연 베이킹 회사인 심플밀스Simple Mills에서 사회 생활을 시작했다. 이후 스탠퍼드대학교에서 식품·농업 학위 과정을 밟았다. 이미 스낵 브랜드인 스태트푸즈Statfoods를 직접 운영하면서 신선식품 공급망의 문제점을 체감했던 그였다.

스탠퍼드 경영대학원에서 그는 "신선식품 공급망을 근본적으로 개선한다"는 목표를 세우고 팀을 꾸렸다. 네이션 페너Nathan Fenner, 블라디미르 쿨레쇼브Volodymyr Kuleshov가 함께 했다.

이들은 식료품점 관리자의 업무를 수천 시간에 걸쳐 습득하고, 식품 산업의 비효율성을 몇 년간 직접 관찰한 후 2017년, 신선식품 공급망 어프레시Afresh Technologies를 설립했다. 어프레시는 식료품점들이 주문해야 하는 신선식품의 적정량을 알려주는 최초의 소프트웨어 기업이다.

출처: www.afreshtechnologies.com

공동 설립자 3인

식료품점의 수익을 2배 올려준 딥러닝 알고리즘

어프레시는 식료품 매장 직원이 매일 신선식품 재고량을 입력하면 식료품을 언제, 얼마나 주문해야 하는지 알려준다. 어프레시의 머신러닝 알고리즘이 이를 계산하는데, 식료품 수요는 충족시키면서 불용재고는 줄이도록 도와준다.

어프레시의 소프트웨어가 의사 결정을 내리는 기반은 AI 기술이다. 확률의 스펙트럼을 따라 발생 가능한 미래 사건의 전체적인 분포를 예측하기 때문에 운영자가 쉽게 전문가적인 의사 결정을 내릴 수 있도록 돕는다. 실제 사용자를 위해 경험적으로 설계된 AI 기술은 데이터 중심의 의사 결정을 돕고 머신러닝 알고리즘은 미래의 확률적 데이터 기반 모델을 통해 고객의 목표 달성을 최적화한다.

또한 어프레시의 예측 모델은 최신 모델 기반 딥러닝 Deep Reinforcement Learning(심층강화학습) 알고리즘도 활용한다. 자주 일어나지 않는 상황에서도 제한된 과거 데이터에도 불구하고 어느 정도의 정확도를 보여준다. 수천, 수만 건의 주문 결정을 자동화하고 최적화된 모델과 계획 알고리즘을 통해 최적의 결정을 내릴 수 있도록 돕는 것이다.

실제로 초기 어프레시 시스템 도입 테스트에서 식료품점이 배출하는 음식물 쓰레기는 25~45% 감소했다. 더불어 재고가 부족한 상황은 80% 이상 감소했고 재고 회전은 3배 증가했다. 결과적으로 식료품점의 수익은 2배 증가했다.

어프레시가 제공하는 서비스의 장점 중 하나는 한 번 시스템을 구축하면, 시간이 지남에 따라 데이터를 축적해 스스로 시스템을 개선해 나간다는 점이다. 이를 통해 시스템의 예측 정확도는 시간이 지남에 따라 점점 더 향상된다. 어프레시 설립자인 슈워츠는 "어프레시의 소프트웨어를 통해 인간이 놓칠 수 있는 더 깊은 통찰력을 얻을 수 있다"고 말한다.

예를 들어 한 특정 종류의 딸기가 5월 중순에 가장 맛이 좋다고 가정해 보자. 어프레시의 시스템은 5월 중순경 이 딸기가 특히 더 많이 팔릴 것을 예측하고 시기에 맞춰 딸기를 구매하라고 추천할 것이다. 어프레시는 날씨 조건이 제품에 미치는 영향을 고려하는 발전된 시스템도 개발 중이다.

어프레시의 성과는 대형 식료품점과의 협력으로 이어지고 있다.

어프레시 시스템 화면 예시

2019년 9월 어프레시는 미국 중서부 지역에서 빠르게 성장하고 있는 유기농 제품 전문 식료품 업체인 프레시타임파머스마켓 Fresh Thyme Farmers Market과의 협력을 발표했다. 프레시타임파머스마켓의 CEO인 크리스 셰럴Chris Sherrell은 "소비자들에게 더 건강하고 신선한 음식을 제공하기 위한 지속적인 노력의 일환으로 어프레시와 제휴했으며, 이를 통해 음식물 쓰레기를 줄이고 고객에게는 가장 신선한 농산물을 제공할 것으로 기대한다"고 밝혔다.

미국 내 최고 품질의 신선식품에 대한 수요는 그 어느 때보다 높다. 프레시타임파머스마켓은 자사의 제품이 다른 어느 곳보다 신선하다는 명성을 확고히 하기 위해 어프레시와 협력하게 됐다고 한다. 음식물 쓰레기를 줄이고 고객에게는 좋은 제품을 제공하기 위해 신선식품 공급망과 기술에 대한 투자를 결정한 것이다.

머신러닝 시스템으로 공급망 전체를 개선

어프레시의 시스템은 식료품점에서 정해진 기간 동안 매장에 보유한 신선식품의 양을 최적화하고, 이를 통해 음식물 쓰레기를 최소화해 수익을 높일 수 있도록 돕는다. 인간 중심의 AI, 최적화된 업무 흐름, 그리고 신선제품 유통망의 복잡성을 해결하는 시스템 덕분에 효과는 강력하다.

어프레시는 머신러닝 플랫폼을 광범위하게 구축할 경우 공급망 전체에서 비용을 절감하고 수익성을 제고하는 동시에 모두에게 더 건강하고 신선한 음식을 제공할 수 있다고 강조한다.

어프레시 시스템을 통한 단계별 기대 효과

출처: KOTRA 달라스 무역관

식료품 매장	유통센터와 식료품 체인	공급 업체
• 추가 주문 최적화 • 가격 책정 최적화 • 재고 소진 탐지 • 업무 최적화	• 옴니채널 재고 최적화 • 유통 최적화 • 구매·비용 최적화	• 수요 예측 • 계약 관리 • 공급 업체에서 관리하는 재고(VMI) 최적화 • 선물 매수 최적화

출처: www.afreshtechnologies.com

어프레시 업무 공간

신선하고 낭비 없는 식재료 공급망, 꼭 필요한 비즈니스

건강한 식생활을 추구하는 미국인들이 증가함에 따라 신선식품 수요가 더욱 늘어나면서, 식료품점에서 신선식품을 판매하는 공간 역시 눈에 띄게 확장되고 있다. 어프레시의 활동 범위는 점점 넓어질 것이다.

어프레시는 전 세계 수천 개의 소매점과 식료품점에서 평균 50% 이상의 폐기물을 감소할 수 있다면 수십억 달러의 수익을 창출할 수 있다고 자신한다. 이를 위해 '더 신선한 음식, 더 행복한 고객, 더 건강한 비즈니스Fresher Food, Happier Customers, Healthier Business'를 캐치프레이즈로 내걸고 열심히 달려가는 중이다. 어프레시의 슈워츠는 "이제 시작일 뿐"이라고 말한다.

장기적으로 어프레시는 식료품점의 진열대뿐 아니라 신선식품을 다루는 모든 단계, 즉 유통·센터, 생산자, 식당, 공급 업체 등 공급망 전반에 걸친 개선을 목표로 하고 있다. 식료품 매장에서는 재고·구매·세일 가격 조절의 최적화, 가격 책정 등의 기능 개선을 추구한다. 또 유통센터나 식료품 체인에서는 옴니채널을 통한 재고 최적화, 유통 최적화, 구매·비용 최적화 등의 기능을, 공급 업체에서는 수요 예측, 계약 관리, 재고 최적화 등의 기능 개선을 기대할 수 있다.

환경부에 따르면 우리나라도 전체 식재료의 7분의 1이 음식물 쓰레기로 버려진다. 이 때문에 사용되는 음식물 쓰레기 처리비용은 연간 20조 원에 이른다. 매립지 용량은 점점 줄어들고, 음식물 쓰레기로 인

강력한 유통

한 온실가스 배출로 환경은 점차 황폐화된다.

일례로 우리나라에서 4인 가족이 1년간 배출하는 음식물 쓰레기의 온실가스 배출량은 소나무 148그루가 1년 동안 광합성을 해야 흡수할 수 있는 양이라고 한다. 음식물 쓰레기 문제를 해결하기 위해 퇴비 혹은 사료로 재가공하거나 바이오가스로 전환해서 사용하는 등의 노력이 이어지고 있다고는 하나, 음식물 쓰레기 발생량을 줄이는 과정이 선행돼야 한다는 아쉬움이 남는다.

가정이나 기업, 유통 업체에서 음식물 쓰레기를 줄이는 가장 좋은 방법은 '수요를 예측하고 관리해 미사용 재고를 남기지 않는 것'이다. 이를 위해서 한국에도 어프레시와 같은 시스템의 도입은 큰 도움이 될 것이다.

현재 한국에서도 빅데이터와 머신러닝을 이용한 신선식품 수요 예측을 하고 있다는 온·오프라인 매장이 몇 곳 눈에 띈다. 아직 규모는 작지만 한국의 수준 높은 IT 기술을 물류와 유통에 적용하면 업무 효율성과 이익 극대화 그리고 환경 문제 해결까지 두 마리 토끼를 잡는 해결책을 반드시 찾을 수 있을 것이다. 신선한 음식, 행복한 고객, 건강한 비즈니스가 실현되는 그날을 고대해 본다.

이성은(댈러스 무역관)

유통에서 플랫폼 회사로, 오카도 스마트 플랫폼

런던

코로나19가 유럽에서 확산되며 영국 내에 봉쇄 조치가 내려지자 식료품점과 슈퍼마켓 앞에는 긴 줄이 생겨났다. 사람들은 입장과 계산을 기다린다. 사회적 거리를 지키기 위해 입장 인원이 제한되면서 일상은 더 피곤해졌다. 기다리는 지루함은 감염 위험에 노출된다는 부담과 걱정으로 바뀌었다.

영국 또한 팬데믹 영향으로 온라인 서비스 이용자가 폭증하고 있다. 대표적인 곳이 생활용품을 파는 슈퍼마켓과 식자재를 파는 식료품점이다. 이 중 '오카도 Ocado'는 기술 중심의 온라인 슈퍼마켓으로 런던 사람들의 꾸준한 사랑을 받고 있다.

흔히 기술력이 바탕이 된 온라인 마켓은 스타트업이나 신생 기업일 거라고 생각하지만 이는 사실 편견일 수 있다. 2020년 설립 20주년을 맞는 오카도는 영국 최대 규모의 온라인 슈퍼마켓으로 아마존 못지않은 기술 집약적 기업으로 꼽힌다.

보통의 온라인 슈퍼마켓은 오프라인 슈퍼마켓의 온라인 버전쯤으로 생각되지만, 오카도는 아예 오프라인 매장이 없다. 모든 물품이 창고에서 가정으로 바로 배송된다. 매장 없이 영국 전역에 식료품을 배송하는 비즈니스를 성공적으로 안착시킨 원천은 바로 '혁신 기술'이다.

오카도는 자체 온라인 쇼핑 플랫폼을 운영하는 것에서 한발 더 나아가 전 세계 리테일 기업들에 자체 개발 솔루션을 제공하는 데도 열을 올리고 있다. 오카도 성공의 비결은 무엇이고, 이를 벤치마킹할 수 있는 한국형 비즈니스 모델은 무엇인지 알아보자.

오카도 플랫폼

골드만삭스 출신 3인방의 무모하고 새로운 도전

2000년 4월에 문을 연 오카도는 슈퍼마켓 업무에 AI, 로봇공학, 디지털 트윈, 클라우드, 빅데이터, IoT 기술을 결합해 창조 관리의 자동화를 이뤄 정확도 높은 배송 서비스를 제공한다. 높은 생산성과 이윤은 그 결과물이다. 그리고 이 노하우를 서비스로 개발해 세계의 리테일러를 대상으로 솔루션 판매도 시작했다.

그 시작은 골드만삭스 Goldman Sachs 출신의 세 친구들이 함께 했다. 막 30대에 진입한 이들은 이미 채권중개인으로서 안정적인 삶을 누리고 있었지만 좀 더 흥미로운 일을 하기 위해 새로운 도전을 시도했다. 앞으로 세계가 어떻게 변할지, 그 변화에 대응하는 방법은 무엇인지 확인하며 아이디어를 발전시켰다.

소비자들이 온라인 쇼핑에 점차 익숙해지리라는 것은 일반적인 예측이었다. 이를 전제로 온라인 식품 쇼핑 플랫폼을 발전시킨 것이 그들의 선택이었다. 그러나 당시만 해도 영국에는 '온라인에서는 이익을 못 낸다' 혹은 '영국 소비자는 온라인으로 식료품을 안 산다'는 두 가지 고정관념이 굳게 버티고 있었다. 작은 사무실에서 시작한 세 사람은 1년간 봉급 한 푼 받지 못하며 사업을 키웠다.

오카도가 흑자를 기록한 것은 무려 창업 11년 만(2011년)이었다. 그러다 2017년에는 14억 3,200만 파운드(약 2조 1,000억 원)의 매출에 영업이익 8400만 파운드(약 1,200억 원)를 거뒀다. 이 기록으로 온라인에서 영국 1위

유통업체 테스코Tesco를 앞섰다.

영국 사람들은 최소 하루에 몇 번 이상 도로 위를 달리는 오카도 배송 밴을 마주치게 된다. 현재는 공동 설립자 세 사람 중 오카도에 남은 팀 스타이너Tim Steiner가 CEO 자리를 지키고 있다. 그는 "우리는 유통이 아닌 기술 기업으로 성공했다"고 당당히 말한다.

AI와 로봇이 바꿔놓은 유통 시스템, 20년 오카도의 여정

스타이너는 2019년 연례 보고를 하며 18년에 걸쳐 일어난 성공을 자축했다. 2019년에는 영국 최대 규모의 유통 기업인 M&S와의 합작 투자가 발표되기도 했다. 비록 긴 세월 동안 오카도에 투자한 이들은 오락가락하는 시황에 다소 불안해했으나, 이로써 오카도가 충분한 가치로 성장했음을 볼 수 있었다.

2000년 오카도가 설립된 해에, 오카도는 대형 슈퍼마켓 웨이트로즈Waitrose와 공식적으로 공급 계약을 체결했다. 그리고 다음 해인 2001년부터 파일럿 배송을 시작했다. 당시 배송 서비스의 규모가 작았던 웨이트로즈는 오카도와 파트너십을 유지하며 타사 브랜드 제품과 웨이트로즈의 PL 상품Private Label(유통 업체 브랜드를 붙여 판매하는 상품, 국내에서는 PB 상품으로 불림)을 공급했다.

다음 해에 오카도는 처음으로 CFC Customer Fulfillment Centre(고객주문작업창

오카도 CFC 내부

고)를 설립했다. '조달 → 입하 → 입고 → 판매 → 출고 → 출하 → 배송'으로 구성된 유통업의 가치 사슬 전체를 한곳에서 모두 처리할 수 있는 종합물류센터다. 오카도는 CFC 내 출고 공정을 로봇 전용 시스템으로 대체해 혁신을 이뤘다.

대부분의 온라인 유통 기업들은 출고 작업을 인력과 컨베이어 벨트가 해결한다. 하지만 오카도의 최신 CFC는 수천 대의 피킹picking(선별) 로봇이 출고를 전담한다. 창고 내에서는 벌집 그리드Grid(격자) 구조 위에서 오카도가 독점적으로 설계한 피킹 로봇이 돌아다니며 상품을 골라낸다. 로봇은 단 몇 분 안에 50개의 품목을 선택할 수 있다. 그리드 내 저장소는 리드 타임Lead time을 줄이고 향후 주문 내역에 맞출 수 있도록 상품을 적절한 위치에 배치하는 데 최적화돼 있다. 격자형 레일 위를 움직이는 로봇들은 초속 4m로 빠르게 이동하며 작업을 수행한다. CFC는 모듈 형식으로 비즈니스 크기에 따라 조정할 수 있다.

이로써 2002년 10만 가정에 배송 서비스를 제공하던 오카도는

강력한 유통

2010년에는 일주일 기준 10만 건 주문을 달성했다. 2015년에는 10억 파운드(약 1조 5,000억 원) 매출을 기록했으며 대형 슈퍼마켓 모리슨Morrisons 과 계약을 체결하는 등 꾸준히 성장했다.

앞서 언급했듯이, 2020년 오카도는 식료품만을 배송하는 기업이 아니라 슈퍼마켓을 고객으로 삼는 기술 기업으로 발전했다. 현재 전 세계에서 50개 이상의 CFC를 운영하며, 오카도 솔루션 파트너는 카지노Casino, 소베이Sobey, ICA, 크로거Kroger, 콜스Coles, 이온Aeon 등 9개가 넘는다.

그리고 코로나19로 인해 오카도는 성장에 가속도를 더하고 있다. 코로나19로 수요가 급증하던 2020년 3월부터 2개월간 소매 매출이 40.4%까지 증가했다.

혁신 또 혁신, 유통 업체에서 기술 기업으로

자체적인 소프트웨어와 하드웨어 구축, 창고 직원과 배달 기사 간 유기적인 통합 시스템 확보 등 오카도는 다방면의 혁신을 진행했다. 많은 이들이 슈퍼마켓과의 제휴를 통해 성장과 더불어 이익을 창출해야 한다고 주장할 때, 오카도는 디지털 시대로의 전환에 필요한 기술을 구축해야 한다는 믿음을 잃지 않았다. 투자자들은 "온라인 식료품점은 제한된 성장 전망을 가진 고비용 비즈니스 모델"이라며 우려했다. 하지만 오카도는 대형 슈퍼마켓과의 파트너십 관계를 유지하는 동시에 소비자가 온라인 식료품점을 더 자주 찾을 수 있도록 투자와 혁신을 꾸준히 지속했다.

투자와 혁신의 결과물은 오카도 스마트 플랫폼OSP, Ocado Smart Platform으로 나타났다. OSP는 온라인 소매점 운영을 위한 솔루션으로 주문에서 배송까지 모든 주문 이행 프로세스를 위한 소프트웨어와 하드웨어를 포함한다. 오카도는 '주문 접수 → 주문 처리 → 라스트 마일 서비스'로 이어지는 유통 과정에 독자적인 솔루션을 구축했다. 이를 통해 전통적인 식료품 쇼핑은 시간이 오래 걸리고 노동 집약적이며 비효율적이라는 고정관념이 깨졌다.

오카도는 빠르게 변화하고 복잡해지는 소비자의 기대에 적절하게 대응하기 위해서 리테일 기업들에 오카도의 솔루션과 결합하는 방법을 고려하라고 제안한다. 일반 리테일 업체가 스마트 창고 구축에 대한 혁신 속도를 따라잡고 모든 것을 복제하기까지는 오랜 시간이 걸리기 때문이다. 지금껏 전자상거래 사업에 투자하지 않은 리테일 기업들에게 OSP는 최고의 솔루션이라는 주장이다.

OSP는 다양한 웹사이트, 모바일, 음성 인식 등 온라인 쇼핑 채널을 제공한다. 독점적인 검색 기능과 추천 알고리즘을 설계해 사용자로 하여금 상품 검색과 주문을 쉽게 할 수 있도록 해준다. 또한 주문 과정에서 생성된 실시간 데이터를 활용해 소비자에 대한 이해도를 높이고 공급에 대한 수요를 보다 정확하게 매핑해 공급망 계획의 효율성을 향상시킨다.

OSP가 제공하는 CFC는 앞서 언급했듯 모듈 형식으로 비즈니스 규모에 따라 조정할 수 있다. 오카도는 CFC 운영에 있어 '자동화, 자체 기술 사용, 중앙 집중화'라는 핵심 설계 원칙을 준수한다. 웹사이트의 검색 엔진부터 밴라우팅 Van Routing 소프트웨어의 알고리즘까지 모든 것을 자체 플랫폼에서 설계해 사용한다.

초창기 타 기업의 소프트웨어와 온라인 리테일 인프라 구축에 필요한 하드웨어를 통합해 보려 시도했으나 구현이 어려웠다. 그래서 소프트웨어를 직접 설계하고 자체적으로 자재 처리 솔루션을 구축했다. 이것이 현재 오카도의 기술 경쟁력이 됐다.

OSP는 자체 제작한 창고의 소프트웨어와 소비자 웹사이트를 통합시켜, 고객이 실시간으로 재고를 확인할 수 있도록 돕는다. 재고가 떨어지면 공급 업체에 자동으로 재주문된다. 또한 AI와 머신러닝을 통해 소비자 행동 및 재고 예측을 개선하고 폐기물 수준을 판매량의 0.4%로 감소시켰다.

오카도의 끈기 있는 효율성 개선과 로봇 기술 개발의 결과는 2016년 잉글랜드 남부 지방 앤도버에 오픈한 CFC의 벌집 자동화시스템에서 증명됐다. 이곳에서는 3D 그리드 시스템을 사용해 1,000개 이상의 로봇이 식료품 저장 장소에서 상품을 고르고 전달해 주문을 처리한다.

한편으론 혁신이 지속되면서 극복해야 할 점들도 있다. 2019년 4월, 영국 남부에 위치한 오카도 주력 유통센터에 화재가 발생했다. 로봇 그리드에서 시작된 불꽃이 화재로 번졌다. 당시 손실 비용은 1억 파운드(약 1,500억 원)로 알려졌다. 오카도는 화재의 원인을 자동화 시스템 운영에서 나타난 작은 결함에서 비롯된 것으로 보았다. 앞으로 보다 안정적인 운영과 위험 요소를 줄이는 방안이 과제로 남았다.

오카도의 또 다른 미래, 우리에게는 어떤 미래가?

코로나19로 삶의 방식이 바뀌었다. 온라인 쇼핑은 이제 새롭게 자리 잡은 당연한 일상, 뉴노멀이다. 온라인 식료품점의 수요는 공급을 앞지르고, 디지털로 운영되는 슈퍼마켓은 이 혜택을 누리고 있다. 20년 동안 구축한 시스템과 소프트웨어에 라이선스를 부여해 솔루션으로 재구성한 오카도의 미래는 앞으로 더 밝을 것으로 예상된다.

오카도는 그동안 지식재산권IP, 데이터, 노하우 등 다양한 혁신 자산을 확보했다. 그럼에도 현실에 안주하지 않는다. 다른 분야에서의 비현실적인 연구나 잠재력 높은 사업을 개발해 지식재산권을 생성하는 데도 주력하고 있다. 더불어 라이선스 계약이 그룹의 성장을 견인하도록 내부에 IP 전문가를 확보하고 혁신 자산을 보호한다.

또한 온라인 식료품점의 효율성을 더욱 높이고 운영비용을 절감하기 위한 개선을 지속적으로 진행하고 있다. 에리스에 위치한 CFC에는 로봇 팔을 처음으로 도입해 실시간 주문을 소화한다. 인간의 기능과 유사한 수준에 도달하는 것을 목표로 까다로운 식료품을 직접 다루고 수리도 할 수 있는 휴머노이드 로봇을 시험 중에 있다.

비즈니스의 범위를 넓히기 위한 투자도 지속하고 있다. 2019년, 오카도는 유럽에서 가장 큰 수직 농장을 보유한 존스푸드Jones Food의 지분을 매입했으며 5년 내에 최소 10개의 유사한 농장을 개장할 계획이라고 밝혔다. 오카도는 유통센터와 수직 농장을 근거리에 배치해 생산 후 1시간 내에 소비자에게 전달한다는 계획이다. 또한 반려동물 용품 공급 기업인 페치Fetch를 통해 런던 내 1시간 배송 서비스도 시험할 계획이다. 식료품에서 일반 상품까지 산업 분야를 확장한다는 취지다.

앞으로의 해외 진출은 상품 수출뿐 아니라 서비스 수출에 달려 있다. 실제로 영국은 서비스 수출 강국으로 금융부터 기술까지 다양한 분야에서 라이선스 수출을 확대했다. 코로나19를 겪으며 전 세계적으로 디지털화가 진행되고 관련 기술 혁신에 대한 수요가 더욱 늘어나는 현재, 오카도의 솔루션 플랫폼은 성공 사례 모델이다.

국내에서도 디지털 혁신과 인공지능 기술의 발전으로 유통, 물류 환경의 혁신이 활발하게 이뤄지고 있다. 그러나 느껴지는 변화는 배송을 빨리(하루 혹은 몇 시간)하거나 시간대를 이동(한밤중, 새벽)하는 수준이다. 특히 신선식품의 경우 '질 좋고 안전한 제품'은 브랜드의 신뢰도에 의존할 수밖에 없다. 유통과 물류 환경의 혁신이라기보다 새로운 방법이라는 표현이 적절해 보인다.

오카도는 유통 기업에서 ICT 기업으로 변화에 성공한 사례다. 우리 나라 유통 기업들도 적극적으로 투자해 자동화 로봇을 활용한 혁신적 물류 플랫폼 개발에 도전할 필요가 있다. 유통 산업에 기술을 융합한 다면 노동자에게 밤잠과 쉬는 시간을 앗아가며 소비자에게 더 좋은 서 비스를 제공하기 위해 더이상 노동자의 밤잠이나 쉬는 시간을 줄이지 않아도 될 것이다.

박지혜(런던 무역관)

강력한 유통

브뤼셀

일대일 맞춤 사료를 집 앞까지 정기 배송

바야흐로 반려동물 시대다. 시장조사 전문 업체 스태티스타에 따르면 벨기에 반려동물 사료 시장은 2015년부터 5년간 40% 이상 성장해 2019년 매출액 기준 4억 5,700만 유로(약 6,200억 원) 규모다. 2020년 매출은 이보다 11% 성장한 5억 1,500만 유로(약 7,000억 원)에 이를 것으로 예상된다.

유럽반려동물식품산업협회 통계에 의하면, 벨기에인 3명 중 1명은 반려견을 기르고 있다. 이들은 반려견에 대한 애정이 남다르고, 그만큼 많은 시간과 돈을 반려견의 건강과 행복을 위해 쓰는 것으로 알려져 있다.

사료는 반려견을 기르는 이들이 가장 신경을 많이 쓰는 품목이다. 반려견의 건강 유지를 위해 몸에 좋고 영양가 높은 사료를 찾는 소비자들의 니즈를 반영해 유기농 재료 등을 사용한 고급 사료와 영양 균형을 맞춘 건강식도 인기를 끈다.

버디바이츠의 맞춤 제작 사료 예시

반려견 식품 시장에 출사표를 던진 스타트업도 많아지고 있다. 이들은 자신만의 아이디어로 업계의 변화를 주도한다. 그중 하나인 '버디바이츠 Buddy Bites'는 유독 견주들의 눈길을 끈다. 벨기에 북부 소도시 알테르에 본사를 둔 스타트업인 버디바이츠는 맞춤형 사료를 제작해 정기 배송으로 서비스하는 방식으로 고객 만족도를 높여 화제가 되고 있다.

자체 알고리즘 이용한 맞춤형 사료 제조, 정기 배송 서비스로 받는다

버디바이츠는 2018년 문을 연 이래 2년 만에 벨기에, 독일, 프랑스 전역에 정기 배송 회원을 수천 명 보유한 기업으로 성장했다. 2020년

1월 플랜더스 소상공인협회로부터 '2020년 올해의 스타트업'으로 선정되는 등 대표적인 반려견 맞춤 사료 제조 기업으로 이름을 알리고 있다.

샤를로트 쿤 Charlotte Coene은 건축공학을 전공한 공학도 출신으로, 졸업 후 벨기에에 있는 블레릭 경영전문대학원에서 마테이스 브란트 Mattijs Brandt를 만나 공동으로 버디바이츠를 창업했다.

그녀는 반려견 스카이가 알레르기로 인해 피부질환과 소화 장애를 겪자 시중에 판매 중인 사료를 조사하기 시작했다. 그러나 알레르기가 있는 반려견을 위한 특화된 사료를 구하기가 쉽지 않다는 사실을 알게 됐다. 벨기에 내 반려견 사료 시장에서 사업 기회를 발견한 그녀는 마테이스와 함께 구체적인 사업 모델을 준비했다.

샤를로트와 마테이스는 사료 제조를 위한 알고리즘을 직접 개발하고 수의사, 영양 전문가들과 공동으로 제품 개발에 착수했다. 이를 사

버디바이츠의 공동 창업자인 마테이스 브란트와 샤를로트 쿤

업으로 연결시키는 데는 오래 걸리지 않았다. 사업 구상을 시작한 지 1년 만에 두 사람은 버디바이츠를 설립했다.

버디바이츠는 샤를로트가 반려견 사료를 구입하는 과정에서 경험했던 '난감한 상황'에 착안해 맞춤형 사료 서비스를 기획했다.

맞춤형 사료 제조를 위한 질문 문항

- 이름, 견종, 나이
- 몸무게, 체형(보통 체형을 기준으로 5단계로 분류)
- 성별, 중성화 수술 여부
- 식품 알레르기(유제품, 글루텐, 콩류 등)
- 반려견 털의 윤기 정도(매우 반들거림부터 윤기가 거의 없음까지 5단계 분류)
- 하루 배변 횟수와 배변물의 단단한 정도

사료를 구입하는 과정은 간단하다. 홈페이지 www.buddybites.be에 접속해 반려견의 신체와 건강 상태에 대한 정보를 입력하고 버디 패스를 발급받는 간단한 회원 가입 절차만 거치면 된다.

버디바이츠 사료 구매 진행 3단계

① 당신의 개에 대해 모두 알려주세요.
② 우리는 특별한 사료 믹스를 만듭니다.
③ 사료가 떨어지기 전에 다시 배송해드립니다.

회원 등록을 한 고객에게 발행되는 버디 패스에는 반려견에 대한 신체 정보가 담겨 있는데 이 정보는 사료 제조에 활용되고 추가 주문 시에도 재입력 없이 신속히 주문을 진행하게 해준다.

첫 주문 시 고객이 반려견의 정보를 버디바이츠가 자체 개발한 알고리즘에 입력하면, 반려견이 최적의 건강 상태를 유지하는 데 필요한 영양 성분과 열량이 도출되고 이를 토대로 사료의 성분 배합을 결정해 제조 공정을 시작한다.

정기 배송 간격은 회원이 직접 설정할 수 있는데, 한 번 제조하는 양은 반려견의 상태와 고객이 원하는 배송 간격에 따라 달라진다. 정기 배송을 신청해 두면 재주문을 하지 않아도 사료가 떨어질 때쯤 자동으로 사료가 다시 발송된다. 회원 가입일로부터 첫 사료 배송까지는 1~3일이 소요되며 벨기에와 룩셈부르크 지역은 무료 배송 서비스를 실시하고 있다.

출처: 버디바이츠

버디바이츠의 배송용 맞춤 제작 사료

세분화된 니즈를 반영한
맞춤형 제품으로 니치 마켓 공략

버디바이츠의 성공 요인은 앞서 언급한 대로 '세분화된 고객 니즈'를 찾아내 반영한 것이다.

일례로 반려견이 알레르기가 있거나 수술 후 회복 중인 경우 일반 사료를 잘 먹지 않든지 혹은 소화를 제대로 시키지 못하는 일이 벌어진다. 이런 이유로 집에서 직접 반려견이 먹을 음식이나 사료를 만들어 먹이는 보호자도 있지만 필요 영양소와 열량을 계산하는 것에는 어려움을 느낀다.

버디바이츠는 각 반려견에게 꼭 맞는 제품을 개별 제작·배송하기 때문에 건강에 문제가 있는 반려견을 돌보는 보호자들에게 간편한 해결 방법을 제시할 수 있다.

사료 가격은 반려견마다 필요한 영양소가 다르므로 어떤 성분을 배합해 제조했는가에 따라 달라진다. 반려견의 신체와 건강 정보를 홈페이지 회원 가입란에 입력하면 사료 가격을 확인할 수 있다. 보통 1kg당 4~9유로(약 6,000~1만 3,000원) 사이에서 가격이 책정된다. 소형견의 경우 하루 평균 사료 비용은 1.2유로(약 1,700원) 정도로, 맞춤 제조된 사료지만 시중에서 판매하는 일반 사료에 비해 가격이 크게 높지 않다.

이런 세심한 접근은 반려견이 이상적인 몸무게를 유지하는 데 도움이 된다. 버디바이츠는 나이, 몸무게, 견종 등을 분석하고 하루 필요 영양소와 열량을 정확히 계산해 사료를 제작하므로 충분한 에너지를 얻으면서도 살은 찌지 않는다.

사료 제작에는 현지에서 생산된 양질의 식재료를 사용한다. 영양가가 높고 맛이 있어 반려견들이 좋아하는데, 만약 사료를 거부해 먹지 않을 경우 100% 환불을 보장해준다.

벨기에 현지 수의사들은 버디바이츠의 맞춤형 사료가 시장에 판매 중인 유명 제조사 제품들과 비교해도 손색이 없어, 반려견의 섭식을 보다 건강하게 유지하고 싶은 소비자들에게 추천한다고 말한다.

세 가지 조합이 만든 펫비즈니스의 성공 비결

2년 전 버디바이츠는 기존 반려견 사료 시장에 없던 '맞춤형 사료'라는 새로운 콘셉트를 도입했다. 버디바이츠의 성공은 맞춤 제품, 편리한 배송, 안전한 재료 세 가지의 조합이라고 할 수 있다.

벨기에 내에서도 영양과 건강을 생각한 제품은 다수 판매되고 있지만 개별 반려견 건강 상태에 따라 맞춤 사료를 제작하는 기업은 버디바이츠가 처음이었다. 회원 고객 중에는 반려견의 알레르기 때문에 일반 사료를 먹일 수 없거나, 체중 관리를 위해 정확히 얼마나 사료를 먹여야 하는지 잘 모르는 경우 등 반려견 식사 준비에 어려움을 겪는 이들이 많았다. 이들이 맞춤형 사료 이용 후 반려견의 알레르기, 소화 장애, 비만 등의 건강 문제가 개선됐다고 입소문을 내자 버디바이츠의 매출이 상승하기 시작했다.

또한 한 번 반려견 정보를 입력하면 정기적으로 사료를 배송해주는 편리함은 고객들의 만족도를 높여 회원 상태를 오랫동안 유지하게 만든다. 게다가 대형 유통 기업이 운영하는 슈퍼마켓을 거치지 않고 제조사에서 집으로 바로 배송함으로써 유통비를 절감해 제품 가격을 낮출 수 있었다. 구입 시기를 챙겨야 하는 번거로움을 덜 수 있다는 것은 정기 배송서비스를 이용하는 모든 소비자들에게 큰 장점이다.

'건강한 사료'는 많은 사료 제공 업체에서 강조하는 부분이지만 버디바이츠는 이를 네 가지 영역에서 구체화했다. 풍부한 고기(47% 이상의 고품질 육류), 건강한 지방(반짝이는 털을 위한 오메가3&6), 비타민과 미네랄(더 많은 배변과 더 많은 에너지를 위해), 인공 첨가물의 엄격한 배제(신선한 재료의 사용)다. 이 네 가지 제조 원칙으로 인해 견주들은 버디바이츠가 기존 사료와 차별화된 건강함을 제공할 것이란 신뢰를 갖게 됐다.

버디바이츠의 전략은 실제 버디바이츠 사료를 먹은 반려견들에게 좋은 영향을 미치는 것으로 나타났다. 일례로 셰퍼드 견종인 스텔라는 소화기 계통에 문제가 있어 버디바이츠의 맞춤형 사료를 신청했는데, 5개월 정도 서비스를 이용한 후부터 건강이 많이 회복되고 에너지가 넘치는 반려견이 됐다. 스텔라 보호자의 이야기는 홈페이지 '커뮤니티' 기능에서 확인할 수 있다. 버디바이츠의 고객들은 사이트에서 제공하는 커뮤니티방에서 정보 나눔과 교류가 가능하다.

고급화 · 맞춤화 중인 펫코노미,
한국에서의 전망은?

한국 역시 길에서 산책 중인 반려동물을 보는 일이 흔해졌다. 2019년 기준 전국 가구의 26% 이상이 반려동물을 키우고 있다. 반려동물 시장 규모는 2020년 말 3조 3,000억 원 이상이 될 것으로 전망되며 앞으로 성장세도 멈추지 않을 것으로 보인다.

우리보다 반려견 문화가 먼저 발달한 유럽에서는 반려동물 관련 시장이 커지면서 경쟁도 심화됐다. 2012년부터 2020년까지 8년간 100% 이상의 높은 성장률을 기록하는 동안 시장 점유율을 확대하기 위한 기업들의 치열한 노력이 계속됐다.

이런 과정에서 견주들의 마음을 사로잡은 제품과 서비스는 '고급화'와 '맞춤화'로 요약된다. 반려견의 보호자들은 자신의 반려견을 위해 시간과 돈을 아끼지 않게 됐다. 한국의 견주들 역시 가격에 대한 부담 없이 우수한 제품과 필요한 서비스에 지속적으로 지갑을 열 것이라는 예측이 가능하다.

한국의 포털 사이트에서 '맞춤 사료'를 검색하면 다양한 제품이 출시된 것을 볼 수 있다. 버디바이츠처럼 개별 맞춤화는 물론 성분을 빼곡히 담은 설명서, 손편지로 정성을 담은 안내장까지 나온다. 치열한 경쟁은 이미 시작됐다고 해도 과언이 아니다. 다만 버디바이츠처럼 서비스를 시스템화해 성장한 사례는 드물다.

모든 반려동물은 반려인에게 가족이자 친구 같은 소중하고 특별한 존재이므로 내 반려견이 건강하고 행복하게 오래오래 살기를 바라는 마음은 누구나 같을 것이다. 반려동물의 건강을 보다 섬세하고 과학적으로 배려해 반려인들의 마음을 사로잡을 제품과 서비스가 한국에서도 나오길 기대해 본다.

박진아(브뤼셀 무역관)

미식 문화를 함께 배달,
페루의 와인 구독 서비스

리마

'Caudalie(꼬달리)'는 와인과 관련된 프랑스어로, 와인 시음 후 지속되는 미각적이거나 후각적인 자극을 측정하는 단위다. 와인 시음 후 입 안에 향이 남아 있는 시간을 측정하며 1꼬달리는 1초에 해당한다. 우리에게는 매우 생소한 용어지만, 요식업이 발달한 페루의 수도 리마에서는 많은 사람들이 알고 사용하는 용어다. 리마에서 '꼬달리'가 한층 유명해진 데는 벤처 기업이 시작한 '와인 구독 서비스'가 한몫을 했다.

2014년 9월, 프랑스의 두 청년 세바스티엥 에스티비 Sebastien Estivie와 파스칼 끌리쏭 Pascal Clisson은 요식업이 번창하는 페루에서 '꼬달리 와인 박스 Caudalia Wine Box'라는 이름의 기업을 창업했다. 세바스티엥은 리옹

경영대학원을 나와 와인 관련 업무를 했고, 프랑스의 와인 재배 지역 알자스Alsacia 출신인 파스칼은 다국적 기업에서 15년 이상 근무했다. 대학 친구인 두 사람은 와인에 대한 열정으로 몇 년 동안 리마에서 살았다. 꼬달리 와인박스가 세상에 나오고 약 5년이 지난 2020년 5월, 월별 최대 1,000명의 고객이 꼬달리 와인박스의 구독 서비스를 이용하고 있다.

와인과 문화를 함께 배달하다, 애호가와 초보자 모두 만족

꼬달리 와인박스는 구독자들에게 매달 와인 2병을 랜덤으로 발송하는 서비스다. 꼬달리 와인박스가 선택한 와인은 마트에서 흔히 볼 수 있는 와인이 아니다. 소비자들에게 새로운 와인을 소개해 신선한 경험을 선사한다.

박스 안에는 와인에 대한 상세한 설명이 담긴 카드가 함께 들어 있다. 배송되는 와인의 품종과 빈티지vintage 등 기본적인 정보와 함께 즐기면 좋은 음식 메뉴인 마리아주mariage도 있다.

와인 선정은 전문 소믈리에가 매달 블라인드 테스트를 하는 세심한 과정을 거친다. 소믈리에 패널은 페루 유명 레스토랑의 소믈리에, 페루와인피스코협회(피스코는 포도 증류주의 일종으로, 페루의 전통 술이다), 페루 르꼬르동블루Le Cordon Bleu(프랑스 유명 조리 학교로 페루에 분교가 있다) 교수진으로 구성된다.

소개되는 와인들은 페루에서 흔히 볼 수 없지만 니치 수요가 있는 제품들로, 일반인들도 구매할 수 있는 가격대의 제품들이 많다. 또 일반 마트에서는 발견하기 힘든 남아프리카나 호주와 같이 다른 대륙의 와인도 종종 배달돼 소비자들에게 인기를 끌고 있다.

추가적으로 와인에 대한 더욱 자세한 정보를 알려주기 위해 유튜브와 페이스북 등 SNS에 와인을 설명하는 비디오와 기타 연관 콘텐츠를 게시하기도 한다. 꼬달리 와인박스는 와인에 대한 모든 종류의 지식을

꼬달리 와인박스 구독 서비스 신청 화면

와인 관련 정보를 제공하는 꼬달리 설명카드

다양한 방식으로 제공하고자 한다.

꼬달리 와인박스는 부가 서비스로 세계 최고급 레스토랑들과 제휴해 콜키지 corkage(손님이 가져간 포도주를 마실 때 술잔 등을 제공하는 서비스) 비용 면제 같은 할인 혜택도 제공한다. 리마는 '중남미 베스트 50 레스토랑'에 포함된 식당이 11곳이나 있을 정도로 미식업이 발달한 곳이다. 꼬달리 와인박스에서 받은 와인을 들고 레스토랑에서 식사를 하면 소비자들은 무료 콜키지 서비스를 받을 수 있다. 만족은 극대화된다.

꼬달리 와인박스는 전문성이 높은 서비스를 제공하지만 타깃 고객은 광범위하다. 와인을 처음 접하는 초보자들도 설명카드를 통해 큰 어려움 없이 고급 와인을 즐길 수 있도록 돕는다. 와인 애호가들에게는 시중에서 구하기 힘든 귀한 와인을 제공하는 점으로 어필한다. 이렇게 초보자와 애호가 모두에게 와인을 즐기게 해주는 서비스로 호평을 받고 있다.

다양한 요리 정보, 최고의 미식 경험으로
고객의 마음을 사로잡다

리마는 음식이 삶의 중요한 부분으로 자리 잡은 곳이다. 요식업이 사회, 경제 등 다방면으로 큰 영향을 끼치는 이곳에서 최신 요식업 트렌드와 이슈는 사람들의 이목을 끌기 마련이다. 꼬달리 와인박스는 리마의 문화를 잘 흡수해 고객들의 니즈에 맞는 서비스를 제공하고자 했다.

리마 사람들은 요즘 유행하는 식당과 잘나가는 셰프, 맛있는 와인과 인기 있는 소믈리에 등에 대해 알고 싶어 하고 또 함께 이야기하고 싶어 한다. 심지어 비즈니스 자리에서도 이런 주제의 대화가 많이 오간다. 꼬달리 와인박스에서 제공하는 여타 대륙의 신선한 와인과 이에 대한 이야기는 현지인들의 일상이나 사회생활에 큰 도움이 된다.

그뿐 아니라 꼬달리 와인박스와 제휴한 식당들은 '중남미 베스트 50 레스토랑'에 포함된, 현지인들 사이에서도 손꼽히는 곳들이다. 음식에 민감한 리마인들은 꼬달리 와인박스에서 와인을 구매하고 최고급 레스토랑에서 식사하는 것을 값진 경험으로 생각한다. 가족들과 즐거운 시간을 보내며 추억을 쌓거나 성공적인 비즈니스를 완성하는 기회를 만들 수 있다.

꼬달리 와인박스 제휴 레스토랑 리스트

이런 꼬달리 와인박스의 노력은 소비자들이 최고의 미식을 경험할 수 있게 해준다. 소비자의 높은 만족도는 꼬달리 와인박스가 리마 요식업계 최상위 브랜드들과 어깨를 나란히 할 수 있도록 성장하는 발판이 됐다.

치밀한 시장조사로 도매업자와 소비자 윈윈의 성과

현재와 달리 꼬달리 와인박스가 탄생한 당시만 해도 시장은 전혀 장밋빛이 아니었다. 리마는 요식업이 발달해 포화 상태나 다름없었고, 고급 레스토랑은 자체 와인을 판매했다. 식음료업에서 꼬달리 와인박스는 성공을 점치기 어려웠다.

그럼에도 꼬달리 와인박스가 비교적 짧은 시간에 성공가도에 올라선 것은 창업자의 풍부한 경험 덕분이었다. 세바스티엥과 파스칼은 와인 비즈니스에 대해 잘 알고 있었다. 둘은 창업을 고민할 때 "페루 와인 시장은 이미 포화 상태"라는 이야기를 많이 들었다. 사실 여부를 확인하기 위해 시장 분석을 면밀히 진행한 결과 페루 와인 시장의 고질적 문제 하나를 포착할 수 있었다. 페루의 와인 도매상들은 희귀 와인을 팔지 못해 고민이 많았다. 반면 소비자들은 비싼 가격 때문에 다양한 와인을 즐길 수 없는 상황이었다. 두가지 문제를 해결할 창의적인 아이디어가 있다면 와인 사업의 틈새 시장을 파고들 수 있으리라 기대했다. 참신한 아이디어를 통해 새로운 소비층을 형성하겠다는 각오로 창업을 결심했다.

아울러 페루의 주류 사업 환경 역시 두 청년에게는 매력적인 사업 포인트로 다가왔다. 페루는 주류 제품의 수입과 유통에 대한 규제가 까다롭지 않다. 페루 주류법은 도매 업체 간 주류 거래를 허용하고, 주류의 가격 공시를 강제하지 않는다. 소비자 판매 가격도 자유롭게 정할 수 있다. 또 와인 제품의 관세는 ℓ당 약 0.6달러 정도로 높지 않은 편이다. 세바스티엥과 파스칼은 페루의 주류 사업 환경과 이전에 발견한 고질적 문제를 두고 해결점을 찾았다.

페루의 와인 시장 규모는 연간 평균 수입량이 약 3,500만 달러(약 400억 원)다. 연간 평균 매출은 약 2억 달러(약 2,300억 원)에 육박한다. 이 정도는 아직 성숙 단계로 보지 않는다. 규제가 까다롭지 않고 가격도 자유롭게 정할 수 있어 수입을 진행하는 업자들이 많다. 물량 면에서 과잉 공급 우려가 있다. 게다가 해외 와인 생산 업체들은 수입자들에게 최소 주문 수량을 요구한다. 페루 시장은 아직 크지 않기 때문에 최소 수량을 주문해도 상당량이 재고로 남는다.

결국 수입 업체들이 선택하는 방법은 판매 가격을 올리는 것이다. 손실을 줄이기 위해 팔리는 와인에 높은 가격을 매긴다. 잘 알려지지 않은 희귀 와인의 경우 가격 올림 현상이 더 두드러진다. 상황이 이렇다 보니 시장에서 비싼 가격으로 판매되지만, 도매 업체에는 재고로 남는 와인이 상당하다.

꼬달리 와인박스는 이런 와인을 발굴해 도매 업체가 재고로 갖고 있는 질 좋은 수입 와인을 값싸게 구매할 수 있었다. 도매업자는 재고를 털어내고 수익을 올려서 좋고, 소비자들은 희귀 와인을 합리적인 가격에 마음껏 즐길 수 있으니 윈윈이었다.

게다가 도매 업체로부터 와인을 조달받다 보니 직접 수입과 관련한 비용을 생략할 수 있다는 점도 장점이었다. 오로지 마케팅과 배달에만 전념해 소비자 접점을 더욱 잘 활용할 수 있었다.

성공적인 주류 구독 서비스, 한국에서도 가능할까?

한국에서도 주류 등 식품 구독 서비스 이용자들이 늘고 있다.

한국농수산식품유통공사가 2020년 7월 실시한 온라인 설문조사에서 응답자의 57%가 식품 구독 서비스를 이용한다고 답했다. 40대의 비율이 가장 높았으며, 식품 구독 서비스를 이용하는 이유는 '배송의 편리함'이 월등히 높았다.

주류 중에서는 막걸리 정기구독 서비스에 더해 와인 구독 서비스도 등장했다. 2020년 1월 홈술닷컴을 열고 정기구독 서비스를 시작한 배상면주가는 론칭 이후 매달 지속적인 매출 상승을 보이고 있다고 밝혔다. 2018년 론칭한 와인 구독 서비스 업체 퍼플독은 매월 10% 신장세를 보여 2022년까지 100억 원의 매출을 올릴 전망이라고 한다. 이와 같이 주류 구독 서비스는 편리성과 콘셉트의 신선함에서 일단 소비자들에게 어필했다고 볼 수 있다.

페루와 달리 한국은 일부 민속주 등을 제외하고 와인을 포함한 모든 주류 유통이 수입에서 소매까지의 일방통행만 허용된다. 도매 간 거래는 허용되지 않기 때문에 꼬달리 와인박스와 동일한 사업구조는 어려울 수 있다. 그러나 꼬달리 와인박스가 소비자들에게 어필한 마케팅 방법은 국경을 가리지 않고 충분히 통할 수 있을 것으로 보인다. 와인에 맞는 음식 배합인 마리아주를 소개하고, 이에 어울리는 음식을 파는 레스토랑을 추천함과 동시에 무료 콜키지, 식당 할인 등의 혜택을 제공할 수 있다. 한국 현실에 맞는 간소화된 서비스로 재구성해 보는 것도 방법이다.

코로나19로 비대면 경제가 부상하고 사회적 거리 두기 등으로 가정 내에서의 삶의 질 향상을 위한 홈코노미가 성장하고 있다. 아직까지 규제가 많은 주류 관련 사업에는 자본이 있는 기업들이 대체로 강세를 보였지만 변화는 항시 찾아온다.

꼬달리 와인박스의 성공에는 여러 이유가 있지만 가장 중요했던 건 시장 분석과 창의적 아이디어였다. '포화 시장'이라는 평가를 받은 리마에서 꼬달리는 철저한 시장 분석으로 활로를 찾았다. 이처럼 한국에서도 기존의 구독 서비스에 번뜩이는 아이디어를 더한 한국형 서비스의 출현을 기대해 본다.

김홍지(리마 무역관)

새로운 창조
─── **Re-Create** ───

| 무에서 유를 만들다 |

우리는 항상 새로운 발견을 꿈꾸지만 누구나 새로운 것을 발견할 수 있는 것은 아니다. 내가 발견할 수 없다면 남이 발견한 것을 참고해 보자. 마시는 생수는 꼭 흐르는 지하수나 강물이어야 하는 걸까? 과일이나 식물에 포함된 수분을 물로 만든다면? 사랑하는 가족을 떠나보내야 할 때, 유골로 영원히 변치 않는 다이아몬드를 만든다면? 공간을 꾸민 뒤 시들어버린 꽃들로 향을 만든다면? 귀가 솔깃해지는 세계의 다양한 발견을 참고해 나만의 비즈니스로 만들 수 있는 아이디어를 얻어 보자.

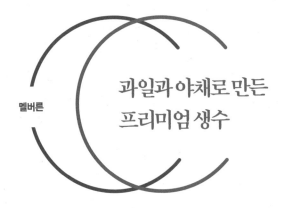

과일과 야채로 만든 프리미엄 생수

인간이 살아가는 데 꼭 필요한 요소로 공기와 물을 빼놓을 수 없다. 인간의 수명을 80년으로 가정했을 때 평생 마시는 물의 양은 73톤이라고 한다. 그런데 이 많은 양의 물은 어디서 올까? 슈퍼마켓이나 편의점에서 쉽게 구매할 수 있는 생수는 강, 지하수, 광천수 등의 물을 여과 및 살균해 상품으로 만들어진다.

그러나 안타깝게도 수질 오염과 물 부족 문제로 전 세계 12억 명의 인구가 식수를 구하는 데 어려움을 겪고 있다. 호주 역시 지구에서 가장 건조한 대륙으로 전체 국토의 약 35%는 강수량이 적어 가뭄 피해가 심각하다. 농업과 산업 용수, 도시 폐수가 여과 없이 버려지면서 수질 오염이 심각해져 식수를 구하기는 더 힘들다.

"자연에서 식수를 얻을 수 있는 새로운 방법은 없을까?"

호주의 '아쿠아보타니컬 Aqua Botanical'은 어려운 고민에 새로운 해법을 제시한다. 주스 공장에서 버려지는 물(과즙, 정제물)을 재활용해 식수를 만들겠다는 참신한 아이디어에서 시작됐다. 과일과 채소에 많은 양의 수분이 함유돼 있는 것을 모르는 이는 없다. 그러나 아쿠아보타니컬은 과일과 채소의 수분으로 마실 수 있는 물을 만드는 기술을 접목했다.

호주에서 아쿠아보타니컬은 지속 가능하고 친환경적인 물을 만드는 혁신적인 기업으로 손꼽힌다. 앞으로 아쿠아보타니컬은 '100% 과일과 야채로 만든 프리미엄 워터'를 세계인에게 선보이며 '새로운 물 공급원'을 널리 알리고자 한다.

출처 aquabotanicalbeverages.com

아쿠아보타니컬 워터 제품

화학 박사의 반짝이는 아이디어에서 시작된
세계 최초의 식물성 워터

아쿠아보타니컬의 창업자인 브루스 캠보리스Bruce Kambouris 박사는 엔지니어이자 의료과학 박사 학위를 가진 화학 전문가다.

그는 1988년 남호주 지역의 와이너리에서 근무하던 시절, 포도즙을 추출하는 과정에서 전체 포도의 4분의 3에 해당하는 엄청난 양의 포도 주스가 버려지는 것을 목격했다. 또 이렇게 버려진 정제되지 않은 폐수는 수질 오염의 원인이 되기도 했다.

브루스 박사는 버려지는 부분을 재활용해 물을 정제해내면 환경오염까지 줄일 수 있겠다는 아이디어가 떠올랐다. 과일과 채소를 농축한 주스를 만들면서 물까지 얻으면 그 자체로 일석이조 아닌가? 확실한 아이디어를 얻은 그는 바로 실행에 옮기기로 마음먹었다.

그러나 아무리 혁신적이고 이상적인 아이디어라 해도 이를 비즈니스화하는 과정은 쉽지 않았다. 특히 이 아이디어를 상품으로 만드는 것 자체가 엄청난 도전이었다. 브루스 박사는 고연봉의 직업, 와인업계에서 촉망받는 직위를 모두 뒤로하고 직접 투자자를 찾아 나서야 했다.

사업 초기 브루스 박사는 그의 아이디어에 관심과 지지를 보이는 많은 기업을 만났지만 선뜻 투자에 나서는 이들은 없었다. 상업성을 가늠할 수 없다는 이유에서였다.

처음 브루스 박사에게 희망을 선물한 기업은 당근 농장 로키라마티

나앤드선스Rocky Lamattina and Sons였다. 이 농장은 빅토리아주에서 농작물 생산지로 유명한 밀두라 지역에 있는데 호주 최대 당근 농장으로 유명하다. 브루스 박사는 이 로키라마티나앤드선스와 협력 관계를 맺었다.

브루스 박사는 실험을 통해, 당근 주스를 만들 때 가공된 당근 1톤으로부터 약 600ℓ의 물을 추출할 수 있다는 것을 확인했다. 이 당근 농장에서는 매년 6만 5,000톤의 당근을 생산했다. 이 중 판매가 어려운 15%는 버리거나 주스 공장으로 보냈다. 브루스 박사는 버린 당근에서도 물을 만들어냈다.

당근 농장에서 일하던 브루스 박사는 새로운 투자 파트너를 만나는 행운도 얻는다. 다국적 기업 CEO인 데이비드 드라이버David Driver다. 그는 아쿠아보타니컬의 공동 대표가 됐다. 자금을 확보한 브루스 박사는 아쿠아보타니컬 워터의 상품화를 본격적으로 시작했다. 대형 유통사와의 성공적인 계약은 자연스러운 수순이었다.

출처: aquabotanicalbeverages.com

아쿠아보타니컬 창업자

주스 공장에서 버려지던 물은 어떻게 생수가 됐을까?

2012년 세계 최초로 특허를 받은 아쿠아보타니컬의 기술 원리는 매우 간단했다.

주스를 만들고 남은 물에서 채소와 과일의 향을 비롯해 당분, 타닌과 같은 성분을 제거하고 고급 자연 생수를 만들어내는 것이다. 매우 정교하고 특별한 기술이 필요할 것 같지만 사실 생수 제조업에서 사용하는 것과 크게 다르지 않다. 브루스 박사에 따르면, 기존에 아쿠아보타니컬 같은 기업이 생기지 못한 건 버려지던 물을 정수할 생각을 하지 못했기 때문이다. 기존의 기술에 단순한 아이디어가 합쳐졌을 뿐이

출처:aquabotanicalbeverages.com

아쿠아보타니컬 생산 공장

라는 이야기다.

아쿠아보타니컬은 사과, 배, 포도, 당근, 토마토, 사탕수수 등 모든 주스의 생산 과정에서 생수를 만들어낼 수 있다. 특히 설탕의 원료인 사탕수수는 60% 이상이 물이다. 게다가 호주는 설탕 생산량의 80% 이상을 해외에 수출하는 세계 2위의 설탕 생산국이다. 사탕수수에서 설탕이 되기까지 보통 5단계에 걸쳐 대규모 증발기가 사용되는데 각 단계마다 수십억 ℓ의 물이 버려진다.

아쿠아보타니컬이 파트너십을 맺은 공장에서는 시간당 무려 32톤의 사탕수수즙을 가열한다. 진공 상태에서 70~80도까지 사탕수수즙을 가열해 수분을 제거하는 과정이 필요하다. 여기에 어마어마한 전력이 소비된다. 호주는 에너지 발전 비용과 전기 사용료가 높은 국가다.

아쿠아보타니컬이 가진 기술은 여기서 한 번 더 진가를 발휘한다. 아쿠아보타니컬은 특허받은 기술로 기존 증발기의 9분의 1 비용으로 수분을 제거하는 동시에 물을 추출한다.

소비자와 스타 셰프를 사로잡은 프리미엄 워터

아쿠아보타니컬은 현재 호주 슈퍼마켓의 양대산맥 중 하나인 울워스Woolworths에서 손쉽게 구할 수 있다.

최근 들어 호주는 다른 나라와 마찬가지로 식료품 시장에서 지속 가능성과 친환경이 트렌드로 자리 잡고 있다. 슈퍼마켓 콜스Coles, 울워스도 이런 트렌드를 마케팅 전면에 내세우며 사회적 책임을 다하고 있다.

아쿠아보타니컬의 프리미엄 워터는 식물성 친환경 콘셉트를 앞세워 호주 전역에 1,000개 이상의 매장을 운영하는 울워스에 입점해 있다. 330㎖ 한 병의 소비자가격은 2호주달러(약 1,700원)로 글로벌 생수 브랜드인 에비앙Evian과 비슷한 가격대에 판매된다. 이 생수는 주스에서 추출한 물이라고 생각할 수 없을 만큼 맛이 깔끔하고 철분, 마그네슘, 아연 등 74가지의 식물성 미네랄 성분이 있어 소비자들의 반응이 뜨겁다.

아쿠아보타니컬은 홍보대사로 호주 유명 셰프 그랜트 킹Grant King을 기용했다. 그랜트는 호주 올해의 셰프상을 수상한 바 있으며, 현재 그가 운영하는 가스트로파크Gastro Park는 호주 최고의 레스토랑 10위 안에 오르는 등 현지에서 유명한 스타 셰프다. 그는 아쿠아보타니컬의 가능성을 일찍부터 알아봤다. 물을 시음한 후 레스토랑에서 판매하던 산펠레그리노San Pellegrino와 같은 글로벌 브랜드의 물을 모두 아쿠아보타니컬로 바꿨다. 그는 "식물성 물이라는 새로운 방식에 우선 관심이 생겼고 깔끔한 맛에 반해 레스토랑에서 판매를 하기 시작했다"고 전했다. 고급스러운 패키징으로 진열하는 데 손색이 없고 무엇보다 고객들의 반응이 좋아 홍보대사도 자처했다고 한다.

아쿠아보타니컬은 환경에 도움이 되면서 비즈니스에서도 수익을 창출하기 위해 해외 시장에도 눈을 돌린다. 중국, 일본에 수출 중이며 대규모 계약과 투자도 이뤄졌다.

또한 뉴사우스웨일스주의 3개 설탕 공장과 조인트벤처 형태로 진행하는 프로젝트에서는 5년 동안 600만 호주달러(약 51억 원)를 투자해, 추후 첫 2년 동안 200만 호주달러(약 17억 원)의 이익을 낼 수 있으리라 기대한다.

아쿠아보타니컬의 기술은 물 부족 국가의 새로운 희망

브루스 박사는 심각한 식수 부족 현상을 겪는 곳에서 아쿠아보타니컬의 기술과 설비를 활용해 문제를 해결하려는 노력도 하고 있다.

아쿠아보타니컬 기술의 장점 중 하나는 설치비용이 적게 드는 것이다. 기존 장비를 최대한 활용하기 때문에 가능한 일이다. 브루스 박사가 처음 눈여겨본 곳은 인도다. 인도의 경우 많은 아이들이 물 부족으로 고통받고 있지만, 그 사이 설탕 공장 같은 곳에서는 1시간에 120ℓ의 물을 사용한다.

브루스 박사는 보타니컬워터파운데이션Botanical Water Foundation을 설립해 NGO, 기부 단체, 정부, 음료 회사와 함께 깨끗한 물을 생산할 수 있는 시설을 무료로 제공하고 하루에 5만 ℓ의 물을 공급할 수 있게 했다.

또한 아쿠아보타니컬은 식물성 생수뿐 아니라 공장에서 매일 필요한 물을 공급하는 것에도 큰 관심이 있다. 인도에 위치한 12개의 설탕 공장에서는 아쿠아보타니컬의 지원을 받아 식수와 산업 용수를 자체적으로 생산한다. 물 추출 기술을 전수받은 곳들은 식수를 얻을 수 있는 데다 필요한 물을 자급자족할 수 있다는 것을 알고 매우 놀라워했다.

아쿠아보타니컬은 지속 가능한 물 공급 노하우를 널리 알리고자 다른 물 부족 국가로의 진출도 지속적으로 추진하고 있다.

전 세계에서 주목한 지속 가능성과 혁신성

아쿠아보타니컬은 프랑스 에비앙에서 매년 개최되는 '글로벌 보틀 워터 시상식 Zenith Global Bottled Water Awards'에서 많은 찬사를 받았다. 2017년 최고의 워터 콘셉트상을 받은 데 이어 2018년에는 최고의 기술 혁신상과 최고의 CSR 기업상을 수상했다. 2019년에는 호주 식음료 산업 대상에서 최고의 음료로 선정되는 등 관련 산업에서도 인정받고 있다. 소비자들은 식물성 물의 탄생을 반가워하며 놀랍다는 반응이다. 과일과 채소 특유의 향이 없고 깔끔한 맛을 낸다는 것에 감탄한다. '혁신적인 상품'이라는 데는 이견이 없다.

인구가 증가하고 산업이 발달하면서 물의 수요는 점점 늘어나지만 기후 변화와 수질 오염으로 깨끗한 물은 점차 줄어들고 있다. 세계적 이슈인 물 부족에 대한 우려는 향후 핵 전쟁보다 물 전쟁 가능성이 더 크다는 말이 나올 정도다.

물 문제에 있어서 한국도 자유롭지 못하다. 한국인의 1인당 하루 물 사용량은 평균 287ℓ로 미국(387ℓ), 일본(311ℓ)에 이어 세계에서 세 번째로 많다. 일상에서는 잘 느끼지 못하지만 UN과 OECD에서는 한국을 물 부족 위험이 높은 국가로 분류한다.

한국의 생수 시장은 나날이 커지고 있다. 또한 한국에서도 음료나 주스 생산 공정 중 버려지는 물이 상당량 있을 것이다. 한국에서도 환경을 생각하며 건강에도 좋은 식물성 생수를 만드는 기업이 나타날 수 있을까? 영양성분이 우수하고 맛도 좋은 식수를 추출해 '프리미엄급 생수'로 이름 붙인다면 호주에서처럼 좋은 반응을 얻는 것은 시간문제이지 않을까 생각해본다.

강지선(멜버른 무역관)

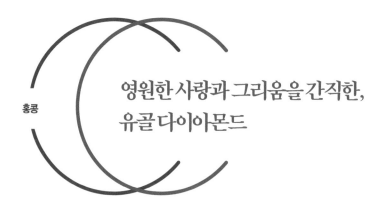

영원한 사랑과 그리움을 간직한,
유골 다이아몬드

홍콩에 사는 에바 우는 사랑하는 아들을 잃고 상심이 컸다. 상피모양 세포 종양이라는 희귀한 병으로 아들을 잃었지만 그의 방조차 치울 수 없을 만큼 슬픔에 빠졌다. 에바 우는 아들과 늘 함께 있고 싶다는 생각에 아들의 유골을 다이아몬드로 제작하기로 결심했다. 그녀는 다이아몬드 제작 회사에서 아들의 유골을 받아 만든 다이아몬드로 목걸이를 만들어 걸고 다닌다. 이런 사연이 CNN에 보도되며 화제를 모았다.

'죽음'은 동서양을 막론하고 사람들이 애써 잊으려고 하는 단어다. 그러나 누구도 죽음으로부터 자유로울 수는 없다. 사랑하는 사람을 떠나보낸 이들은 죽음을 더욱 가까이에서 체감하게 된다. 한 사람의 장레를 치르고 나면 그것으로 끝이 아니다. 시신 혹은 유골을 어떻게 처리할지도 고민해야 한다.

전통적인 중국 사상에는 사후 시신 전체를 보존해야 선조에 대해 존경을 표현할 수 있다는 '사유전시(死有全屍)' 개념이 있다. 또한 유가 사상에는 '신종추원(愼終追遠)'이라는 문화도 있다. 후대들이 지정된 곳에서 선조를 대표하는 위패, 유골 등에 제사를 지내 선인을 추도한다. 하지만 사회의 변화와 발전에 따라 사람들의 생각이 바뀌고 있다. 장례 역시 땅속에 묻는 토장(土葬) 외에 다른 방식을 선택하는 이들이 늘었다. 홍콩에서는 유골을 지정된 공원과 수역에 뿌릴 수 있다. 그런데 최근 홍콩에서 '녹색 장례 문화'가 생겨나면서 새로운 장례 방식인 '유골 다이아몬드'에 대한 관심도 높아지고 있다.

죽어서도 방을 구하기 힘들다,
묘지는 물론 납골당도 부족

토지 부족은 홍콩에서 늘 제기되는 사회 문제다. 주택이나 공장을 지을 땅은 물론 사망 후 시신을 안치할 묘지와 납골당을 지을 땅도 부족하다.

홍콩 내에 가장 전통적인 장례 방식은 토장과 화장(火葬)이다. 홍콩에서 토장을 진행하려면 홍콩 식품환경위생서 Food and Environmental Hygiene

Department에서 운영하는 공영 묘지를 신청해야 한다. 공영 묘지도 영구적인 것은 아니다. 최대 6년간 사용이 가능하다. 6년 후에는 홍콩 정부에서 운영하는 묘지 내에 유골 안장함을 신청하고 유골을 채취해 2차 장례를 치러야 한다.

화장은 상대적으로 간편한 장례 방식이다. 홍콩 정부에 화장을 신청한 뒤 지정된 기념공원 혹은 수역에 유골을 뿌리거나, 정부 또는 사설에서 운영하는 납골당에 안장한다. 그러나 공영 납골당은 늘 공급이 부족하다. 홍콩 정부의 통계에 따르면, 2018년 유골함 신청은 총 3만 5,693건으로 평균 80개월을 기다려야 한다. 2017년에 비해 대기시간이 8개월이나 늘어났다. 또한 공영 납골당도 매 10년마다 재신청을 해야 하는 상황이다.

사설 납골당은 그나마 대기 기간이 짧은 편이지만 비용이 문제다. 평균 매매 비용은 10만 홍콩달러(약 1,500만 원) 이상이다. 공급이 부족해 비용이 지속적으로 상승했다. 묘지와 납골당 공급 부족을 해결하기 위해 홍콩 정부는 2016년부터 녹색 장례를 적극적으로 홍보하고 있다. 녹색 장례를 진행하는 비율은 2016년 11.5%에서 2019년 11월 16.3%까지 확대됐다.

한편 미국과 유럽의 장례 업체들은 묘지와 납골당 부족으로 인한 사회적인 문제를 간파하고 유골을 이용해 다이아몬드를 제작하는 기술을 개발해서 비즈니스에 착수했다.

유골 다이아몬드는 2007년 스위스 다이아몬드 제작회사 '알고르단자 Algordanza'에서 처음 시작했다. 스콧 퐁 Scott Fong 회장이 그의 외이모 할머니의 유골을 다이아몬드로 만든 게 최초였다고 한다. 알고르단자는 2008년부터 홍콩에서 유골 다이아몬드를 만드는 사업을 운영하고 있다. 유골 다이아몬드 비즈니스는 사람들의 선입견 때문에 많은 반대도 있었지만, 최근 홍콩 사람들의 생각이 바뀌면서 점차 대중화되고 있다.

과학이 빚은 녹색 장례 문화 '유골 다이아몬드'

유골 다이아몬드는 일종의 새로운 녹색 장례. 미국, 유럽 등의 지역에서 발전돼 홍콩에서 성업 중이다. 유골에서 99% 순도의 탄소를 여과해 흑연으로 정제한 다음 9시간 동안 화산과 같은 고압을 가하는 기계에 넣어 다이아몬드를 만든다. 이렇게 만들어진 다이아몬드는 천연 다이아몬드와 물리적, 화학적, 광학적 성질이 같다.

현재 기술로는 주황, 황록, 진홍, 파랑, 흰색의 총 5가지 색으로 제작 가능하며 무게는 0.15캐럿에서 최대 2캐럿까지 만들 수 있다. 비용은 업체마다 다를 수 있지만 약 6,500~23만 홍콩달러(약 99만~3,500만 원)가 소요된다.

유골 다이아몬드의 제작 과정은 다음의 총 5단계로 구분할 수 있다.

1단계: 유골을 받은 후 성분 분석을 하고 유골 중 화학 성분을 검측해 탄화 처리를 진행한다(보통 약 100~200g의 유골만 필요하다).

2단계: 성분 분석을 완료한 후 총 두 차례 탄화 처리를 진행한다. 1차 탄화 처리는 유골을 무산소 환경에서 고온 처리해 유골 안의 탄수화물을 탄화시킨다. 2차 탄화 처리는 정화 목적이다. 첨단 추출 기술로 고밀도 탄소 원소를 얻어 99.9% 이상 순도인 탄소 원소를 압축한다.

2차 탄화 처리한 모습

3단계: 천연 다이아몬드가 맨틀에 형성될 때의 환경을 시뮬레이션한 기기에 고순도로 압축된 탄소 원소를 넣고 6만 기압과 섭씨 1400도 환경의 HPHT High-Pressure High-Temperature(고압고온) 기술로 인조 다이아몬드를 제작한다. 특수한 저용점(低熔點) 합금 촉매제와 섞여 다이아몬드가 만들어진다.

새로운 창조

HPHT 고온고압 기술

4단계: 2주 뒤에 다이아몬드 배아가 형성되면 기기에서 꺼낸다. 다이아몬드의 표면을 청결하게 한 후 1차 유골 다이아몬드를 얻는다. 다이아몬드를 고객이 선택하는 모양으로 절단하고 다듬는다.

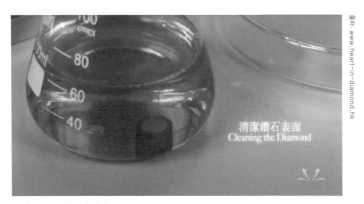

다이아몬드 표면 청결 작업

5단계: 완성된 다이아몬드는 엄격한 품질 관리와 평가를 통과한 후 진품 감정서와 함께 고객에게 전달한다.

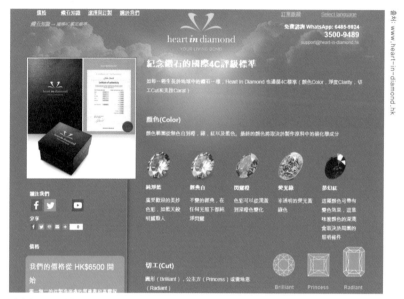

다이아몬드로 재탄생한 유골

HPHT 기술은 섭씨 1400도에서 6만 기압으로 압력을 가하는 과정이다. 이 과정에서 추가적인 화학원소를 첨가하지 않고도 온도와 압력을 조정하는 것만으로 다이아몬드의 색깔을 바꿀 수 있다. 온도와 압력 차이로 원소의 화학적 성질과 결정 구조가 바뀐다. 다이아몬드의 크기, 모양, 색깔에 따라 제작 과정은 70~120일가량 걸린다.

정통 장례 VS 녹색 장례, 지속 가능하고 경제적인 방법은?

홍콩의 유골 다이아몬드 제작 업체 메멘토Memento의 직원에 따르면, 몇 년 전까지도 유골 다이아몬드를 실버 산업 관련 전시회에서 홍보하면 많은 사람들이 큰 반감을 표시했다고 한다. 유골에는 귀신 또는 영혼이 담겨 있는데 이를 액세서리로 만들어 몸에 착용하는 것은 불길하다는 생각이었다. 또한 '입토위안(入土爲安)' 사상이 지배적인 중화권 문화에서는 선친의 유골을 공원이나 바다에 뿌리면 후세들이 제사를 지낼 수 없어 불경스러운 행동이라고 생각하는 경향이 있어 더욱 반감을 가졌다고 한다.

하지만 녹색 장례에 대한 개념이 알려지면서 젊은 세대부터 노인에 이르기까지 생각과 태도가 조금씩 달라지고 있다. 가장 크게는 유골 다이아몬드에 대한 부정적 인식이 바뀌고 있다는 점이다. 많은 유가족들은 장례를 치르고 나면 선친을 기억할 수 있는 유품을 대부분 정리하는데 고인을 매 순간 기리는 것도 현실적으로 쉽지 않다. 그러나 유골 다이아몬드는 이런 현실적인 한계를 해결해 준다.

또한 유골 다이아몬드는 장례로 인한 환경 파괴도 막는다. 일반적으로 토장, 화장 등의 장례를 진행할 때, 유골함, 묘비 등은 목재 혹은 대리석으로 만든다. 화장할 때는 상당한 에너지가 들고 폐기물도 나온다. 녹색 장례를 선택한 이들은 나무 관 대신 종이 관을 사용하기도 하는데, 화장을 진행할 때 필요한 연료가 반으로 줄어든다. 또한 유해 배출물도 약 70% 정도 감소한다.

유골 다이아몬드를 선택할 경우 묘지를 분양받기까지 긴 시간 대기할 필요가 없고, 이후 관리 비용도 줄일 수 있다. 유골 다이아몬드의 제작 비용은 사설 납골당이나 묘지 비용보다 저렴하고 관리비 등 추가 비용도 들지 않는다.

'정'이 많은 한국인들에게 유골 다이아몬드 괜찮을까?

한국은 안팎에서 정이 많은 사회로 통한다. 정이 깊은 만큼 가족이나 가까운 사람을 떠나보내는 데 정성을 다한다. 한국에서도 토장이 주요 장례 방식이었지만 최근에는 화장 후 납골당 또는 수목장을 선택하는 이들이 늘고 있다. 2019년 한국 평균 화장률은 85%를 넘었고, 일부 지역은 98%에 달한 것으로 나타났다. 이는 1993년에 비해 약 4배 정도 증가한 수치다.

화장은 성묘와 벌초의 부담을 덜 수 있으며, 가까운 곳에 모시고 자주 찾아뵐 수 있다는 이점도 있다. 2019년 통계청 발표에 따르면, 시민의 46.4%는 '화장 후 자연장(수목장, 잔디장 등)'을, 41.7%는 '화장 후 봉안(납골당, 납골묘 등)'을 선호한다고 밝혔다.

한국도 홍콩처럼 녹색 장례 문화가 확산되고 납골당 유지 비용이 상승할 경우, 유골로 다이아몬드를 제작하는 형태의 장례 방식을 고려할 수 있을 것이다.

녹색 장례의 확대는 토지 부족 문제에서 자유로울 수 없는 한국이 나아가야 할 길이기도 하다. 유골 다이아몬드를 만드는 장례 문화가 확산된다면, 여기서 아이디어를 얻은 또 다른 녹색 장례 문화도 생겨날 수 있을 것이다. 수목장, 메모리얼 다이아몬드 외에도 다양한 시도가 요구되는 시점이다.

유칭 캐시 야우(홍콩 무역관)

버려지는 꽃을 재탄생시키다

2015년 1월 소프트 엔지니어 안키트 아가왈 Ankit Agarwal은 체코에서 놀러온 한 친구와 함께 갠지스 강가의 충계인 가트 Ghats를 찾았다. 고향인 칸푸르 지역의 북인도 문화를 보여주기 위해서였다.

마침 마카르 산크란티 Makar Sankranti 축제가 펼쳐져 갠지스 강가에는 사람들이 몰렸다. 힌두교 신자들은 축제의 일환으로 갠지스강과 벵골만이 만나는 지점에서 몸을 담그며 정화 의식을 행했다. 힌두교 달력상 낮의 길이가 점점 길어지기 시작하는 날을 축하하는 행사였다.

힌두교에서 거행하는 기도인 푸자 Pooja를 지켜보며 아가왈과 친구는 이상한 모습도 목격했다. 사람들은 오염된 강물에 몸을 담그고 그

물을 마시기도 했다. 순간 의문이 들었다.

"왜 갠지스강이 이토록 오염됐을까?"

답은 금세 찾을 수 있었다. 근처 사원에서 버려지는 꽃 더미가 그대로 강에 던져져 오염원이 되고 있었다. 안키트 아가왈은 한쪽에서는 꽃이 버려지고, 한쪽에서는 오염된 강물에 몸을 담그는 모습을 지켜보며 갠지스강을 정화하는 방법을 고민하기 시작했다. 그리고 2017년 7월, 풀 Phool(힌디어로 '꽃'이라는 뜻)이라는 이름의 리사이클 '인센스Incense(향)' 제조 기업을 만들었다.

꽃이 일으킨 강물 오염, 리사이클에서 답을 찾다

요가와 명상의 나라 인도는 축제의 나라로도 잘 알려져 있다. 1년 내내 지역마다 축제가 끊이지 않는다. 매년 1월 14일이 되면 우리나라의 최대 명절인 추석에 해당하는 축제가 펼쳐진다. 그런데 이 축제에서 빠지지 않는 것이 '꽃'이다. 평상시에도 사원에 꽃을 바치는 문화가 정착돼 있는데 축제 시기가 되면 사원에서 사용하는 꽃은 몇 배나 증가한다. 인도는 매년 60만 곳의 사원에서 약 800만 톤의 꽃이 사용된다는 통계도 있다. 그런데 사원에 바쳐진 그 어마어마한 꽃들의 끝은 결코 좋은 모습이 아니다. 대부분의 꽃들은 아무런 처리 과정을 거치지 않은 채 갠지스강에 버려진다. 이런 현실은 수질 오염뿐 아니라 사

인도 벵갈루루 KR(Krishna Rajendra) 시장에 꽃을 사러 온 사람들

인도 벵갈루루 난디 사원(Nandi Temple) 내 꽃 장식 모습

람들의 건강에도 악영향을 미친다.

"꽃이 강과 사람에게 대단한 오염원이 된다고?"

사람들은 의아해할 수도 있으나, 사원에 공물로 바쳐진 신성한 꽃들은 사실 보기만큼 깨끗하지 않다. 꽃을 재배하는 데 '살충제'를 쓰지 않을 수 없기 때문이다. 사원에 바쳐지는 꽃인 만큼 외관이 중요하므로 이를 아름답게 유지하기 위해서 사용되는 살충제 양은 무시할 수 없는 수준이다. 풀의 창업자 안키트 아가왈은 매일 약 7,600kg의 꽃과 97kg의 독성 화학물질이 강에 버려지는 것으로 집계했다. 꽃에 뿌려진 살충제의 유독물질인 비소, 납, 카드뮴이 강물과 섞여 강의 산소 농도를 낮추고 해양 생물을 위협한다. 결국 버려진 꽃들은 수자원과 생태계에 혼란을 야기하게 된다.

아가왈은 강에 버려지는 꽃들이 일으키는 문제를 해결하기 위해 어린 시절 친구인 카란 라스토기Karan Rastogi와 함께 고민했다. 아무리 생각해 봐도 버려지는 꽃을 리사이클하는 것이 최선이었다. 꽃을 버리지 않으면 강의 오염도 줄게 되고 갠지스강의 오염이 줄면 사람들의 건강에 대한 위협도 줄어들 것이라 생각했기 때문이다.

플라워 리사이클링으로 만들어진 세계 최초 인센스 '풀'

"버려지는 꽃으로 무엇을 할 수 있을까?"

아가왈은 아주 가까운 곳에서 해답을 찾았다. 인도는 요가와 명상의 나라이자, 주요 향의 생산국이기도 하다. 향은 치료, 명상, 의식에 사용되기도 하고 방향제, 탈취제, 방충제로도 사용된다. 주로 막대 모양의 스틱과 원뿔 모양의 콘 형태가 있는데 불을 붙이면 향이 퍼져서 공간을 가득 채운다.

그는 버려지는 꽃으로 천연 인센스를 만드는 연구를 진행한 끝에 방법을 찾아냈다. 일반적으로 인센스는 인공 화학물질을 첨가해 만들지만, 풀의 인센스는 버려지는 꽃과 천연오일을 사용해 100% 친환경적으로 만들어진다. 유해한 연기가 발생하지 않고 순수하며 자연적인 향을 내는 것도 특징이다.

사용자들은 풀의 인센스 향이 집중력을 높이고 땅의 기운을 잘 느끼게 해주는 등 자연 친화적이라고 호평한다. 사원에서 사용된 신성한 꽃이 인근 강에 버려지지 않도록 꽃을 재활용해 유기농 제품을 만들었다는 사실이 알려지면서 대중적 인기도 높아지고 있다.

제조 과정은 대부분 수작업으로 이뤄진다. 원료는 앞서 언급한 것처럼 사원에서 버려지는 꽃들을 수거해 사용한다. "신성한 꽃을 재활용한다"는 뜻을 살리기 위해 반드시 사원에서 쓰고 버리는 꽃만을 사용한다.

수거된 꽃은 공장에 도착한 뒤 수작업으로 플라스틱, 끈, 은박 등을 제거한다. 그다음 바이오 처리를 통해 독성 화학물질을 제거하고 세척 후 햇볕에 말린다. 마지막으로 천연 에센셜 오일에 담그는 과정을 한

풀의 인센스 스틱 제품   풀의 인센스 콘 제품

번 더 거친 후 대나무 스틱에 반죽을 붙이거나 콘 모양으로 빚어 인센스 스틱과 인센스 콘으로 만들어진다. 만들고 남은 재료는 지렁이분 퇴비 등을 만드는 데 사용된다.

이런 작업을 통해 세계 최초로 만들어진 플라워 리사이클링 인센스는 가격 면에서도 비싸지 않다. 25cm 정도의 인센스 스틱은 40개들이 한 상자에 165루피(약 2,600원)다. 수제 나무 홀더도 포함한 구성이다. 스틱 1개가 다 타는 데 보통 40~45분이 걸린다. 원뿔형 인센스 콘은 약 3.5cm 높이로, 한 상자에 40개가 들어 있고 점토 향 홀더도 동봉된다. 판매 가격은 145루피(약 2,300원)로, 하나당 30~35분까지 태울 수 있다.

포장지, 인조가죽, 염료…버려진 꽃의 무한 변신

풀의 자연 친화적 활동은 인센스 제작에만 국한되지 않는다. 풀은 버려진 꽃들로 제품을 만들고 연구하는 과정에서 다양한 물질을 발견하고 제품화 했다.

대표적인 것은 자연 친화적 포장재로 개발한 '플로라폼Florafoam'이다. 스티로폼과 플라스틱 성분의 포장지를 사용하지 않기 위해 연구를 거듭하던 중 개발했다. 천연곰팡이로 말린 꽃을 성형해 제조하는 데, 불에는 잘 타지 않으면서 자연 상태에서 분해가 쉽게 돼 친환경적이다.

다음으로 동물 가죽을 대신할 '플레더Fleather'라는 물질도 있다. 풀의 연구진은 우연히 인센스 스틱과 인센스 콘을 만들던 중, 사용하지 않은 꽃 섬유에서 자라는 두꺼운 섬유질 매트를 발견했다. 플레더는 탄성과 강도 등에서 가죽과 비슷해 인조가죽이 사용되는 곳에 쓰일 수 있다. 현재는 반제품 형태로 가죽 시트를 만드는 데 사용한다.

마지막으로 풀은 천연염료Natural Holi Gulaal 생산에도 주의를 기울이고 있다. 인도의 봄맞이 축제이자 색의 축제인 홀리Holi에서는 많은 사람들이 거리로 나와 다양한 색의 가루 또는 물감을 얼굴에 바르거나 몸에 뿌린다. 풀은 인센스처럼 꽃을 원료로 한 화학물질이 없는 염료를 생산해 판매한다. 신성한 꽃에서 만들어진 만큼 밝은 색상이 주를 이룬다. 피부에 사용하기에 부드럽고 세척도 쉬워 호평을 받고 있다.

취약 계층 여성에게 안정적인 일자리 제공

풀이 인도인들 사이에 인기를 끄는 또 하나의 이유는, 여성들에게 안정적인 일자리를 제공하며 지역사회를 돌보기 때문이다. 직원 시로지는 풀에서 근무하기 전 매일 스무 집을 돌면서 화장실 청소하는 일을 하며 근근이 생계를 이어갔다. 현재는 풀에서 일하며 안정적인 생활을 하게 된 것에 큰 만족감을 표시했다.

풀은 창립 이후 이처럼 극심한 가난으로 인해 어려운 처지에 있는 지역 여성들을 다수 고용했다. 안정적인 일자리를 제공함으로써 여성의 안전과 인권을 보호하고 경제적 자립도 지원했다. 풀은 장기적으로 인도 내 여성 인권을 신장시키는 데 기여한다는 목표를 가지고 있다.

풀에서 근무하는 여성들은 '플라워사이클러Flowercycler'라고도 불리는데, 꽃을 수거하고 수작업으로 인센스 반죽을 빚어내 제품을 만드는 일에 참여한다. 2020년 기준 약 100여 명의 여성이 근무 중이며, 풀은 2022년까지 최대 5,000명의 여성을 채용한다는 목표를 세웠다. 풀의 이런 사회적 활동이 많이 알려지면서 소비자들의 큰 호응을 받고 있다.

풀의 소비자들은 인센스 스틱의 가격에 빈곤층 여성들을 고용하는 비용이 포함됐다는 것을 잘 알고 있다. 따라서 가족, 친구들에게 풀을 소개하는 일도 주저하지 않는다. 선물로 풀의 인센스를 주면서 가치에 대해 설명하고 적극적으로 제품을 홍보한다. 소셜미디어에 제품 사용후기와 사진을 올리는 이도 소비자들이다. 풀은 이런 소비자 그리고 잠재 소비자들과 적극적으로 교감한다.

한국의 3조 원 꽃 시장, 소비자를 열광시킬 플라워 리사이클 제품은?

풀은 3R Reduce, Reuse, Recycle 원칙을 통해 사회적 가치를 실현하고, 소비자들은 그 모습에 열광한다. 풀이 신성한 꽃의 순환을 통해서 소비자와 기업 종사자 모두의 마음을 사로잡고 상생을 실현했기 때문에 가능했던 일이다.

한국의 꽃 시장은 연간 약 3조 원 규모로 추정된다. 개인적인 꽃 선물도 있지만 결혼식, 장례식, 개업일에 사용하는 화환도 상당하다. 화환의 경우 짧으면 몇 시간, 길어도 몇 주 만에 쓰레기로 버려지고 만다. 이를 수거해 재활용할 수 있다면 풀과 같은 새로운 비즈니스를 만들 수 있을 것이다. 국내 인센스 시장은 향수 시장에 포함되는 정도로 아직 규모가 크지 않다. 그러나 호불호가 명확한 만큼 한국인이 좋아하는 인센스를 발굴하거나 개발해 소비자에게 내놓는다면 시장 규모를 키우는 계기가 될 것이다.

일례로 인도에서 만들어진 풀의 인센스 스틱은 홀리 바질 Holy Basil 로도 잘 알려진 '툴시 Tulsi 향'의 인기가 높다고 한다. 툴시 향은 자연적인 공기 정화 역할을 하고, 수면의 질을 향상시키는 데 도움을 주기 때문에 소비자들에게 큰 호응을 불러일으켜 꾸준히 판매가 늘고 있다.

문화적인 배경도 사람들의 인센스 선택에 영향을 미친다. 툴시는 힌두교의 가장 중요한 신들 중 하나인 비슈누 신의 아내 락슈미 여신

베루루(Beruru) 매장 내 풀 제품 진열 모습

을 대표하기 때문에 신성시하는 약초다. 해악으로부터 가족을 보호하고 행운을 가져다준다고 믿는다. 툴시는 신선한 흙 내음과 달콤한 민트 향으로, 한국인들이 흔히 알고 있는 감초와 비슷하다.

한국에서도 꽃의 리사이클에 초점을 둔 제품을 개발하고 지역사회와 적극적으로 소통하며 상생하는 기업이 나타난다면 어떨까? 풀이 그러했듯이 꾸준히 고민하다 보면, 자연스럽게 아이디어가 떠오를 것이다. 한국에서도 꽃을 재활용하는 비즈니스나 상생의 가치를 실현해 소비자의 사랑을 받는 기업이 등장하길 기대해 본다.

조주연(벵갈루루 무역관)

4

그린혁명

순환사회

Back to Nature

| 자연으로 돌아가는 소재 |

2018년 스웨덴의 15세 소녀 툰베리는 세계를 향해 어떻게 그럴 수 있느냐고 외쳤다. 환경문제에 더 이상 무심하지 말라는 절절한 호소는 세계인의 마음을 움직였다. 그러나 코로나19로 위생이 중요해지자 우리는 다시 일회용 컵을, 두 손에는 비닐장갑을 낄 수밖에 없었다. 재료마다 겹겹이 포장된 밀키트와 각종 플라스틱 용기에 담긴 배달음식을 받으며 마음 한편이 무거운 것은 어쩔 수 없다. 코로나19가 만든 쓰레기 산이 연일 뉴스를 장식하는 것을 보며 이제는 더 미룰 수 없다고 결심도 한다. 언택트 소비와 플라스틱 프리의 공존, 불가능해 보이지만 세계 각국의 슬기로운 비즈니스 아이디어를 참고해 순환사회로의 재도약을 꿈꿔 보자.

자연에서 자연으로, 식물로 만든 일회용 접시

키토

솔 자라밀로 Sol Jaramillo는 남아메리카의 에콰도르에서 태어났다. 그녀의 어머니도 안데스산맥에서 나고 자랐다. 그들은 케추아족 소산물의 신인 마드레 티에라 Madre Tierra의 "인간은 항상 자연과 접촉해야 하며 자연을 통해 많은 것을 얻을 수 있기 때문에 서로 보호해야 한다"는 정신을 강조해 배웠다.

자라밀로는 마드레 티에라의 정신대로 자연과 일하는 어머니를 보며 자랐다. 그녀의 어머니는 자연에서 쉽게 얻을 수 있는 식물의 잎, 씨앗, 뿌리 등을 채취·가공해 판매했다. 어머니는 자연의 색을 그대로 표현할 수 있는 물감이나 집 안에 놓을 수 있는 장식품도 만들었다.

그런 어머니를 보고 자란 자라밀로는 커갈수록 "식물을 통해 더 많은 것을 얻을 수 있다"는 말을 실감하게 됐다.

2년 전 일회용 플라스틱 그릇이 자연에 미치는 영향에 대해 심각하게 고민하기 시작했을 때, 자라밀로는 식물에서 얻을 수 있는 것으로만 그릇을 만드는 플레이트 전문 기업 리프팩스 Leaf Packs를 세웠다.

일회용 플라스틱 그릇을 대체할 식물의 발견

리프팩스의 창업은 사실 세대에 걸쳐 완성됐다고 할 수 있다. 솔 자라밀로는 전통적인 에콰도르 가정에서 인간과 자연의 관계는 상호 의존적이라고 배우며 자랐다. 그러나 주변에서 마주한 환경은 그렇지 않았다. 사람들은 점점 더 편리함만 추구하게 됐다. 다양한 공산품들은 시간을 절약하고 삶을 윤택하게 해줬지만 자연은 점점 훼손됐다. 자연이 점차 위기로 내몰리고 있다고 생각한 그녀는 어머니가 물려주신 지식으로 자연을 회복시키는 데 보탬이 되기로 결심했다.

대부분의 일회용 플라스틱은 버려져 자연에 독이 된다. 하지만 자연에서 얻은 재료는 자연으로 돌아갈 때 해가 되지 않는다. 천연 섬유가 일회용 플라스틱 그릇을 대체한다면 어떨까? 이를 위해 첫 번째로 한 일은 다양한 식물의 잎을 관찰하고 분석하는 것이었다.

에콰도르는 아마존 지역, 해안 지역(저지대), 고산 지역(고지대)이 고루

분포해 있다. 이와 같은 다양한
지대와 기후 조건 덕분에 다채
로운 식물을 볼 수 있다. 자라밀
로는 전국을 누비며 일회용 그
릇으로 사용할 만한 식물을 찾
아다녔다. 마침내 해안 지역에
서 적합한 식물을 찾아냈고 에
콰도르 환경부를 통해 멸종 위

리프팩스 로고와 대표 제품

기 보호 대상인지도 확인했다. 이렇게 찾은 식물이 리프팩스의 원자재
가 됐다. 모든 과정을 함께한 어머니의 풍부한 경험과 지식은 그녀에
게 큰 힘이 됐다.

공정무역을 준수하고 자연에도 이롭지만, 높은 가격이 허들

리프팩스는 식물로 만든 '생분해성 접시'를 생산한다. 공정무역 기
준에 따라 일하면서, 플라스틱 소비로부터 지구를 구하기 위해 노력한
다는 사명을 지킨다. 이를 위해 원자재로 사용되는 식물의 구매는 지
역공동체의 도움을 받아 진행한다. 공동체 구성원들 대부분은 저소득
층이며 리프팩스를 통한 일자리로 안정적인 소득을 얻고 있다.

리프팩스의 생산 공정은 '원자재의 세척, 건조, 화이트닝, 접시 생산'으로 비교적 간단하다. 식물 고유의 특성상 별도의 방수 처리가 필요하지 않다. 여러 번 세척해 재사용할 수도 있다. 리프팩스 제품의 가장 큰 장점은 사용한 접시가 유기물과 접촉이 있었던 시점을 기준으로 30일 내 부패가 시작되며 6개월 후 완전히 사라지는 100% 생분해성이라는 점이다. 다른 일회용 그릇과 마찬가지로 저온과 고온 모두에 강하고 냉장 보관과 전자레인지 사용도 가능하다.

그러나 리프팩스 제품이 장점만 있는 것은 아니다. 제작 공정 자체는 간단하지만 생산 절차의 60~70%가 수작업이다. 원자재의 장거리 운송과 가내수공업 기반의 공정은 제품 가격이 올라가는 주요 원인이 된다. 일회용 플라스틱 그릇에 비해 리프팩스 제품의 시장 가격은 3배가량 비싸다. 자라밀로는 좋은 제품을 만들 수 있는 확신은 있지만 보다 사업성을 높일 수 있는 가격 정책이 쉽지 않다고 고백했다.

에콰도르와 해외에서 리프팩스를 알리는 노력들

에콰도르의 소비 문화는 아직 가치소비, 즉 친환경 제품에 대해 기꺼이 더 높은 비용을 지불하는 문화가 자리 잡은 것은 아니다. 더군다나 일회용품을 구입할 때 가격은 더욱 중요한 구매 요인이 된다. 현재 리프팩스의 연 매출 규모는 약 4만 달러(약 4,700만 원)다. 제품의 홍보도

슈퍼마켓에서 판매 중인 리프팩스 제품

중요하지만 친환경 제품을 사용해야 한다는 가치소비 문화가 더욱 확산돼야 한다. 리프팩스는 SNS와 다른 미디어를 통해 이런 분위기를 만들어가고 있다. 일회용이 아니라 세척을 하면 최소 2~3회를 사용할 수 있다는 점을 강조해 설명한다.

현재 리프팩스는 에콰도르 내 대형 슈퍼마켓 미 코미사리아토 Mi Comisariato에 납품 중이며 유기농 채소와 슈퍼마켓에서 판매하는 음식들을 포장해 판매하는 기업과도 거래하고 있다.

한편 리프팩스의 대표인 솔 자라밀로는 문제점을 해결하기 위해 해외 업체들의 문을 두드렸다. 최근에는 독일 기업과 협력 관계를 맺었다. 리프팩스는 천연 섬유 기술을 공유하고, 독일 업체는 생산·마케팅 노하우와 해당 분야의 산업화를 지원한다.

다만 아직까지 리프팩스가 보유한 설비로는 월 1만 6,000개의 접시를 생산할 수 있는 수준이어서, 수출이 본격화된다면 설비 증설이 필요하다. 리프팩스는 접시의 원자재 식물을 보다 체계적으로 재배하는 방법을

출처: 리프팩스

리프팩스 홈페이지와 제품

제품의 특성과 가격

출처: 리프팩스

	원·사각 모양의 접시 26×26cm	0.28~0.30달러
	원 모양의 접시 20×20cm	0.24~0.26달러
	원·사각 모양의 접시 15×15cm	0.22~0.23달러
	숟가락	0.09달러
	배달 용기 750㎖	0.60달러
	배달 용기 1000㎖	0.75달러

고민하고 있으며 이를 위한 투자 유치도 고려 중이다.

앞으로 리프팩스는 여러 홍보 채널을 통해 회사의 설립 배경인 '어머니의 자연 사상'과 환경 프로젝트라는 이미지를 전파할 계획이다. 에콰도르 환경부는 지금까지 리프팩스가 해온 다양한 노력을 인정해, 2018년 '생태계 보호를 추구하는 생산 모델Distintivo Verde' 인증을 수여하기도 했다.

한국에서도 리프팩스와 같은 사업이 가능할까?

세계경제포럼과 유엔환경계획UNEP이 실시한 연구에 따르면 2016년 생산된 3억 톤의 플라스틱 중 최소 800만 톤이 바다로 흘러갔다고 한다. 플라스틱은 이제 땅과 바다를 점령하며 지구의 생태계를 강하게 위협하고 있다.

한국에서도 '플라스틱 프리plastic free'에 대한 관심이 더욱 높아지는 가운데, 카페에서 찬 음료를 담는 일회용 컵과 플라스틱 빨대, 그리고 슈퍼마켓 비닐봉지 등을 줄이기 위한 정책은 이미 시행되고 있다. 그린피스의 〈일회용의 유혹, 플라스틱 대한민국〉 보고서에 따르면 2017년 기준으로 한국에서 사용된 비닐봉지는 235억 개, 페트병은 49억 개, 플라스틱 컵은 33억 개에 달한다. 이 보고서는 생활용품 전반에서 플라스틱 사용을 줄이기 위해 적극적이고 강제성을 띤 강력한 정책을 시행해야 한다는 의견을 보탰다.

일례로 프랑스에서는 2017년 1월부터 일회용 비닐봉지 사용을 전면 금지했다. 코로나19로 인한 이례적인 플라스틱 사용량 증가에도 불구하고 프랑스 기업들은 '지속 가능한 개발'을 목표로 환경 책임 경영을 실천하고 있다. 글로벌 화장품 기업인 로레알Loreal은 종이 용기를 채택하고, 프랑스의 자랑인 식음료 업체들도 감자 전분, 재활용 종이를 활용해 케이스와 라벨로 사용한다. 먹을 수 있는 커피잔이라는 이색 발명품도 소비자들의 사랑을 받는다.

'착한 패키징'이 글로벌 트렌드로 자리 잡는 지금 우리도 에콰도르의 리프팩스와 같이 100% 자연에서 와서 100% 자연으로 돌아가는 소비에 대해 한 번 더 생각해 볼 필요가 있다. 다행히도 한국은 가치소비를 추구하는 소비자들이 점점 늘어나고 있으며 정책적인 지원도 다양한 편이다. 공공의 이익을 위해 활동하는 '사회적 기업 활성화 정책'도 있다. 자연에서 나온 재료를 수작업으로 가공해 판매하는 형태라면 이들 기업에서 수용해 발전시킬 수 있다. 또한 수작업 인력에 대해 사회의 지원이 필요한 계층을 활용한다면 플라스틱 대체뿐 아니라 함께 사는 사회를 만드는 데도 일조할 수 있을 것이다.

최근 코로나19로 일회용품 사용이 다시 증가했다는 뉴스가 들려온다. 사회적 거리 두기로 식당에서 먹는 대신 포장해서 집으로 가져가거나 배달해서 먹는 경우가 크게 늘어났다. 그렇지만 집에 쌓여가는 일회용품을 보면서 마음 한편이 불편한 소비자들도 많을 것이다. 일회용품 사용률이 높은 기업이라면 자연에서 와서 다시 자연에 그대로 돌려주는 제품 사용을 통해 소비자들의 불편한 마음도 덜고 기업 이미지 제고도 노릴 수 있다. 보다 적극적으로 한국의 가치소비를 이끌어 나갈 기업이 더욱 많이 등장하기를 기대해 본다.

정지웅(키토 무역관)

아픈 지구를 살리는 바이오플라스틱

2016년 한국인 1인당 연간 플라스틱 사용량은 평균 98.2kg으로 세계 최고 수준이다. 플라스틱 컵의 경우 한국인들은 연평균 33억 개를 소비하는데, 이를 쌓으면 지구에서 달까지 닿는 거리라고 하니 그 양이 상상을 초월한다. 플라스틱은 편리하고 저렴한 가격 덕분에 일상에서 흔하게 사용되는 소재다. 하지만 자연 분해가 되지 않는다. 지구는 지금 이 순간에도 쌓이고 있는 플라스틱 폐기물로 몸살을 앓는다.

여기 플라스틱이 일으키는 다양한 문제를 막으며 생분해가 가능한 신소재, '바이오플라스틱'이 있다. 멕시코 중부의 과나후아토주에 있는 바이오플라스틱 제조 회사 폴리비온Polybion은 스티로폼(발포스티렌수지)을 대신하는 풍기셀 Fungi Cell과 친환경 가죽인 셀리엄 Celium을 개발하며 지구온난화 문제 해결에 적극 나서고 있다.

2015년 11월 25일 설립된 폴리비온은 바이오 소재 제조 분야에서 선구적인 중남미 회사다. 생물학적 제제와 공정을 사용해 바이오폴리머 Biopolymer(분자가 기본 단위의 반복으로 이뤄진 화합물로 염화비닐, 나일론 등이 있다)를 얻었다. 폴리비온의 비즈니스 모델은 단순하다. 식물성 폐기물로 필요한 물건을 만드는 것이다. 이들이 만든 제품은 탄소 배출을 줄이고 생산물은 분해가 가능하며 30일 만에 자연으로 돌아간다.

식물, 생명, 자연에 대한 애정으로 탄생한 폴리비온

회사의 창립자인 고메즈 Gomez 형제는 식물, 생명, 자연에 대한 애정과 관심이 회사를 창립하는 데 결정적인 계기가 됐다고 말한다. 폴리비온의 창업자인 악셀 고메즈 Axel Gomez는 친형인 알렉시스 고메즈 Alexis Gomez와 바르바라 곤살레스 Barbara Gonzalez 박사와 함께 풍기셀이라는 천연 소재를 발명했다.

대학에서 생명공학을 전공한 악셀 고메즈는 미국 매사추세츠공과대학교 MIT에서 개최하는 국제합성생물학경진대회 iGEM에 지금의 풍기셀과 비슷한 아이디어로 참가했다.

이후 멕시코로 돌아와 본격적으로 프로젝트 개발에 착수하던 중 알

폴리비온 공동 창업자인 고메즈 형제

렉시스에게 아이디어를 공유했고, 알렉시스와 친분이 있던 바르바라 소재공학 교수의 권유로 과나후아토주 혁신부에서 주최하는 'beca-Grant'라는 경진대회에 참가했다. 이 대회에서 대상을 수상한 고메즈 형제는 2015년 폴리비온이라는 회사를 설립했다.

스티로폼을 대체할 풍기셀, 동물 가죽 대체할 셀리엄

이들이 발명한 풍기셀은 식물성 폐기물에서 나온 고분자물질(바이오폴리머)로 만들어진다. 버섯 균사체에서 추출한 식물 성분이 주원료다. 균사체란 실 모양 균류의 생장 기관인 균사들이 모여 나타난 덩어리다.

셀리엄이라고 불리는 동물 가죽을 대체하는 바이오섬유 역시 식물

풍기셀로 만든 포장 완충재

셀리엄으로 만든 슬리퍼와 지갑

성 폐기물로 만들어진다. 멕시코는 연간 5,000만 톤의 식물성 폐기물이 만들어지는 나라로, 셀리엄의 원료는 매우 풍부한 편이다.

풍기셀과 셀리엄의 원리를 살펴보면, 식물성 폐기물을 자원화하는 데는 살아 있는 미생물이 필요하다. 유무기물의 분해합성을 통한 물질대사 과정은 식물 찌꺼기 속의 성분을 바이오매스로 만드는 생산 기계와 같은 역할을 한다. 폴리비온은 이 소재를 원료로 해 스티로폼을 대체하는 바이오폴리머, 동물 가죽이나 합성섬유를 대체하는 바이오섬유 등의 산업 자재를 생산하는 것이다.

결과적으로 폴리비온은 버섯과 같은 식물성 폐기물에서 나온 천연 성분으로 스티로폼을 대신할 수 있는 풍기셀을 만들고, 식물성 원료로 친환경 가죽인 셀리엄을 만들었다. 이들 바이오 소재는 지구 환경 변화, 그중 지구온난화를 해결하는 소중한 자원으로 활용할 수 있다.

폴리비온은 2019년 11월, 스타트업을 지원하는 매스챌린지멕시코MassChallenge Mexico의 액셀러레이터 프로그램에 참가해 상금 80만 페소(약 4,300만 원)를 받기도 했다.

미국 · 유럽 등 선진 시장에서
특히 인기가 많은 바이오 소재

최근 폴리비온의 활동 영역은 멕시코에 국한되지 않는다. 플라스틱을 대체할 친환경 소재에 대해 전 세계적인 관심이 증가하면서 미국, 유럽, 뉴질랜드, 캐나다와 같은 국가에 진출했다. 아직 멕시코에서는 바이오 소재에 대한 수요가 많지 않지만 미국, 캐나다, 유럽 등 선진국의 수요가 높아 해외 진출이 더 유리한 측면도 있다.

바이오스티로폼인 풍기셀의 경우 포장 용기, 음향 패널, 인테리어 제품 등에 많이 이용되며, 바이오섬유 셀리엄은 패션과 신발 산업에서 떠오르는 신소재로 각광받고 있다. 폴리비온은 실제로 프랑스 명품 제작 회사, 미국의 슬리퍼 제조사, 캐나다의 스포츠웨어 회사 등을 고객으로 두고 있다.

전문가들은 "폴리비온의 사업은 산업 생산에 있어서 기술혁명의 뚜렷한 예"라고도 한다. 지금 당장은 보편화되지 않았지만, 환경과 동물 보호에 대한 관심이 높아지는 만큼 점차 우리 삶에 깊숙이 침투할 것이라는 예측이다.

고메즈 형제는 멕시코 시장의 전망에 대해서 "바이오 소재가 멕시코의 차기 트렌드가 될지는 미지수이나, 지역적으로 바이오 소재를 생산하기에는 유리한 측면이 있다"고 밝혔다.

우선 바이오 소재의 원료가 되는 식물성 폐기물이 풍부해 저렴한 가격에 구할 수 있다. 다음으로 경쟁력 있는 노동력이 존재한다. 결과적으로 비슷한 사업을 하는 기업들이 미국에도 존재하지만, 멕시코에서 공정을 진행하는 것이 수익성이 더 좋다.

쓰레기로 몸살 앓는 지구, 바이오 소재가 대안 될까

맥킨지Mckinsey의 한 연구에 따르면 "향후 15년 내로 글로벌 제조 산업에 사용되는 원부자재 등 생산 요소의 60%가 박테리아, 균 등을 활용한 바이오 기술로부터 나올 것"이라고 한다. 바이오 기술은 산업 자재뿐 아니라 의약, 섬유, 화장품, 소비재 등 다양한 분야에 활용될 수 있다.

전 세계적으로 환경오염 문제가 심각하게 대두되자 많은 국가에서 플라스틱 사용 금지법, 플라스틱 빨대 금지법 등이 제정됐거나 추진

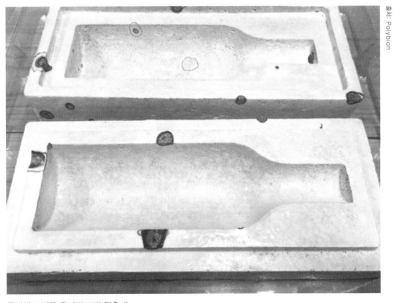

출처: Polybion

풍기셀로 만든 유리병 포장 완충재

중이다. 멕시코에서도 일회용품 사용 금지 규정이 생겨나고, 이제는 마트나 식당에서도 일회용품 사용을 줄여 나가고 있다. 굳이 써야 한다면 자연 분해돼 비료화가 가능한 용기, 비닐봉지, 컵 등이 대체 사용된다.

한국에서도 플라스틱 사용을 줄여야 하는 것은 피할 수 없는 과제다. 일회용품 사용 금지 등의 노력을 기울이고 있지만, 근본적으로는 플라스틱을 대체할 바이오 소재가 나오는 것이 이상적일 것이다.

2020년에는 지진뿐 아니라 기록적인 장마와 국지성 호우, 남극 세종기지 주변의 눈이 모두 녹아버리는 등 기후 변화의 경종을 울리는 일들이 많았다. 지구 환경을 훼손하는 쓰레기 문제는 더 이상 미래로 미룰 수만은 없는 과제다. 손쉽게 활용할 수 있는 바이오 소재의 개발과 의식 개선을 통해 지구에 주는 부담을 '제로'로 만들 사회를 꿈꿔 본다.

공소연(멕시코시티 무역관)

이산화탄소를 줄여주는 신개념 콘크리트

콘크리트는 가장 많이 사용되는 인조물질인 동시에 물에 이어 지구 상에서 두 번째로 많이 소비되는 자원이다. 콘크리트 제조에는 시멘트가 필요한데, 1톤의 시멘트를 생산하는 데 약 1톤의 이산화탄소가 배출된다. 매년 전 세계 시멘트 생산량은 80억 톤에 이르고 이 과정에서 전 세계 탄소 배출량의 8%에 해당하는 이산화탄소가 발생된다. 시멘트 산업의 탄소 배출량을 세계 국가와 비교하면 중국과 미국에 이어 세계 3위에 해당하는 규모다.

미국 뉴저지주에 있는 솔리디아Solidia Technologies는 이산화탄소를 흡수하는 시멘트 생산기술로 주목을 받고 있다. 솔리디아의 시멘트는 기

시멘트 산업 탄소 배출량

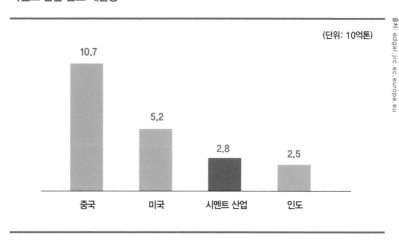

출처: edgar.jrc.ec.europa.eu

(단위: 10억톤)

10.7 중국
5.2 미국
2.8 시멘트 산업
2.5 인도

존 시멘트보다 석회석을 적게 사용하고 물 대신 이산화탄소를 주입해 굳힌다. 솔리디아 시멘트가 방출하는 이산화탄소는 기존 시멘트가 배출하는 이산화탄소의 30% 수준이다. 게다가 솔리디아 시멘트는 굳힐 때도 이산화탄소를 사용하는데, 1톤당 240kg의 이산화탄소를 머금는다. 쌓여만 가는 이산화탄소를 파격적으로 줄여주는 솔리디아테크놀로지를 만나 보자.

Co^2를 소비하고 발생량도 줄이는 솔리디아의 콘크리트 기술

미국 뉴저지주 럿거스대학교 산업단지에는 솔리디아의 콘크리트 제조 공장이 위치해 있다. 일반적으로 대학의 산업단지에는 첨단 기술 기업이 입주한다.

'태양광 패널이나 풍력 터빈이 있을 것 같은 곳에 콘크리트 공장이라니?'

솔리디아가 럿거스대학교 산업단지에 들어선 데는 이유가 있다. 솔리디아는 글로벌 온실가스 감축의 게임 체인저로 주목받는 친환경 기술 기업이다. 솔리디아가 만드는 것은 콘크리트다. 그러나 기존의 콘크리트와는 다르다. 솔리디아 시멘트 Solidia Cement™는 전통적인 시멘트 소성로를 사용하지만 더 낮은 온도에서 생산되므로 온실가스 배출을 30~40% 낮출 수 있으며 콘크리트 경화 과정에서 1톤당 240kg의 이산화탄소를 낮출 수 있다.

육중한 기계들이 시멘트 가루를 물, 모래, 자갈 등과 혼합해 벽돌 모양으로 압축한 후 운송 컨테이너를 통해 거대한 오븐과 같은 경화실로 운송한다. 일반적인 콘크리트 생산 공정에서는 시멘트 혼합물에 수증기를 쬐어 화학반응을 일으킨다. 그런데 솔리디아의 방식은 조금 다르다. 수증기 대신 이산화탄소를 쬔다. 이산화탄소와 시멘트의 칼슘이 반응해 고체 탄산칼슘을 형성하면서 혼합물이 단단해지고 중량이 증가한다.

이런 친환경 콘크리트 생산 기술을 적용하면 1톤의 시멘트를 콘크리트로 변형하는 데 기존 대비 4분의 1 수준의 이산화탄소만 발생한다. 온난화의 주범인 이산화탄소를 생산 자원으로 활용할 수 있을 뿐 아니라 배출되는 이산화탄소도 감축시킨다.

친환경성에 효율성, 우수성, 경제성을 더하다

솔리디아는 시멘트와 콘크리트 생산에서 이산화탄소 배출 감소와 함께 제거 기술까지 보유한 기업이다. 또한 솔리디아 시멘트는 친환경 적이면서 효율적이고 경제적인 몇 가지 요소를 더 가지고 있다.

첫째, 솔리디아의 기술은 수자원 보존에 유리하다. 콘크리트 생산 에 매년 3조ℓ의 물이 소비되는데 솔리디아의 기술을 사용하면 물을 전혀 사용하지 않아 3조ℓ의 수자원을 보존할 수 있다.

둘째, 짧은 경화 시간 덕분에 생산 효율성이 높아진다. 기존의 콘크 리트 제조 방식은 시멘트 혼합물이 충분히 단단하게 경화되는 데 28일 이 소요된다. 하지만 솔리디아 콘크리트는 24시간 안에 경화가 완료돼 생산 효율성이 뛰어나다. 경화 시간이 짧기 때문에 주문을 받은 후 적 절한 시간 내 생산과 배송 이 가능하므로 재고 보유 물량을 줄일 수 있다.

셋째, 제품 자체의 품질 이 우수하다. 솔리디아 콘 크리트는 일반 콘크리트에

솔리디아 시멘트

비해 내구성이 좋고 풍화 작용에 의한 침식도 거의 없다. 기존 콘크리트에 비해 색상이 밝아 백색 시멘트를 대체할 수 있으며 다양한 색상의 제품도 생산 가능해 심미성이 뛰어나

다양한 색상의 솔리디아 콘크리트

다. 솔리디아의 최고 경영자인 톰 슐러Tom Schuler는 "솔리디아테크놀로지는 더 나은 제품을 만드는 데 집중하고 있다. 지속 가능성은 (일반 시멘트와의 경쟁에서 솔리디아를 차별화할 수 있게 도와주는) '케이크 위의 장식'과 같은 것"이라며 품질에 대한 강한 자신감을 나타낸 바 있다.

마지막으로 솔리디아의 기술은 새로운 건설비용이 들지 않는다. 즉 제조 시설을 새로 건설해야 하는 것이 아니라 기존 시멘트와 콘크리트 제조 시설에 적용할 수 있다. 따라서 더 많은 제조 시설에서 적은 비용을 투자해 빠르게 친환경 제조 방식으로 전환할 수 있다.

이런 장점을 무기로 솔리디아테크놀로지의 기술은 현재 북미와 유럽의 공장으로 침투 중이다. 시멘트와 프리캐스트 콘크리트 공장에 활용되는데 페이

다양한 색상의 솔리디아 콘크리트

솔리디아 콘크리트 블록

버, 지붕용 타일, 블록 등 3가지 프리캐스트 제품을 출시했다. 현재는 기포 콘크리트, 철도 침목, 건축용 패널 등 더 다양한 상품을 개발하고 있다.

탄소 저감 기술의 비즈니스 안착, 글로벌 투자가 힘을 보태다

솔리디아의 핵심 기술을 개발한 이는 바힛 아타칸 Vahit Atakan 으로, 럿 거스대학교에서 재료과학·공학 박사 과정 중 탄소 기술을 유망한 비 즈니스 모델로 보고 연구를 시작했다. 이후 공동 개발자이자 수석 과 학자로 솔리디아를 이끌고 있다.

당시는 지구온난화 방지를 위해 공기 중 이산화탄소를 포집하는 기술을 사용하는 것이 점차 활발해지는 시기였다. 산업계에서도 포집한 이산화탄소의 생산적인 활용 방법에 관심을 보이고 있었다. 아타칸은 과거 시멘트 관련 업무 경험을 바탕으로 "탄소 배출량이 상당한 콘크리트와 시멘트 제조업에 큰 기회가 있을 것"이라 판단했다.

오늘날의 콘크리트 제조 방식은 1824년 콘크리트의 주재료인 포틀랜드 시멘트가 개발된 이후 거의 변화가 없다. 아타칸과 럿거스대학교의 연구원들은 증기를 이용한 기존의 방식 대신 '이산화탄소를 이용한 콘크리트 경화' 방법을 연구했다. 100가지 이상의 실험을 통해 가장 우수한 화합물을 결정했는데 그것이 규회석 wollastonite으로 알려진 $CaSiO_3$ 기반의 콘크리트였다.

그러나 화합물을 조합해내고도 비즈니스 단계로의 진입은 쉽지 않았다. 규회석은 보통 난연제, 전기 절연제 등에 사용되는 천연광물이다. 연간 전 세계 생산량이 70만 톤에 불과해 시멘트 생산 수요를 감당하기에는 턱없이 부족했다. 만일 전체 콘크리트 시장의 일부만을 대체한다면 기후 변화에 큰 영향을 주지는 못할 것이다.

아타칸과 연구원들은 연구를 지속한 끝에 인공 규회석을 만드는 방법을 찾았고 이것이 현재의 솔리디아 시멘트와 콘크리트 개발에 핵심적 역할을 하게 됐다. 이후 수년간의 실험, 연구, 개발을 통해 기술의 완성도가 높아졌다.

솔리디아가 본격적인 생산 시설을 만들게 된 것은 '석유·가스·기후이니셔티브 Oil and Gas Climate Initiative'의 투자가 큰 역할을 했다. 이 조직에는 쉘 Shell , BP 등 주요 원유 기업들이 참여했다. 이후 솔리디아는 벤처캐피털 클라이너퍼킨스 Kleiner Perkins , 브라이트캐피털 Bright Capital , 세계 최대 시멘트 제조 업체인

출처: www.solidiatech.com

솔리디아 콘크리트에 사용되는 모래와 자갈

스위스의 라파즈홀심 LafargeHolcim 등의 투자를 이끄는 데 성공했다.

허들은 넘고, 기회는 잡고 "탄소 줄이는 기술을 팝니다"

솔리디아는 단순히 콘크리트 판매에 머무르지 않는다. 친환경 시멘트와 함께 경화 장비를 전 세계 대규모 콘크리트 제조 업체에 판매하기 위해 뛰고 있다. 글로벌 기업에 시장조사 보고서와 컨설팅을 제공하는 놀리지소싱인텔리전스 www.knowledge-sourcing.com 보고서에 따르면, 글로벌 그린 시멘트 시장은 2018년 기준 205억 달러(약 24조 원) 규모로 2024년까지 연평균 9.7%의 성장을 지속할 것으로 예측됐다. 시장 규모가 357억 달러(약 42조 원)에 이른다는 전망이다. 미국, 캐나다에서 친환경 건축물 건설에 대한 투자가 늘고 있어 북미가 가장 큰 시장을 차

지한다. 미국 환경보호국EPA의 엄격한 온실가스 배출 규정이 그린 시멘트 시장의 성장을 주도한다는 분석이다.

그렇지만 아직 넘어야 할 산도 많다. 건설업계에 만연한 보수주의가 대표적이다. 생명 안전 보장을 위해 구조물의 안전성을 최우선으로 고려하는 건설업은 오랜 세월 사용하면서 검증된 기술을 선호하기 때문에 신기술 채택에 주저한다. 새로운 방식으로 전환하기 위해서는 추가 비용이 필요하지만 이를 순순히 지불하고자 하는 기업도 많지 않다.

솔리디아는 이런 장벽을 극복하기 위해 콘크리트 제조 업체들에 솔리디아의 기술이 기존 방식에 쉽게 적용될 수 있음을 보여준다. 기존 업체에서 사용 중인 콘크리트 생산 재료를 받아 솔리디아 시멘트와 섞고 벽돌 모양으로 압축해 솔리디아의 경화실에서 완성시킨 완성품을 제조 업체에 돌려보낸다. 친환경성만 강조하기보다 기존 방식을 대체

특허증을 들고 있는 솔리디아 연구팀

할 수 있다는 확신을 주기 위해 성능을 체감하도록 하는 것이다.

앞으로의 환경 정책도 솔리디아에 호의적인 상황이다. 국제에너지기구는 2015년 파리기후협약에서 채택한 온실가스 배출량 감축 목표를 달성하기 위해 시멘트 관련 탄소 배출을 2030년까지 16% 이상 감축시켜야 한다고 분석했다. 그런데 동남아시아와 아프리카 등 신흥국의 경제 발전과 급격한 도시화로 글로벌 시멘트 수요는 지속적으로 증가하고 있다. 탄소 발생에 대한 정부의 엄격한 규제, 친환경 건설에 대한 보조금 등 지원 정책이 마련된다면 친환경 시멘트와 콘크리트에 대한 투자도 더 많아질 것이다.

그린 시멘트 시장성과 탄소 감축 기술의 필요성

기후 변화 대응을 위한 국제 사회의 탄소 배출량 감축 압력이 높아지고 있다. 탄소 배출 감축을 넘어선 탄소의 생산적 활용 방법을 찾아야 할 때다. 지멘스Siemens, 마이크로소프트 등 대기업들은 2030년까지 '탄소네거티브' 달성 목표를 선언했다. 저탄소 제품의 생산은 이제 세계적 흐름으로 자리 잡았다.

한국도 친환경 정책의 강도가 높아지고 있다. 한국은 2015년부터 '탄소 배출권 거래제'를 시작했다. 탄소 배출권 거래제는 온실가스 감축을 위해 정부가 매년 기업의 탄소 배출 총량을 정한 뒤 배출권을 할

당해주고 배출권이 모자라는 기업은 남는 기업에서 사서 쓰도록 하는 제도다. 2기의 탄소배출권 총 수량은 17억 9,613만 톤이다. 연간 한국의 시멘트 생산량은 4,500만 톤이다. 탄소배출권 가격을 톤당 2만 8,000원이라 한다면 탄소 배출량의 5%만 유상 할당해도 630억 원의 비용이 들어간다.

이런 상황에서 한국의 콘크리트 제조사들도 '저탄소 인증'에 열을 올리고 있다. 공공 건축물에 사용하는 건축 자재와 철골 구조물 등도 저탄소 인증 제품 구매가 의무화돼 친환경 콘크리트 제품에 대한 수요가 늘어났다. 또한 콘크리트에 사용하는 혼화재 용도나 단열재 등 원료의 친환경 신소재 특허 출원도 늘었다.

그러나 아직까지 국내에서는 솔리디아와 같은 친환경 콘크리트의 혁신적인 개발은 나타나지 않고 있다. 환경 분야에서는 선진 기술의 도입이나 앞선 기술의 개발 모두 의미가 있다. 한발 앞서 나살 수 없나면, 패스트폴로어 fast follower 로 시작해 퍼스트무버 first mover 로 나아가는 전략이 필요한 시기다.

임소현(뉴욕 무역관)

밀레니얼을 사로잡은 비건 비즈니스

멕시코시티

멕시코에서 요가 강사로 오랫동안 생활해온 사라 발레리아 바스케스 카르바요는 '비건vegan(채소, 과일, 해초 등 식물성 음식만 먹는 철저한 채식주의자) 인플루언서'로 활발하게 활동 중이다.

처음 그녀가 비건이 되기로 결심한 건 단순히 음식뿐 아니라 일상생활에서 많이 쓰이는 제품에 동물성 재료가 사용되고, 이것이 동물의 생명권을 침해한다는 사실을 알게 된 후부터다. 카르바요는 기존의 방식을 비건 스타일로 바꾸기 위해 12년간 노력해왔으며 2년 전부터는 100% 비건 음식 섭취 및 비건 제품 소비를 지향하고 있다.

주변에서는 건강이 나빠지지 않을까 염려하지만 그녀는 오히려 건강이 더 좋아졌다고 한다.

멕시코의 슈퍼마켓에는 비건 코너가 따로 있고, 채식을 할 때 부족해지기 쉬운 비타민과 단백질을 보충하는 천연 제품도 쉽게 구할 수 있다. 요즘에는 유제품이나 육류와 비슷한 맛을 내는 대체 비건 식품이 있어 채식주의자인 그녀의 삶도 불편하거나 힘들지 않다.

인플루언서로서 사람들에게 '채식주의자의 생활'을 홍보하는 카르바요는 다양한 영역에서 100% 비건 원료의 제품이 나오기를 바라고 있다. 특히 미용·위생용품 분야는 아직 완전한 비건 제품이 부족하다고 느낀다. 하지만 친환경 식품과 제품에 대한 멕시코 사람들의 인식이 점점 높아지는 만큼 앞으로는 비건 제품을 찾는 일이 더 수월하고 친숙해지리라 기대한다.

동물 보호로 시작해 성장 중인
채식 산업

멕시코에서는 밀레니얼 세대를 중심으로 비거니즘 Veganism과 채식주의자들이 확산되는 추세다. 2016년 닐슨-IBOPE Nielsen-IBOPE가 온라인으로 실시한 '식재료에 대한 인식과 건강' 조사에 따르면, 멕시코는 중남미 국가 중 채식주의자가 가장 많은 국가다. 응답자는 63개국 3만 명으로 이들 중 19%가 채식주의자, 15%가 플렉시테리언(최소한의 육류 섭취), 9%가 비건(완전채식주의)이라고 밝혔다.

멕시칸들이 채식을 선택한 가장 큰 이유는 동물 보호를 위해서다. 가정에서 반려동물을 기르는 이들이 많아지면서 동물의 생명권에 대한 관심이 자연스럽게 증가했고 육류 소비는 감소했다. 한 연구에서는 100명의 멕시칸 중 51명이 육류 섭취를 중단할 의향이 있으며, 28.8%는 육류 소비를 줄여나갈 의향이 있다고 답했다.

이를 배경으로 멕시코의 비건 전문 식품점 수도 늘고 있다. 2020년 기준 멕시코의 비건 전문 식품점 수는 전년 대비 8% 성장했고, 비건 전문 레스토랑도 2017년에 비해 23%나 늘었다. 2019년 배달 애플리케이션 통계로 추산한 비건 전문 레스토랑 수는 426곳에 달한다. 특히 잠재 소비자의 두터운 층을 형성하는 밀레니얼 세대를 중심으로 비거니즘과 같은 새로운 라이프 스타일을 추구하는 트렌드가 확산되고 있어 시장은 더욱 커질 전망이다. 2019년 얼라이드마켓리서치 Allied Market Research 연구에 따르면 멕시코의 비건 채식 시장 규모는 약 11억 달러(약 1조 3,000억 원)에 이르며 2026년까지 96% 성장해 21억 달러(약 2조 5,000억 원)에 이를 것으로 보인다.

채식이 점점 쉬워져요

멕시칸들이 채식주의에 호의적인 이유 중 하나는 멕시코 음식의 다양한 조리법 덕분에 동물성 재료를 사용하지 않고도 맛있는 요리를 만들 수 있기 때문이다. 잘 알려진 토르티야Tortilla는 옥수수가루가 메인이다. 뜰라꼬요스Tlacoyos, 에스끼떼스Esquites, 소페스Sopes 등과 같은 멕시코 전통 음식들도 식물성 재료를 주원료로 해 만들어진다.

멕시코의 채식주의자들은 필요한 식재료를 구하기도 수월하다. 멕시코 내 대부분의 슈퍼마켓에서 '천연 유기농식품, 건강식품' 코너와 비건 관련 제품을 쉽게 찾을 수 있다. 예마YEMA, 아바스또베가노ABASTO VEGANO 등 비건 제품 온라인몰 역시 성업 중이다. 판매 제품도 식품, 개인위생용품, 가정용품, 영양제, 화장품 등으로 다양하다. 일반적인 레스토랑에는 비건 식단이 준비된 곳이 많고, 메뉴판에 없는 비건식을 조리해주는 식당도 생겨났다.

이처럼 요식업계는 채식주의 및 비건식에 대한 이해를 높이고, 소비자들의 요구에 빠르게 대응하고 있다. 결과적으로 수요과 공급이 맞아떨어지며 멕시코에서의 비건 라이프는 대중적인 트렌드로 자리매김해 가는 중이다.

다만 멕시코의 비건 식품 및 음식, 오가닉 제품, 동물실험을 피한 제품은 일반 제품보다 60%가량 높은 가격대로, 현재는 소득이 높은 이들이 주요 고객층을 형성한다.

전문성으로 무장해 니치마켓을 파고든
비건슈퍼 '꿀리나리아베헤딸'

꿀리나리아베헤딸Culinaria Vegetal(채식 요리)은 비건, 오가닉, 채식주의자 제품을 판매하는 전문 슈퍼마켓이다. 멕시코의 수도인 멕시코시티의 주요 지역 3곳에 매장을 운영하고 있다. 2016년 중순 아르투로 미즈라히Arturo Mizrahi와 릴리아나 카르핀테이로Liliana Carpinteyro가 설립했는데, 두 사람은 비건 제품의 유통과 식당 운영, 블로그 활동을 수년간 함께 해왔다. 처음에는 멕시코시티 최초의 비건 전문 식당인 포에버베가노Forever Vegano를 인수한 후, 숍인숍 개념으로 식당 내 작은 공간에 오

비건 전문 슈퍼마켓 꿀리나리아베헤딸

가닉 판매점을 열었다. 그런데 식당이 번창하면서 판매점도 함께 성장했다. 나아가 건강에 좋고 맛있으며 동물실험 및 학대에서 자유로운 식품만 전문적으로 공급할 수 있는 더 많은 마켓이 필요하다는 생각에 비건 전문 슈퍼마켓인 꿀리나리아베헤딸의 문을 열게 됐다.

꿀리나리아베헤딸은 비거니즘에 대한 기본 아이디어를 바탕으로 다양한 주체들과 공생하자는 원칙을 지킨다. 동물실험 및 학대에서 완전히 자유로운 Cruelty Free 제품을 공급하고, 포장도 자연 분해되거나 친환경 제품만 사용한다. 또한 같은 제품이라면 지역 상품과 국산품을 우선적으로 취급한다.

창업자들은 비건 슈퍼마켓의 성공 요인으로 비건 시장에 대한 직원들의 충분한 이해와 경험을 꼽았다. 꿀리나리아베헤딸에서 판매되는 제품은 비건 관련 전시회나 축제 등에서 직원들이 발품과 손품을 팔아 직접 발견한 것들이 많다. 멕시코에는 없는 제품을 찾아 출장을 다니고 수입 시장에 대해서도 끊임없이 공부한다.

또 한 가지 특징은 3개 매장 중 2개 매장이 식당 안에 위치한다는 점인데, 비건 제품과 식문화를 함께 소개함으로써 양쪽 고객을 자연스럽게 유치할 수 있다는 장점이 있다.

꿀리나리아베헤딸의 타깃 고객은 더욱 건강하고 친환경적인 라이프 스타일을 찾고 즐기는 사람들이다. 지리적으로 멕시코시티의 핫플레이스에 자리한 덕분에 단골 중에는 연예인도 종종 보인다.

한편 꿀리나리아베헤딸은 앞으로의 과제로 '대중화'를 이야기한다.

고객층이 점점 확대되고는 있으나, 아직 대부분이 소득 중상위 이상의 비건과 채식주의자들이다. 수제 상품이 많고 방부제를 포함하지 않기 때문에 유통기한이 짧다는 단점도 있다. 두 창업자는 방부제를 사용하지 않겠다는 고객과의 약속을 지키면서 유통기한을 늘릴 수 있는 방법을 찾아 공급자들과 끊임없이 협의한다.

비건 고객을 위한 '맞춤 제품 추천 서비스' 제공, 까나스타 마드레

멕시코시티에는 비건·유기농 제품 회사인 까나스타 마드레Canasta Madre도 성업 중이다. 창업자인 마유미 카롤리나 산체스 알바레스Mayumi Carolina Sanchez Alvarez는 가공품과 동물성 식품의 섭취를 중단하고 새로운 식습관과 라이프 스타일을 추구했다. 그리고 멕시코시티 내에 원하는 제품을 파는 곳이 없다고 판단하고, 2018년 5월에 직접 창업했다.

창업자인 마유미는 네슬레와 대형 식품 회사에서 근무했지만 비건 슈퍼는 처음이라 창업 초기 어려움이 많았다. 지금도 전문성 확보를 위해 식품영양학을 공부하고 박사 학위에도 도전하고 있다. 매장에서 판매할 제품을 선택하고 테스트하는 작업도 직접 담당한다. 까나스타 마드레는 55개 공급 업체로부터 받은 420여 개 제품을 구비하고 있다. 이 중 비건 제품 비율은 개장 당시에는 10% 수준이었으나 현재는 40%까지 올랐다.

고객 맞춤 서비스로 차별화한 까나스타 마드레

까나스타 마드레의 특별함은 '고객 맞춤 제품 추천 서비스'에 있다. 직접 고객과 연락하며 고객의 알레르기 유무, 소비 목적, 특별한 식단이나 질병 유무를 묻고 이를 기반으로 제품을 구비해 추천해준다. 또한 고객들이 추천하는 브랜드도 꾸준히 조사한다. 마유미는 이로 인해 단골 고객 수가 늘어나기 시작했다며 고객 맞춤 제품 추천 서비스를 성공 요인 중 하나로 꼽는다.

까나스타 마드레는 향후 10년간 비건 시장이 크게 성장할 것으로 보고 기대를 걸고 있다. '건강한 식재료'에 대한 니즈가 커지면서 비건 제품의 인기도 높아질 것으로 보인다. 현재는 비건 고기, 유제품 대체품, 비건 파스타, 비건 빵과 시리얼 등의 인기가 높다. 까나스타 마드레는 공급 업체와 공동으로 신제품을 개발해서 저렴하고 품질 좋은 제품을 판매하기를 원한다. 그리고 궁극적으로는 제품을 직접 개발하고 매장을 확대하는 것을 목표로 도전하고 있다.

바른 소비 실천하는 밀레니얼을 잡아라, 각축장 된 비건마켓

글로벌 컨설팅 업체 그랜드뷰리서치 Grand View Research에 따르면 전 세계 비건 시장 규모는 매년 평균 9.6%씩 성장해 2025년 240억 600만 달러(약 28조 5,000억 원)에 달할 것이라고 한다. 한국채식연합은 국내 채식주의자 수가 2008년 15만 명에서 2019년 150만~200만 명으로 증가했다고 밝혔다.

이들은 소위 '바른 소비'를 강조한다. 고기를 먹지 않는 것뿐 아니라 동물 복지에 반하지 않는 화장품과 위생용품을 고르고 되도록 천연 재료를 소비하고자 한다.

한국 화장품에서의 비건 바람은 사실 해외 유명 제품의 수입에서 시작됐다. 미국과 유럽 제품의 수입 판매가 호조세를 보이자 국내 업체도 뛰어들어 제품군을 확대하고 있다.

최근에는 식품업계에서도 비건 제품을 내놓으며 빠르게 채식주의자 모시기에 나섰다. 대체육으로 만든 햄버거와 비건 아이스크림, 식물성 베이커리 등이 등장했는데 시작과 동시에 반응이 좋다는 평가다. 롯데리아의 식물성 버거는 1년 반 만에 140만 개가 팔렸고, 나뚜루의 비건 아이스크림은 두 달 만에 7만 개가 팔렸다.

그러나 비건 시장 전체로 보면 아직은 도입기에 머물러 있다. 비건과 채식주의자들이 찾는 먹거리와 생활용품, 식당이 보편화돼 일반 대중도 쉽게 접하기까지는 긴 여정이 남았다. 그 사이에 많은 비즈니스 기회가 열려 있다. 바른 소비를 실천하는 밀레니얼, 그중에서도 비건과 채식주의자를 타깃으로 한 다양한 제품과 서비스가 나타날 수 있다. 멕시코의 채식 산업을 깊이 들여다보면 우리에게 필요한 것에 대한 힌트를 얻을 수 있을 것이다.

공소연(멕시코시티 무역관)

아그리테크 비즈
Agri-Tech Biz

│ 자연과 더 친해지는 농업 │

첨단 산업으로 농업이 주목받는 것은 어제오늘 일은 아니다. 농업을 뒤흔들 각종 기술과 아이디어가 쏟아져 나오고 있다. 농업과 기술이 만난 아그리테크가 주목을 받았고, 이제 본격적으로 비즈니스 움직임이 거세질 전망이다. 우리 기업들이 과거 중동 사막에 빌딩을 세웠다면 이제는 사막에 스마트 팜을 건설한다. 비즈니스 경쟁은 이미 시작됐다. 일손을 줄이는 획기적인 농업 로봇, 지역 활성화 개발과 농업의 결합, 컨테이너 농장 등 다양한 기업들의 아그리테크 비즈 현장을 살펴보자.

사막 한가운데서 피우는
첨단 농업의 꿈

오만의 낮 기온은 40도를 넘나든다. 체감 온도는 50도에 육박한다. 사막 지대에 위치한 중동 국가에서 신선한 채소를 만나는 일은 쉽지 않다. 신선야채는 대부분 유럽, 미국, 중국, 인도와 주변 중동 국가에서 수입된다. 최근 코로나19로 하늘길이 막히면서 오만의 식자재와 식품 조달은 국민들의 주요 관심사가 됐고 정부 차원에서도 농업과 어업의 발전에 많은 관심을 기울이게 됐다.

'사막 국가에서 농업을?'

어불성설이라고 생각할 수도 있다. 그러나 불가능해 보이는 이 일이 오만에서는 현실로 이뤄진다. 오만의 면적은 우리나라의 3배가 넘지만, 국토의 3분의 2가 사막이다. 심지어 땅의 93%가 경작이 불가능하다. 오만은 이런 악조건을 어떻게 극복하고 있을까? 게다가 최근에는 식량 수급 문제를 넘어서 '몸에 좋은 건강한 먹거리'를 실현하고자 유기농 식자재 재배에도 높은 관심을 보인다. 이것이 가능한 이유는 무엇일까? 첨단 농업에 그 답이 있다.

사막에서 농사짓기는 가능할까?

사람들은 사막에서 농사를 짓는 데 가장 큰 어려움은 '물', 즉 충분한 물 공급 문제일 것이라 생각한다. 오만의 평균 강수량은 연간 110mm로, 이마저도 80%는 증발하고 5%는 바다로 흘러간다. 단 15%만이 육지에 흡수되는 현실이다.

하지만 오만의 현실에서는 물 부족보다 더한 어려움이 있다. 바로 토양의 염류도 Soil Salinity다. 오만의 국토 중 염도에 영향을 받는 토지는 전체의 44%로, 농작이 가능한 땅의 70%를 차지한다.

적은 강수량과 고온이 결합한 결과 오만의 토양에는 염분이 축적된다. 오만 토양의 염도 문제는 지하수의 지속적인 사용과 농업 용수 사용 증가로 더욱 심각해지고 있다. 농업 용수 사용량은 오만 전체 물 소비량의 83%를 차지한다. 농업 용수의 95%는 지하수를 이용하는데, 그중 3분의 2는 우물물이고 나머지 3분의 1은 아플라즈 Aflaj라 부르는 전통적인 관개 시스템을 이용한다.

최근에는 오만의 주요 농경 지대인 바티나 지역에서 농수 사용이 급격히 늘어 문제가 되고 있다.

토양의 염도 문제로 땅이 경작 지역에서 제외되면 소유주는 실업자가 된다. 따라서 염도 상승은 단순히 농경지 감소의 문제뿐 아니라 실업과 같은 사회적, 경제적 문제를 야기한다. 오만 정부는 기후 변화와 적은 강우량

아플라즈 시스템

으로 인해 점점 고갈되는 지하수 문제를 해결하기 위해, 해수 담수화와 농업에 사용할 수 있는 관개 용수 공급 확대 등을 지원한다.

이처럼 오만에서 농사짓기란 호락호락한 일이 아니지만, 의외로 오만의 어업과 농업의 역사는 상당히 길다. 오래전부터 1차 산업은 오만 경제와 사회의 중심부를 형성해왔다. 덕분에 오만은 중동 걸프협력회의 GCC 국가 내 식량 자급률이 가장 높은 국가로 꼽힌다.

식량 안보 문제는 2007~2008년 세계 식량 가격이 급등한 이후 오만 농업 정책의 핵심이 됐다. 2011~2015년에 '제8차 국가 5개년 개발계획'을 통해 오만은 농어업에 49억 달러(약 5조 8,000억 원) 이상을 투자했으

며 이를 통해 식량 자급자족도가 32.8%까지 증가했다. 9차 5개년 계획 (2016~2020년)에서도 농수산업은 경제 다각화를 이유로 국가 우선순위 사업으로 선정됐다. 이런 정책적인 지원과 함께 다음에 소개할 다양한 농업 기술들은 '사막에서 농사짓기'를 한층 수월하게 해준다.

물 부족을 해결하는 '아쿠아포닉스', 물고기 양식과 수경재배를 하나로

제한된 경지 면적과 수자원 문제를 해결하기 위해 오만 농수산부는 태양광 담수화 기술이 내장된 첨단 온실, 수경재배, 수직 농업, 점적 관개 drip irrigation, 높은 토양 염도를 견딜 수 있는 농작물 개발 등 다양한 해결책을 연구해왔다.

6,000개가 넘는 오만 온실농장 중 대부분은 수경재배 방식을 도입했다. 이에 더해 오만 기업 무스카트호라이즌스인터내셔널 Muscat Horizons International은 600㎡ 규모의 파일럿 온실인 알 아르판 Al Arfan 농장에 '아쿠아포닉스 Aquaponics 방식'을 도입하여 성공적으로 운영 중이다. 아쿠아포닉스란 물고기 양식 Aquaculture과 하이드로포닉스 Hydroponics라 불리는 수경재배의 합성어다.

알 아르판 농장에서 도입한 아쿠아포닉스는 균형 잡힌 생태계 순환 시스템을 이용한 농업 방식이다. 민물고기 배설물(암모니아)은 니트로소

출처: 알 아르판 농장

알 아르판 농장

모나스, 니트로박터 등의 여과 박테리아에 의해 아질산, 질산의 순서로 분해되고, 질산으로 분해된 배설물은 식물 영양소로 사용되며, 영양소 흡수로 암모니아가 제거된 물은 다시 물고기 양식장으로 순환된다.

알 아르판 농장은 100% 친환경적인 에코 시스템을 이용해 민물고기를 양식하고, 유기농 채소, 과일을 재배한다. 한 단계 더 나아간 유기농인 셈이다.

알 아르판의 아쿠아포닉스 농법은 기존 어류 양식에서 발생하는 산업 폐수를 재활용할 뿐 아니라 비료 대신 사용해 부가가치를 만들어낸다.

아쿠아포닉스 농법의 농작물은 비료와 살충제를 사용할 필요가 없어 안정적인 유기농 재배가 가능하다. 또한 같은 면적 기준으로 기존 방식보다 52% 적은 에너지를 사용한다.

이와 같이 물을 재사용하는 순환 농법으로 오만의 건조한 환경에서도 신선한 식물 재배가 가능해진다. 또한 기존 수경 농업 방식보다 농업 용수 사용량도 적다.

알 아르판 농장

노지에서 1kg의 상추를 키우는 데는 평균 85ℓ의 물이 필요하지만, 수경재배 방식을 이용했을 때는 22ℓ의 물이 필요하다. 그러나 알 아르판의 아쿠아포닉스 방식은 그보다 적은 16ℓ로도 같은 양의 상추를 재배할 수 있다. 물이 기름보다 귀한 사막국가 오만에 적합한 농업 방식이다.

"더 건강한 식품을 먹자" 사막에 부는 유기농 열풍

불과 4년 전인 2016년만 하더라도 국토 대부분이 사막인 이곳에서 유기농 농작물을 판매하는 곳은 찾을 수 없었다. 하지만 최근 오만 사람들의 생활 수준이 향상됨에 따라 단순한 '식자재'가 아니라 '더 나은 식자재'를 찾는 이들이 늘고 있다.

가족을 위한 안전한 먹거리를 찾는 이들이 늘어나면서 파이리다에자 Pairidaeza라는 유기농 인증 농장으로 성장했다. 파이리다에자는 페르시아어로 '파라다이스'라는 뜻을 담고 있는데, 오만 내에서는 처음으로 유기농 인증을 받았다.

오가닉 섹션

현재 38만㎡의 유기농 경작지를 보유 중이다.

오만 최초로 미국과 유럽 유기농 인증을 받은 유기농 농장 파이리다에자는 오만 여성 사업가 나르제스Narjes의 작품이다. 원예가 취미인 그녀는 어느 날 우리가 현재 소비하는 음식에 얼마나 많은 화학물질이 포함돼 있는지를 깨닫고 가족들에게 더 좋은 식자재를 먹이고 싶은 마음에 유기농 식품 사업에 뛰어들었다.

처음 그녀의 가족들은 오만에 없었던 유기농 농작물에 회의적이었으나, 당뇨병을 앓던 아버지가 유기농 식품 위주의 식생활 이후 건강해진 것을 목격하고 파이리다에자의 열렬한 지지자가 됐다.

나르제스는 "건강했던 옛날로 돌아가 화학 성분 없는 채소와 가축을 소비하자"는 콘셉트로, 합성 살충제와 유전자 변형 농산물을 이용하지 않는다. 가축은 개방된 공간에서 자유롭게 방목해 기른다. 결과적으로 항생제나 성장호르몬 없이 사육한 고기, 계란, 유제품을 생산해 인근 주민들에게 제공했다.

2016년 문을 연 그녀의 농장은 5만 3,000㎡의 유기농 농장으로 성장했다. 오만 중대형 식자재 마트인 마스Mars, 스파Spar 등에 유기농 과일과 채소를 납품하고 있다. 소비자들

출처: KOTRA 무스카트 무역관

오마니 프로덕트

은 해외에서 수입한 채소가 아닌, 오마니 프로덕트Omani Product (오만 자체 생산품) 유기농 제품에 뜨겁게 반응하고 있다.

스마트 농업과 '아그리테크Agri+Tech'의 미래

지구온난화와 급격한 산업화로 지구의 사막화는 점차 가속화되고 있다. 미국 메릴랜드대학교 연구팀은 2018년 "최근 100년 동안 사막지대가 10% 이상 넓어졌다"고 발표한 바 있다. 수자원과 농경 지대 부족으로 식품 안보의 위협을 받는 국가는 오만 외에도 많다. 2020년 기준 약 8억 2,100만 명 이상의 사람들이 영양 부족을 겪고 있으며 지속적인 온난화로 식량 안보 위협은 점점 커질 전망이다.

오만의 스마트 농업은 이제 막 아쿠아포닉스 농법으로 첫발을 내디뎠지만 아직 극복해야 할 산이 남아 있다. 농업 종사자들에게 새로운

농법에 대한 교육이 필요하고, 스마트 농업을 위한 지방 네트워크 등 관련 인프라 구축을 돕는 정부의 지속적인 지원도 필요하다.

그럼에도 아쿠아포닉스 농법에 희망을 걸 수밖에 없는 이유는 과거와 다른 스마트 농업만이 식량 안보와 경작지 보존 과제를 해결할 수 있는 대안이기 때문이다. 스마트 농업은 최소한의 수자원으로 농작물 생산성을 높이고, 온실가스 배출량을 감소시키며 사막화가 농업 생산에 미치는 영향을 줄여 나갈 수 있다.

수경재배 등 스마트 농업이 자리를 잡은 유럽 국가에서는 자동화된 수경재배 기술을 이용한 화분이나 주방 가전까지 선보인다. 당위성과 기술이 준비된 만큼 소비자를 사로잡을 '제품 생산'만이 숙제로 남겨진 셈이다.

한국에서도 미래형 고부가가치 산업 모델로 아쿠아포닉스에 대한 연구가 활발하다. 아쿠아포닉스는 우리나라에서 2018년부터 해양수산자원연구소의 연구과제로 선정돼 과제가 수행 중이다. 어류 양식 과정에서 발생하는 암모니아성 배설물과 찌꺼기를 식물을 재배하는데 활용하는 기본 개념은 같다.

2020년 6월에는 경기도해양수산자원연구소에서 관련 기술을 세계 최초로 개발해 특허를 등록하기도 했다. 연구소에서 등록한 특허는 '아쿠아포닉스 전용 사료 및 그 제조 방법'과 '아쿠아포닉스 시스템을 이용한 저pH(수소이온농도) 조건에서의 수산생물 양식 및 식물 재배 방법'이다. 이를 통해 세계 최초로 별도 화학약품을 추가하지 않고 물고기를 키울 수 있게 되었다. 또한 물고기에는 기생충과 세균 번식이 잘 일어나지 않는다고 한다.

장기적으로 정부는 수산업과 농업이 결합된 모델로 아쿠아포닉스 농법을 발전시켜 실제 현장에 적용한다는 방침이다. 현재는 경기도농업기술원과 3곳의 농가에서 실용화를 시험 중이며, 기존의 양어·농업 시스템과 경제성 검토를 통해 농어가에 보급한다는 계획이다.

수조 내 오염된 물을 식물의 영양분으로 주고, 그 과정에서 정화된 물로 다시 물고기를 키우는 아쿠아포닉스 농법의 미래는 밝다. 농업과 어업의 자급력을 높이면서 소비자들에게는 안심 먹거리를 제공한다. 농약과 비료를 쓰지 않거나 최소한으로 사용하기 때문에 친환경 농법으로 경쟁력이 있다.

최근 국내 농가는 중장년층 귀농과 함께 청년들의 창업으로 활기를 되찾고 있다. 아쿠아포닉스를 비롯한 신기술을 비즈니스 모델로 발전시켜 우리를 깜짝 놀라게 해줄 젊은 농업 기업의 등장을 기대해 본다.

아룬 고파쿠마르, 이슬아(무스카트 무역관)

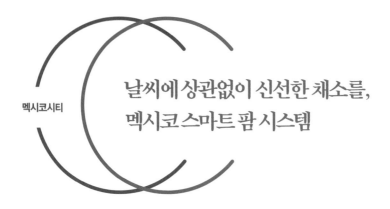

날씨에 상관없이 신선한 채소를, 멕시코 스마트 팜 시스템

식물이 자라는데 이제 자연의 햇볕과 비는 필요치 않다. 밭이 아닌 도시의 밀폐된 공간에서 채소가 자란다. 농부가 아니라 과학자가 식물을 심고 키우고 수확한다. 그 식물이 우리의 식탁으로 배달된다.

과거 공상과학 영화에서나 있을 법한 일이 멕시코에서 일어나고 있다. 더 놀라운 것은 첨단 과학을 이용해 밀폐된 공간(컨테이너)에서 식물을 키우는 일이 이전의 농업에 비해 최대 200배의 수확량을 보인다는 것이다. 슈퍼마켓, 레스토랑, 호텔 등 채소가 필요한 곳에서 직접 농업을 가능하게 한 멕시코의 스타트업 베르데콤팍토Verde Compacto를 만나보자.

"수확량이 200배나 올랐다고?"
컨테이너에서 식물을 키우는 놀라운 기술

멕시코 과나후아토주에 있는 베르데콤팍토는 스마트 팜 시스템인 홉스터Huvster를 개발했다. 홉스터의 외관은 우리가 아는 흔한 농경지의 분위기가 아니다. 40피트 컨테이너 안에서 우리가 먹을 수 있는 실제 채소가 자란다. 홉스터는 컨테이너 내부에서 스마트 기술을 이용해 채소를 재배하는 시스템이다. 홉스터는 컨테이너를 식물 공장으로 탈바꿈시켰다.

출처: Verde Compacto

40피트 컨테이너로 만든 홉스터 외관 모습

혹자는 멕시코처럼 땅이 넓은 나라라면 컨테이너보다 땅에서 재배하는 게 경제적일 것이라고 생각할 수도 있다. 그러나 홉스터가 사용하는 컨테이너는 해상용 컨테이너를 재활용한 것이다. 컨테이너 하나당 85달러(약 10만 원)밖에 하지 않는다. 이는 재배하는 작물의 수익성을 높이는 이유기도 하다.

홉스터에서는 독창적으로 식물을 기르는데, 이 재배 양식을 에어로포닉스Aeroponics라고 한다. 40피트의 컨테이너 속에서 작물을 공중에 매단 채 재배하는 에어로포닉스를 도입해 좁은 공간에서도 효율적으로 많은 채소를 재배할 수 있도록 구현했다. 기후나 토양 성분에 상관없이 채소 재배가 가능해 안정적으로 다량의 작물을 생산할 수 있다. 이로써 전통적인 노지(땅)에서 재배하는 것보다 ㎡당 약 200배나 많은 채소를 재배할 수 있다.

재활용 컨테이너를 식물 공장으로, 베르데콤팍토의 기술력

홉스터는 공간의 효율성은 기본이고 안정적인 생산을 가능하게 한다. 이를 위해 개발된 홉스터만의 몇 가지 특징은 다음과 같다.

첫째, 모든 기능이 100% 자동화로 작동한다. 홉스터는 물 순환 시스템과 발아 구역에 LED 조명 시스템을 갖췄다. 수확할 때까지 이산화탄소, 습도, 온도를 자동 측정한다. 이들 시스템은 모두 자동화로 이뤄지며, 생육 환경 관리도 시스템을 통해 이뤄진다. 덕분에 작물이 필요로 하는 적절한 타이밍에 맞춰 최상의 생육 조건(온도, 습도, 이산화탄소, 기류, 조광, 영양소, 관개, 살균 등)을 제공할 수 있다. 또한 기후, 토양, 습도 등 환경 변화에 관계없이 연중 재배가 가능하다. 최상의 조건에서 자란 채소들은 외부 환경과 무관하게 최고의 품질로 만들어진다.

둘째, 수자원을 90% 이상 절약할 수 있다. 즉, 많은 양의 물이 필요하지 않다. 홉스터는 수경재배 기술을 활용한다. 전통적인 농업 방식으로는 상추 한 포기를 기르는 데 약 10ℓ의 물이 필요한데, 홉스터 컨테이너에서는 단 $500㎖$의 물이면 충분하다. 모종판(너비 10cm×높이 2m)을 이용할 때 컨테이너 하나당 286개의 판을 쌓거나 옆으로 놓을 수 있어 면적 효율도 높다. 홉스터에서는 20~25종의 작물 재배가 가능한데, 컨테이너를 꽉 채울 경우 약 3,000개의 모종을 키울 수 있다.

셋째, 비료가 절약되고 자연적으로 친환경 유기농 식품이 된다. 홉스터 내에서는 농업 부산물이 생성되지 않는다. 태워서 없애지 않아도 되니 탄화수소 같은 온실가스를 발생시키지 않는다. 트랙터 같은 농기계나 살충제, 농약 등 화학물질도 필요 없다. 자연히 여기서 재배된 식물은 유기농 식품이 된다. 기존 방법에 비해 비료를

출처: Verde Compacto

컨테이너 하나당 3,000개 모종을 키울 수 있는 수직 수경재배법

80% 절약할 수 있다.

넷째, 단위 면적당 수확량이 많다. 홉스터는 비교적 좁은 공간에서 생산이 이뤄진다. 상추를 재배한다고 가정할 때, 한 컨테이너당 5,000㎡에서 재배하는 것과 똑같은 양의 수확이 가능하다. 홉스터를 활용하면 장소에 구애받지 않고 농업을 할 수 있다. 주차장, 벽, 아파트 베란다 등 어느 공간에서나 직접 채소를 기를 수 있다.

다섯째, 거의 모든 채소의 재배가 가능하다. 베르데콤팍토의 홉스터에서는 약 200종류의 채소를 재배할 수 있다. 대표적으로 엽채류(상추, 시금치, 양배추 등), 허브(루꼴라, 바질, 로메인, 백리향, 셀러리, 파슬리, 고수 등), 식용 꽃뿐 아니라 딸기, 작은 고추 등의 작은 열매류도 생육이 가능하다.

출처: Verde Compacto

200종 이상의 채소 재배가 가능한 홉스터

"농업에 미래와 가능성이 있다" 두 청년의 믿음이 일군 성공

베르데콤팍토의 문을 연 것은 중학교 동창이었던 후안 가브리엘Juan Gabriel Succar과 호르헤 리사르디Jorge Lizardi였다. 둘은 어려서부터 환경에 관심이 많았고, 벌레 사체에서 나온 폐기물로 천연 비료를 만

아그리테크 비즈

드는 등 왕성한 호기심을 자랑하는 학생들이었다. 이후 대학생이 된 두 친구는 유기농 비료를 만들어 직접 일반인에게 판매하기도 했다. 그런데 비료 생산 과정에서 다량의 바이오가스가 방출된다는 사실을 알게 됐다.

이들은 바이오가스를 혐기성 소화조Anaerobic Digestion에 활용하는 기업을 찾아가 팀을 이뤘다. 혐기성 소화란 질소 농도를 일정하게 유지해 음식물 쓰레기, 가축 분뇨, 하수 슬러지 등 각종 유기성 폐기물을 에너지로 만드는 것을 말한다. 혐기성 소화조를 농업에 활용할 경우 효율적이고 지속 가능한 농업을 할 수 있다. 두 친구는 비료, 혐기성 소화조, 기타 바이오공학 제품들을 만들어 상용화했다. 초기에는 농촌 지역에서 많이 팔렸지만 점차 고객이 확대됐다. 결정적으로 과나후아토 주정부의 입찰을 따내 지역 내 150개의 혐기성 소화조를 설치하기까지 이르렀다.

두 친구는 사업을 진행하며 농업 분야에 무궁한 미래와 성장 가능성이 있다는 것을 깨달았다. 그리고 '콤팩트한 초록색'이란 뜻의 베르데콤팍토를 설립했다.

베르데콤팍토는 도심 속에서도 대량의 작물을 효과적으로 생산할 수 있게 한다는 비전을 세우고 수직형 농장을 개발했다.

멕시코는 우리나라보다 농업 비중이 높은 국가지만 대부분 전통적인 노지 재배 방법을 택하고 있었다. 베르데콤팍토의 노력은 일종의 모험이었다. 그러나 2016년 7월, 크라우드펀딩을 통해 투자금을 마련

출처: Verde Compacto

베르데콤팍토 공동 대표와 직원

하자 수경재배법으로 유명한 한 기업과 협력해 기술을 발전시킬 수 있었다. 2년 6개월 후에는 첫 쇼룸도 선보였다.

전통적 농업은 끝났다, 홉스터의 알아서 척척 재배 시스템

앞서 언급했듯 홉스터의 가장 큰 특징은 자동화다. 그러나 농업인에게 자동화란 쉬운 일이 아니다. 조작이 어려우면 활용될 가능성이 낮다. 이에 콤팍토는 터치스크린이 장착된 자동화 모듈을 채택했다.

과정 전체가 터치스크린을 통한 컴퓨터 조작으로 가능하다. 온도,

이산화탄소, 물 레벨 등 모든 조건을 제어할 수 있다. 현재는 스마트폰 애플리케이션을 통해서도 관리할 수 있도록 개발 중이다.

홉스터의 제어 시스템은 위험 요소를 자동으로 감지해 이에 알맞은 해결책을 내보내도록 설계돼 있다. 침수 필터에는 센서가 장착돼 적당한 수분 공급과 동시에 자외선을 통해 유해 미생물을 제거하기도 한다. 영양소를 분석하고 물의 산성도까지 파악해, 부족한 성분을 물에 채워 넣은 후 한 방울씩 떨어뜨리는 방식으로 작물에 물을 준다. 여과된 물은 다시 시스템에 재활용돼 폐수도 발생하지 않는다.

홉스터는 작동법이 간단하기 때문에 전문 농업인이 아니더라도 누구나 쉽게 채소를 재배할 수 있다. 제어판은 컨테이너 팜 안의 2곳에 설치돼 있다. 씨앗이 발아해 뿌리를 내릴 때까지 관리하는 발아 구역(1구역)과 수직 모종판에 식물을 옮겨 심어 성장하게 하는 구역(2구역)으로 나뉘어 있다.

관리자가 해야 할 일은 컴퓨터 화면에 뜨는 생육 조건이 알맞은지 모니터링하고 1구역에서 발아한 씨앗을 2구역 수직 모종판의 스펀지에 옮긴 후 기다리는 일뿐이다. 식물의 성장 속도를 지켜보다가 적절한 시점에 수확, 포장해 고객에게 판매하면 된다.

작동법을 어려워하는 사람들을 위해 회사에서는 교육을 제공하고, 매뉴얼을 제작해서 작물 종류별로 최적의 조건을 정리해 배포하고 있다.

전통적인 농업에서는 농부가 해충, 기상 환경 악화(우박, 폭우 등) 등 위험에 노출돼 있었지만, 컨테이너 스마트 팜을 이용하면 그런 위험 요소가 모두 자동으로 제어되기 때문에 안심하고 재배할 수 있다. 또한 기존 농법으로는 특정 시기에만 수확할 수 있었으나, 홉스터에서는 기후 여건에 상관없이 연중 수확이 가능하다. 상추의 경우 1년에 최대 13회까지 수확할 수 있다.

씨앗 발아 구역

채소의 맛과 품질은 사용하는 비료, 기후, 빛 등 여러 가지 조건에 의해 결정된다. 그러나 홉스터에서는 모든 것이 시스템으로 제어되기 때문에 모종이 가진 최상의 맛과 상태를 끌어낼 수 있다. 또한 폐수가 발생하지 않고 화석연료, 살충제, 화학비료 등이 필요하지 않아 친환경적인 재배가 가능하다. 트랙터, 농기계도 필요하지 않아 생산 비용이 절감되며, 최종 소비자에게까지 가는 거리를 줄이고 신선한 제품을 공급할 수 있다.

덥고 춥고 좁은 한국에도 적용 가능한 스마트 팜

2019년 8월에 본격적으로 상용화된 홉스터는 당시 약 20만 달러(약 2억 3,000만 원) 규모의 프로젝트 4건에 참여했고, 2020년에는 약 400만 달러(약 46억 원) 규모의 회사로 성장했다.

베르데콤팍토의 대표인 후안 가브리엘은 "중남미에서는 이제 막 스마트 팜에 대한 관심이 생겨났으니 아직 젊은 시장"이라며 미국, 유럽, 아시아에 더 큰 가능성이 있어 보인다고 밝혔다.

국토가 좁고 여름, 겨울의 기후 변화가 극단적인 한국은 농작 시기가 한정돼 있고, 생육 조건에 맞지 않은 신선식품들은 많은 부분 수입에 의존한다. 토지와 기후 그리고 현재의 농작물 자급도를 고려할 때 계절을 가리지 않고 많은 양의 농작물을 얻을 수 있는 홉스터의 도입은 매우 매력적인 방법으로 보인다.

홉스터는 생산자와 소비자의 거리를 최대로 좁혀 환경에도 유익하다. 농촌과 도시가 분리된 체제에서는 농작물이 농경지를 떠나 꽤 많은 거리를 이동해 소비자에게 온다. 그러나 홉스터는 소비자가 있는 도시, 즉 소비자와 가까운 곳에 설치가 가능하기 때문에 물류비용을 절감할 수 있고 더욱 신선한 상태로 식탁에 올릴 수 있다.

요즘 많은 현대인들이 취미나 건강한 식단을 목적으로 텃밭에서 채소를 기르기도 하고, 실내에 채소 기를 공간을 만들기도 한다. 홉스터 스마트 컨테이너 팜이 한국 시장에 들어온다면 큰 인기를 끌 가능성이 높다. 설치만 해 두면 채소들이 알아서 무럭무럭 잘 자라는데 누군들 매력을 느끼지 않을까!

국내의 한 대기업은 CES 2020에서 가정용 스마트 팜 기기를 선보였다. 온도, 조명, 물 조절 등 모든 기능이 애플리케이션을 통해 제어된다. 사용자는 재배 방법과 수확 단계를 애플리케이션을 통해 관리하고 수확 일정도 확인할 수 있다. 제조사는 사용자가 1년 내내 채소를 수확할 수 있다고 설명한다.

또한 2020년 8월 서울교통공사에서는 지하철 역사에 스마트 팜을 설치한 '메트로팜'을 소개해 화제가 되기도 했다. 이는 스마트 팜이 지하철 역사에 자리한 세계 첫 사례라고 한다.

이외에도 한국스타트업 엔씽은 컨테이너를 활용한 모듈형 수직농장과 사물인터넷IoT기반 농장 관리 시스템 특허를 바탕으로 중동 진출에 나서고 있다. 즉 스마트 팜은 도입 자체로만 보면 초기 단계이지만 본격적인 비즈니스 경쟁이 시작되었다고 해도 과언이 아니다. 무엇보다도 식량 자급률이 낮은 해외시장은 기술력으로 무장한 전 세계 기업들의 각축장이 될 전망이다.

해외시장을 선점하기 위해서 필요한 것은 무엇일까? 결국 국내 도입이 확산되고 경험과 노하우가 쌓이는 것이 중요하다. 따라서 스마트 팜을 적극적으로 보급하기 위해서는 저가 보급이 가능한 신기술과 이를 뒷받침해줄 자본이 필요하다. 많은 기업들이 항상 고민하는 지점이다. 농업을 주력으로 하는 기업이 더 많이 등장해야 할 때이다. 더 좋은 기술과 아이디어로 세계시장에서 활약할 우리 기업들을 기대해 본다.

공소연(멕시코시티 무역관)

신재생에너지와 결합한
친환경 농업

빈

요즘도 농촌에 가면 넓은 들판 위로 펼쳐진 비닐하우스를 어렵지 않게 발견할 수 있다. 어린 시절의 향수를 불러일으키기도 하는 비닐하우스가 국내에 처음 도입된 것은 1960년대로 당시는 일종의 농업혁명으로 불리기도 했다. 수입 농산물이 흔치 않았던 1970~1980년대 비닐하우스는 계절과 날씨의 영향을 덜 받으며 신선한 과일과 채소를 공급하는 시설로 각광을 받았다.

1980년대부터 시설원예가 확산되면서 난방시설을 갖춘 글라스하우스 Glass House 농업이 시작됐다. 온실은 작물의 재배 온도를 조절할 수 있어 특수 농작물 재배가 가능하고, 단위 면적당 수확률을 높일 수 있

었다. 규모의 확대와 전문
화, 현대화, 자동화 등의 장
점이 나타났다.

프루투라 회사 로고

최근 들어 글라스하우스
는 신재생에너지와 결합한 '친환경' 농업으로 거듭나고 있다. 오스트리
아 기업인 프루투라Frutura는 지역적 특징인 '온천'을 농업 난방에 이용
해 유명세를 탔다. 이들이 지은 대형 글라스하우스는 온천수를 난방에
이용해 사시사철 신선한 과일과 채소를 생산한다. 자연의 에너지를 활
용해 먹거리를 얻고 식량 자립도도 높이는 프루투라를 만나 보자.

오스트리아를 대표하는 농업 기업 '프루투라'

오스트리아는 국토 면적의 약 34%가 농지로, 농가에서는 주로 밀,
옥수수, 보리 등을 기른다. 대부분의 농산물은 자급자족이 가능한 수
준이지만 과일과 채소의 자급률은 이에 미치지 못한다.

프루투라는 오스트리아 남부 지방인 슈타이어마르크주 하르틀에
본사를 두고 있다. 슈타이어마르크주는 오스트리아의 4대 농업 중심
지 중 하나다. 프루투라는 슈타이어마르크 지역 내 3개 농가가 연합해
만든 '되어옵스트란트 페어트립스Dörrobstland Vertriebs GmbH'가 출발점이
다. 1998년 말린 과일용 저장 창고를 운영하는 것으로 영업을 시작했

다. 이후 2002년 자회사 형식으로, '프루투라옵스트 & 게뮤제경쟁력센터 Frutura Obst & Gemüse Kompetenzzentrum GmbH'라는 회사를 설립해 현재까지 운영하고 있다.

프루투라는 농산물의 생산, 유통, 마케팅을 총괄적으로 수행하는 회사다. 신선과일과 채소의 생산, 보관, 물류 시스템을 갖추고 마케팅 활동을 포함한 통합 시스템을 운영한다. 제품의 품질을 높인 결과 전세계 식품안전 및 품질보증 인증인 IFS International Featured Standard 음식 부문에서 최고 수준 Higher Level을 취득했다. 보관과 저장 단계에서도 현대화된 안전·위생 조치를 수행한다.

회사의 뿌리가 농가로부터 나왔기 때문에 프루투라는 농가 경쟁력 강화와 농업 진흥을 최우선 가치로 여긴다. 이를 위해 기존 농가들과의 협력과 시너지 극대화를 위한 투자도 아끼지 않는다.

오스트리아 외 다른 나라 농가들과의 네트워크 강화에 주력하는 한편 오스트리아 농업의 국제화에도 기여한다. 현재 40개국 1,200여 개 농가가 프루투라의 파트너로 활동하며 취급 품목만 4,500여 개에 이른다. 최근에는 전통적인 농업 방식 외에, 웰빙 트렌드에 맞춘 유기농 생산 방식의 비중을 빠르게 높여가고 있다.

2018년과 2019년 회계연도 기준 프루투라는 연 매출 3억 유로(약 4,100억 원) 돌파라는 상징적인 성과를 거뒀다. 700명 넘는 종업원들이 소비자들에게 신선하고 질 좋은 과일과 채소를 공급하기 위해 일한다.

광대한 면적에 온천수를 이용한 난방, 친환경 농업이 실현되다

프루투라가 업계의 주목을 끌게 된 계기는 바트블루마우 지역에서 운영하는 대형 글라스하우스 때문이다. 슈타이어마르크는 원래 오스트리아 내에서도 온천으로 유명한 지역이다. 그중 바트블루마우 지역은 특히 고급 온천으로 명성이 높다. 프루투라는 이런 지리적 특징을 활용해 '풍부한 온천수를 에너지원으로 활용한 친환경 글라스하우스'를 건설, 운영한다.

프루투라 글라스하우스의 핵심은 지하 깊숙이 박힌 2개_(붉은색, 파란색)

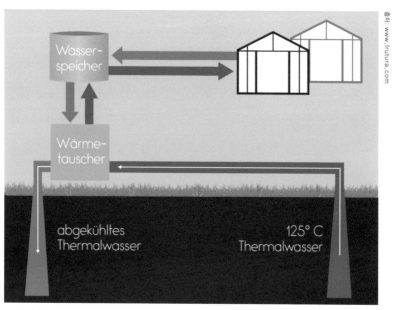

글라스하우스 에너지 순환 구조

의 시추봉이다. 붉은색 봉은 온천수를 끌어올리는 역할을 하고, 파란색 봉은 글라스하우스에 사용된 후 차가워진 온천수를 다시 지하로 돌려보내는 역할을 한다. 단 한 방울의 온천수도 외부로 유출되지 않고 100% 온전히 원래 있던 곳으로 되돌아가는 '완벽한 친환경' 에너지 시스템인 셈이다. 온천수의 온도는 최고 섭씨 125도인데, 끌어올려진 온천수는 일단 물탱크Wasserspeicher에 저장된 후 글라스하우스 내에 순환하면서 난방 기능을 제공하는 에너지 사이클을 형성한다. 프루투라의 글라스하우스는 100% 친환경적으로 만들어진 에너지를 채소 생산에 활용한 최초의 사례로 평가받는다.

세부적으로 살펴보면 프루투라의 글라스하우스는 일단 규모 면에서 압도적이다. 전체 면적이 약 230만㎡에 달하는 이 친환경 농업 시설은, 멀리서 보면 마치 하나의 거대한 건축물을 보는 것 같다. 현재의 모습은 세 차례의 증축 공사를 마치고 2019년 10월에서야 완성됐다. 이 프로젝트에는 총 6,400만 유로(약 870억 원)가 투입됐는데 2개의 시추봉 공사에만 1,700만 유로(약 230억 원)가 투입됐다고 알려져 있다.

'온천-채소 월드Thermal-Vegetable World'라고 불리는 시설에서 근무하는 인원은 약 300명으로, 연간 1,000톤의 유기농 작물과 8,500톤의 일반 작물 등 총 9,500톤의 과일과 채소를 생산한다.

환경적인 측면에서는 온천이라는 천연자원을 이용하므로 가스 난방을 이용하는 기존 글라스하우스 대비 연간 약 2만 8,000톤의 이산화탄소 배출 절감 효과를 보인다. 난방이 필요 없는 여름철을 제외하고,

10월부터 다음 해 5월까지 온천수를 이용한 난방이 이뤄진다. 따라서 1년 내내 기후 변화에 관계없이 신선한 과일과 채소를 공급할 수 있다.

현실적으로 이런 공급 구조가 가능했던 것은, 오스트리아 최대의 식품 유통 매장인 스파그룹Spar Group과 독점 공급 계약을 맺었기 때문이다. 스파그룹은 오스트리아 토종 업체로, 2000년대 이후 글로벌 대형 업체들이 오스트리아 시장에 진출하는 악조건에서도 경쟁력을 잃지 않고 시장에서 살아남았다. 그뿐 아니라 2019년 독일의 대형 유통 그룹인 레베그룹Rewe Group을 제치고 시장 점유율 1위에 올라 '오스트리아 국민들의 자존심'이라고 불리기도 한다.

프루투라는 스파그룹에 토마토, 오이, 파프리카 등의 신선채소를 공급해왔는데, 2019년부터는 유기농 사과 제품을 특화해 집중적으로

출처: www.frutura.com

글라스하우스 내부 모습

아그리테크 비즈

마케팅하고 있다.

화물차 운전사에서 오스트리아 농업의 수호자로

프루투라의 최고 경영자는 만프레드 호헨진너^{Manfred Hohensinner}다. 오스트리아 언론에는 그의 이색 창업 스토리가 자주 보도된다. 만프레드는 공동 창업자 2명과 함께 프루투라를 시작했다. 그런데 창업 당시 그의 직업은 '화물차 운전사'였다. 농업과는 일절 관계가 없던 그였지만 가족은 달랐다. 그의 집안은 12헥타르의 대규모 농지를 소유하고 경작한 전통적인 농업 집안이다. 만프레드는 청년 시절에는 부모님과 달리 농업에 관심을 두지 않았지만, 마음속에는 항상 '우리 땅에서도 이토록 많은 작물이 나오는데 왜 대부분의 농산물을 수입해야 하는 걸까?'라는 질문을 품고 있었다. 사실 1995년 EU에 가입하면서 오스트리아는 주변 EU 국가의 저가 농산물이 유입돼 타격을 입기 시작했다. 만프레드는 "오스트리아 국민들이 먹을 신선한 과일과 채소를 직접 키워 공급하자"는 생각을 갖게 됐고 이는 프루투라의 창업으로 이어졌다. 농업 가문의 전통과 어린 시절의 경험은 프루투라 경영에 중요한 자산이 되었다.

프루투라는 앞서 소개한 대로 엄청난 성장세를 이뤘고, 2019년 하반기부터는 야심 찬 대형 프로젝트를 진행하고 있다. 본사 건물에서

출처: www.frutura.com

프루투라 창업자

20km 떨어진 지역에 외부 전력이 필요 없는 최신식 물류센터를 건설하는 것이다. 이 물류센터는 2층 구조에 7,000㎡ 규모로, '생산 → 보관 → 배송'에 이르는 물류 움직임에 최적화되도록 설계됐다. 건물 지붕에는 태양광 집열판이 설치돼 전력을 자급자족할 수 있다.

영업상의 이유로 정확한 투자 규모는 공개되지 않았지만, 수천만 유로가 투입되는 프로젝트인 것으로 알려져 있다. 코로나19로 공사 일정에 차질이 빚어졌으나, 빠르면 2020년 안에 시험 가동에 들어갈 것으로 예상된다. 지역사회에서는 약 100명의 신규 일자리가 창출될 것으로 기대하고 있다. 이 프로젝트는 유럽지역개발기금 ERDF, European Regional Development Fund의 지원을 받고 있다.

식량 자립을 위한 길, 우리도 앞선 농업 기업이 필요하다

2020년 전 세계를 휩쓴 코로나19는 오스트리아 식료품 생산 업체들에게도 새로운 도전으로 다가온다. 코로나19로 인해 국가 간 인적, 물적 이동이 제한되면서 그동안 주로 수입에 의존하던 제품에는 빨간불이 켜졌다.

이전까지 글로벌 공급망은 한 치의 흔들림 없이 안정적이었으나, 코로나19 바이러스 때문에 타격을 입은 모습이 여기저기서 나타난다. 더불어 최근 미국을 중심으로 강화된 '보호무역주의'로 글로벌 공급망이 악화되고 있으며 특히 식량 자급의 중요성이 더욱 강조되고 있다.

오스트리아의 경우 전체 채소 소비량의 약 70%를 수입에 의존하다 보니 '국내 자급의 필요성'이 어느 때보다 높아진 상황이다. 이런 때에 프루투라의 성장과 가능성은 오스트리아 농업계의 큰 희망으로 다가온다. 특히 친환경 신재생에너지를 활용한 글라스하우스는 에너지 자립과 식량 자립이라는 두 가지 목표를 동시에 달성하고 있다.

현재 오스트리아에서는 프루투라처럼 대규모는 아니지만 태양광, 바이오매스 등 해당 지역에 특화된 천연자원을 활용한 글라스하우스가 지속적으로 늘어나는 추세다.

식량 자급과 친환경 에너지를 활용한 지속 가능한 농업은 오스트리아만의 고민은 아니다. 2018년 기준 한국의 식량 자급률은 46.7%에 불과하다. 코로나19 이후 주요 국가 간 물류 이동에 차질이 생기면서 식량 자급에 대한 위기감은 더욱 높아지고 있다.

외부 환경의 영향을 거의 받지 않고 원하는 시기에 원하는 작물을 수확할 수 있는 글라스하우스 기술은 식량 자급 문제를 해결할 모범 답안 중 하나다. 특히 지역적 특성에 맞는 친환경 신재생에너지와의 결합은 사양 산업으로 취급받는 농업 분야를 새로운 미래 산업의 하나로 변신시키는 상징성도 가지고 있다.

글라스하우스는 젊은 청년 세대들을 다시 농촌으로 돌아오게 할 수 있는 기술이기도 하다. 청년들은 과거의 노동 집약적 형태의 농업 방식으로는 일을 하려고 하지 않는다. 젊은 세대가 관심을 갖고 농업에 뛰어들게 하기 위해서라도 발전하는 시대에 맞는 새로운 방식의 농업 기술이 필요한 때다. 천연의 에너지를 활용하고, 기술을 더한다면 기업화된 농업에서 틀림없이 새로운 기회를 발견할 수 있을 것이다. 식량 자립과 활력 넘치는 농촌 회복, 두 가지를 함께 만들어줄 기술과 기업의 탄생을 기다려 본다.

김현준(빈 무역관)

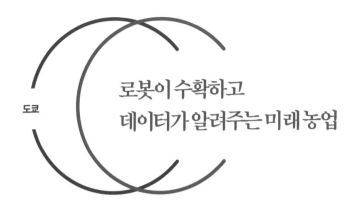

로봇이 수확하고 데이터가 알려주는 미래농업

421시간 VS 37시간. 우리가 슈퍼마켓에서 흔히 구입하는 오이와 당근의 수확에 각각 드는 연간 노동 시간이다. 토마토 187시간, 오이 421시간과 같이 작물의 상태를 확인하고 하나하나 수확하는 농산품의 노동 시간은 월등히 길다. 일본 농가에서는 "공들여 키워도 인력이 부족해 수확을 할 수 없다"는 고민이 커지고 있다.

수확 작업은 인내가 매우 필요한 단순 작업이면서 수확물에 상처를 입히지 않기 위해 조심해야 하는 중노동이 수반된다. 또한 수확 시기가 편중돼 임시 고용에 의존하는 경향이 높다. 수해나 가뭄 등 자연재해로 농작물 상태가 좋지 않을 경우 애써 키운 농작물 수확을 포기하는 일도 종종 일어난다. 이런 상황에서 중노동을 대신할 수확 로봇의 개발은 농부들의 염원이라 볼 수 있다.

고령화, 소규모 농업…우리가 일본 농업을 봐야 하는 이유

일본 농촌의 풍경은 한국과 유사하다. 현재 일본 농업 종사자의 평균 연령은 무려 70세에 이른다. 1995년 농업인 평균 연령은 59.6세였지만 2000년 65.8세, 2016년 68.8세로 높아졌다. 농업 종사자 수도 1995년 256만 명에서 2016년에는 158만 6,000명으로 줄었다. 2030년에는 1995년 대비 40% 수준인 100만 명 정도로 감소할 것으로 보인다. 농가 수 감소와 함께 농업 경지 면적과 총생산액도 감소했다.

농민들의 목소리를 듣고 개발한 최초의 수확 로봇

'벼 이삭(稻穗)'이라는 뜻의 '이나호 Inaho'는 2017년 사가현에서 로봇 기술을 활용해 수확 문제를 해결한다는 목표로 설립됐다. 수확 작업의 자동화는 일본뿐 아니라 세계적으로도 진척이 더딘 상황이다. 이나호는 일본 내에서 수확 작업에 로봇이 진출한 최초 사례로 향후 자동 채소 수확 로봇의 수요가 확대될 것이라는 기대가 크다. 2018년 11월 IT

아그리테크 비즈

전문 매체인 테크크런치가 개최한 '테크크런치 도쿄 2018' 스타트업 배틀 결승전에서 우승하고, 이토추상사Itochu의 벤처캐피털로부터 출자를 받는 한편, 일본 경제산업성, 국가연구기관(농연기구)의 실증 사업 및 기타 보조금 대상으로 선정돼 화제를 모았다.

이나호가 개발한 채소 작물 수확 로봇은 심층 학습 기술을 활용해 수확 장소를 기억하고 자율적으로 주행한다. 적외선 센서와 카메라 등을 활용해 수확하려는 채소를 판별하고 로봇 팔로 수확 작업을 진행한다. 현재 수확이 가능한 작물은 아스파라거스뿐이지만 토마토, 딸기, 오이 등 다른 작물로 점차 확대하겠다는 계획이다.

이나호가 첫 작물로 아스파라거스를 선택한 이유는 로봇 개발 중 우연히 만난 아스파라거스 농가에서 수확 로봇과 관련된 의견을 받았기 때문이다. 또한 색과 관계없이 크기만으로 인식해 작물 수확이 가능하며, 땅에서 자라기 때문에 공중에 있는 딸기나 토마토에 비해 로봇 팔을 적용하기 수월하다는 기술적 이유도 컸다. 다른 작물에 적용하는 것은 로봇 팔 부분만 교체하면 되기 때문에 향후 개발이 기대되는 상황이다.

밤에도 수확 가능, 작업 마치면 스마트폰 메시지 알림

이나호의 아스파라거스 수확 로봇은 길이 91cm, 폭 40cm, 높이 1m

로, 경쟁사 제품에 비해 콤팩트한 사이즈다. 전원 버튼이나 조작은 스마트폰으로도 가능하며, 시설 내의 밭에 그어진 하얀 선을 카메라가 인식해 자동 주행하는 시스템이다. 주행용 레일을 새롭게 설치할 필요 없이 환경의 제약을 받지 않으면서 주행할 수 있는 것도 장점이다.

적외선 센서와 화상 처리 기술을 활용해 수확이 가능한 작물인지를 선별하고, 로봇 팔로 자동 수확한다(수확 시간 개당 12초). 수확 기준 또한 '25cm 이상' 등으로 농부가 직접 설정할 수 있으며, 가정용 콘센트로도 충전(1회 충전 시 7시간 가동) 가능한 것이 장점이다. 로봇이기 때문에 밤에도 수확할 수 있으며, 수확이 완료되면 스마트폰 메시지를 통해 알림을 받을 수 있다.

출처: inaho.co

아스파라거스를 수확하는 자동 수확 로봇

종량 과금제로 사용 부담 줄여

이나호는 2019년 가을 아스파라거스 수확 로봇임대를 시작하였으며 2022년에는 약 1만대, 전국 40개 거점에 진출을 추진 중이다. 3년 안에 일본 전역에 농업용 로봇을 공급하겠다는 목표로 공격적인 마케팅을 펼치고 있다. 이러한 노력의 결실로 2020년에는 일본정부(농림수산성, 경제산업성 등)의 스마트농업 관련 실증 프로젝트에 연속으로 채택되는 등 일본의 스마트 농업 보급과 확산에 주력하고 있다.

이나호의 적극적인 마케팅 방법 중 하나는 초기비용과 관리비용이 없는 'RaaS Robot as a Service(제품이 아닌 서비스로 로봇을 제공)' 비즈니스 모델을 적용한 것이다. 제품 개발 초기에는 직접 판매를 검토했으나 농기계는 일반적으로 고액인 데다, 평균 연령이 70세에 이르는 농가에서 대출을 통한 구입도 쉽지 않다는 판단을 내려 '종량 과금제'를 선택한 것이다. 이로써 수확 로봇을 사용하는 농가는 사용료로 농작물 판매액(수확량×시장거래 가격)의 15%만 지불하면 된다. 이는 임시 인력 1명분의 인건비보다 저렴하기 때문에 농가에서는 인력 부족과 인건비 문제를 동시에 해결할 수 있다.

또한 이나호는 농작물 로봇 기술 업데이트에 대한 사항을 소비자에게 빠르게 제공하는 형태로 타 기업과 차별화된 정책을 편다. RaaS 방식은 정기적으로 업데이트되는 최신 로봇을 사용할 수 있다는 장점이 있다. 유지 보수에 대한 불안도 없앨 수 있다.

농업에 관한 고민 올리면 AI가 해결해주는 원스톱 플랫폼

농업에 AI 분석 기술을 도입한 플랫폼도 각광을 받고 있다.

인터넷 홈페이지와 스마트폰 애플리케이션에 기반을 둔 '아그미루Agmiru'는 소프트뱅크의 자회사 SB테크놀로지와 리덴이 서비스를 제공한다. 2017년 6월 농자재를 쉽게 비교하는 매칭 서비스로 시작해 2019년 8월 데이터를 활용해 농업 경영을 전반적으로 관리할 수 있는 농업 플랫폼으로 리뉴얼을 진행했다.

서비스 초기에는 다양한 자재를 비교, 검토할 수 있는 서비스가 별도로 존재하지 않았다. 5가지 종류(비료, 농약, 농기계, 사료, 종자)의 농자재에 대해 제조·판매사와 농가를 매칭하는 서비스만으로도 농업계에서는 획기적이라는 평가를 받았다.

2020년 기준 농자재 구입 서비스에 500곳이 넘는 공급업체가 참가하고 있으며, 5,500명이 넘는 농업인이 이용하는 대규모 서비스로 확대됐다. 농업 관련 각종 정보 취득부터 농자재의 비교 구입, 화상 진단, 생산 관리, 작업 효율화, 예측 분석, 작물 판매, 회계, 융자까지 농업 경영 분야 전 단계를 원스톱으로 지원한다.

아그미루를 이용하면 농가 경영에 관한 업무 전반을 간단한 조작으로 할 수 있고, 농자재 제조·판매사는 농가에 효율적이고 다양한 판매 방법을 제공할 수 있다.

드론을 이용해서 원격으로 농지 진단 가능

2020년 5월에는 화상 분석 서비스 'Agmiru×IROHA'가 출시돼 화제가 되고 있다. 스카이매틱스SkymatiX가 개발한 엽색(葉色) 분석 서비스 '이로하IROHA'는 드론을 활용한 AI 분석과 스마트폰, 태블릿 등의 모바일 단말기를 통한 간편한 조작으로 작물을 진단하고 관리하는 서비스다.

드론으로 촬영한 사진을 서버에 업로드하면 자동으로 데이터화를 진행하고 최신 화상 처리 해석 기술과 AI 기술을 통해 작물의 성장이나 농지의 상태를 확인할 수 있다. 드론을 이용해 약 300~400장 정도로 분할해서 고해상도로 촬영한 농장 사진으로 농작물 각각을 분석하고 색으로 나타낸다. 또한 잡초, 해충, 도복(작물이 비바람 등으로 쓰러짐) 등의 피해 현황도 사진으로 분석 가능해 작물 상태 확인이나 성장 관리 등

출처: inaho.co

이로하를 활용한 농장 분석

노동력이 많이 소요되는 부분에 대한 부담을 획기적으로 줄여줄 것으로 전망된다.

어려운 상황에도 성장률 높은 일본의 농업 GDP

일본의 농가들은 농업 인구의 감소와 고령화로 큰 어려움에 직면했다. 또한 이상 기온으로 피해를 입기도 하고, 최근에는 코로나19의 확산 때문에 외국인 기능실습생 확보가 곤란해져 어려움이 가중되는 추세다.

그럼에도 일본의 농업 생산성은 최근 들어 상승하고 있다. 농업인 1인당 농업 GDP는 2015년부터 2018년까지 3년간 39%가 증가한 325만 엔(약 3,600만 원)을 기록하는 등 타 산업의 취업자 1인당 GDP(821만 엔)에 비하면 아직 낮은 수준이나 성장률은 높은 편이다. 1인당 농업 GDP가 늘어난 이유로는 농업에 대한 청년층의 의식 변화를 들 수 있다. 예전에는 농업을 경시하던 젊은이들이 앞서 언급한 로봇 기술과 드론이나 AI를 활용한 이른바 '첨단 농업'이라는 새로운 수단을 통해 농업에서의 가능성을 발견하고 있다.

ICT 일류 기업과 젊은 세대의 관심 필요

한국 농촌 상황도 일본과 크게 다르지 않다. 통계청의 농림어업총조사에 따르면 2019년 농가 수는 100만 7,000호(2010년 117만 7,000호), 농가 인구는 224만 5,000명(2010년 306만 3,000명)으로 꾸준히 감소 중이며, 연령 또한 고령화(2019년 기준 65세 이상 46.6%)되고 있는 것이 현실이다.

한국의 스마트 농업이 성장하기 위해서는 일본처럼 농업에 대한 젊은 세대의 관심이 절실하다. 일본에서는 쿠보타Kubota, 얀마Yanmar 같은 농기계 관련 기업부터 NTT, NEC 등 ICT 관련 대기업, 중소기업, 스타트업에 이르기까지 기업 규모에 상관없이 스마트 농업의 성장 가능성을 내다보고 기술 개발에 박차를 가하고 있다. 더구나 이를 청년 세대가 이끌고 있다. 청년들이 적극적으로 농업에 관심을 갖고 참여함으로써 한국형 스마트 농업의 발전과 더 나아가 우리 기업의 세계 진출을 기대해 본다.

하세가와 요시유키(도쿄 무역관)

2021 한국이 열광할
세계 트렌드

ⓒ KOTRA 2020

2020년 10월 15일 초판 1쇄 인쇄
2020년 11월 30일 초판 8쇄 발행

지은이 | KOTRA
발행인 | 윤호권 박헌용
책임편집 | 이영인
발행처 | (주)시공사
출판등록 | 1989년 5월 10일(제3-248호)
브랜드 | 시공사
주소 | 서울시 서초구 사임당로 82(우편번호 06641)
전화 | 편집(02)2046-2864 · 마케팅(02)2046-2883
팩스 | 편집 · 마케팅(02)585-1755
홈페이지 | www.sigongsa.com

ISBN 979-11-6579-252-7 03320

알키는 (주)시공사의 브랜드입니다.